我国养老合作社

立法研究

孙晓红／著

WOGUO YANGLAO HEZUOSHE
LIFA YANJIU

法律出版社
LAW PRESS · CHINA
北京

图书在版编目(CIP)数据

我国养老合作社立法研究 / 孙晓红著. -- 北京 :
法律出版社, 2023
ISBN 978-7-5197-7555-1

Ⅰ. ①我… Ⅱ. ①孙… Ⅲ. ①养老-合作社-社会保
障法-立法-研究-中国 Ⅳ. ①D922.182.34

中国国家版本馆 CIP 数据核字(2023)第 027352 号

我国养老合作社立法研究
WOGUO YANGLAO HEZUOSHE LIFA YANJIU

孙晓红 著

策划编辑 徐 菲
责任编辑 徐 菲
装帧设计 鲍龙卉

出版发行 法律出版社
编辑统筹 法律出版社
责任校对 晁明慧
责任印制 胡晓雅
经　　销 新华书店

开本 710 毫米×1000 毫米 1/16
印张 17 **字数** 237 千
版本 2023 年 2 月第 1 版
印次 2023 年 2 月第 1 次印刷
印刷 唐山玺诚印务有限公司

地址:北京市丰台区莲花池西里 7 号(100073)
网址:www.lawpress.com.cn
投稿邮箱:info@lawpress.com.cn
举报盗版邮箱:jbwq@lawpress.com.cn
销售电话:010-83938349
客服电话:010-83938350
咨询电话:010-63939796

书号:ISBN 978-7-5197-7555-1
定价:68.00 元
凡购买本社图书,如有印装错误,我社负责退换。电话:010-83938349

目 录

绪　论

20世纪中叶以来，人口老龄化的浪潮席卷世界主要国家，养老成为全球性问题，我国也自20世纪末进入老龄化社会，老年人口占比持续增长，21世纪以来老龄化更是加速发展，社会化养老服务需求激增，养老压力巨大，社会养老成为政府需要着力解决的重大民生问题。与发达国家不同，我国是在工业化任务未完成的情况下进入老龄化社会，“未富先老”，受人口数量和经济发展水平及财政支付能力的制约，政府难以提供全面充分的养老保障，养老保障体系不健全；从养老服务供给结构看，我国传统养老模式目前面临家庭养老功能弱化、机构养老有效供给不足、社区养老资源整合力量有限等困境，老龄化带来的养老服务需求增加与供给严重不足的矛盾日益突出。这些因素叠加使养老风险加剧。

为破解上述养老难题，探索新的养老模式，早在2013年《国务院关于加快发展养老服务业的若干意见》（国发〔2013〕35号）就提出要充分发挥社会力量的主体作用，健全养老服务体系，满足多样化养老服务需求，统筹发展多种形式的养老。而从21世纪初开始，除通过养老保险解决养老资金问题，我国政府在养老服务体系建设方面逐步探索,形成了以居家为基础、社区为依托、机构为补充、医养结合的社会化养老服务体系,在这一体系中家庭、社区、机构、政府部门、企业和社会组织、志愿者等广泛参与,合力提供养老服务,互益性互助养老组织(含合作社)也成为其中重要力量。合作社首先是在流通和生产领域出现的经济组织形式,发展到20世纪末至21世纪初,在坚持合作社核心制度和原则的基础上,其功能在发生变化,由注重发展经济转变为经济、社会、文化功能并重。在社会民生领域,老龄化加快发展导致的养老难问题亟待新生力量参与解决,在此背景下城乡养老合作社应运而生。由于其秉承"人人为我,我为人人"的互助合作宗旨,能够在一定程度上弥补传统养老模式的不足,一经出现即在提供互助型社会化养老服务方面显示出独特优势,在我国城乡均有发展。由农村经济结构和社会结构的特点决定,受计划经济时代农业生产合作社的历史惯性、改革开放以来农民专业合作社长足发展的示范作用以及邻里之间守望相助传统等因素的影响,农村养老合作社发展具有较为雄厚的经济和社会基础,在多地农村成为家庭和机构养老之外重要的养老方式。而在部分城市社区,也建起"没有围墙的养老院"——城市社区养老合作社,大多由政府主导或引导并提供资金支持,辅以家庭缴费,依托社区,引入专业化社会力量,同时开展社员间互助,为社区老年居民提供新型养老服务。

养老合作社虽有互助、互益性且能调动多方社会养老资源的特点,但目前城乡养老合作社尚处于起步阶段,各地发展模式差异较大,且存在局部性,同时缺乏基本的标准和规范,外部保障的缺乏导致内生动力不足。作为一种组织形态,由于养老合作社不以营利为目的,其提供的养老服务具有准公共产品的性质,①不能完全市场化运作,因此要使其发挥更大作用,获得更广泛发展,必须获得足够的政府扶持,同时得到基本的制度保障,以制度化、规范化促进其发展。但是,缺乏制度保障恰恰是养老合作

① 准公共产品是指具有有限的非竞争性或有限的非排他性的公共产品。与国防、国家安全、法律秩序等公共产品应该由国家提供不同,准公共产品在理论上应由政府和市场共同分担。对于由政府主导的养老服务,学者们一般认为其属于准公共产品,具有非排他性和竞争性的特点。因此,养老服务提供模式应是国家、市场和社会组织提供相结合的方式。参见戴建兵:《治理现代化视角下老年人参与政府购买养老服务研究》,载《兰州学刊》2020年第10期。萨缪尔森也有类似关于公共产品、准公共产品和私人产品划分的系统理论。See Paul A. Samuelson, *The Pure Theory of Public Expenditure*, The Review of Economics and Statistics, Vol. 36:4, p. 387 – 389(1954).

社发展的现实外部环境,也是制约其发展的诸多因素中至为关键的。我国尚未制定统一规范各类合作社的合作社基本法,而养老合作社有其特殊性,合作社领域唯一一部已出台的法律——《农民专业合作社法》无法涵盖它,使其法律地位不明;虽然国家通过政策鼓励发展互助养老,但对其缺乏法律制度层面的规范引导,导致互助型养老合作社的设立运行无法可依。因此,通过立法对养老合作社进行规范以促进其健康快速发展,成为我国当前亟待解决的问题。本书通过全面研究养老合作社立法的基本理论问题和核心制度,旨在为养老合作社的立法提供理论支持。

一、国内外养老合作社立法研究现状

在我国,有关养老合作社的研究始于 2010 年前后,但与合作社和养老模式及组织形式相关的研究,可追溯至改革开放之初。

关于合作社,1978 年十一届三中全会后学界摆脱计划经济时代合作社是"集体所有制经济组织"的思想藩篱,开始回归源自西方的由罗虚代尔原则明确的本来意义合作社的研究。从 20 世纪 90 年代开始,法学界围绕合作社的学术研究空前繁荣,代表性学者包括马跃进、欧阳仁根、陈岷、李长健、屈茂辉、李永军、郭富青、谭启平等,研究集中在合作社的法律地位、法律属性、基本原则、合作社法基本制度、合作社与政府的关系及国外合作社法的借鉴等方面,相关研究成果的精华被我国 2006 年颁布的《农民专业合作社法》所吸纳。10 余年来,除上述学者继续研究外,又有不少学者包括陆介雄、张德峰、苑鹏、高海、陈婉玲、米新丽、朱晓娟、孙晓红、李彦芳等加入这一阵营。学者们研究焦点之一是合作社立法模式,形成了综合统一立法说、[①]分业立法说[②]和综合立法加特殊合作社专门立法说;[③]研究

① 参见刘大洪、邱隽思:《我国合作经济组织的发展困境与立法反思》,载《现代法学》2019 年第 3 期。

② 参见屈茂辉等:《合作社法律制度研究》,中国工商出版社 2007 年版,第 80 页。

③ 参见郭丹:《各国合作社立法模式比较及对中国立法的借鉴》,载《经济研究导刊》2007 年第 8 期;类似观点还可参见李勇军、欧阳仁根:《合作社立法模式比较分析及我国的合理选择——基于我国目前民商事立法的背景》,载《安徽大学学报(哲学社会科学版)》2009 年第 9 期;陈岷:《论合作社的立法模式》,载《乡镇经济》2008 年第 8 期。

范围上，这一时期除重点研究农民专业合作社法律制度外，信用合作社、供销合作社、保险合作社、消费合作社以及住宅合作社等特殊类型合作社的法律问题及制度建设也是学界关注的热点。[①] 前述研究为养老合作社的立法提供了理论借鉴。

关于养老模式和组织形式，从20世纪80年代中期到2010年之前的时期，研究主要集中在传统的家庭养老和社会养老模式（包括居家养老、社区养老和机构养老）上，探讨其不足、发展完善之路径和制度保障。2010年前后，为应对老龄化加剧带来的养老压力，学者们突破传统养老模式的局限，开始聚焦农村地区的新型社会养老模式——互助养老合作社，彰显其在弥补传统养老模式的不足、满足多元养老需求方面的作用，探讨其运行机制。近年来，高于居家养老、类似机构养老、实现医养结合的城市社区养老服务合作社也开始被学者关注。代表性学者包括刘妮娜、金华宝、潘天鹏、胡敏华、陈世海、邵军、伊延辉、吴云等。

总体而言，目前我国关于养老合作社的研究处于初始阶段，且多为经济学和社会学学科方向，尚未深度涉及立法及制度建设。目前研究内容涉及以下方面：第一，发展互助养老合作社既有必要性也有可行性。[②] 第二，养老合作社的概念。目前学界对此没有统一认识，代表性观点是将农村老年互助合作社界定为在农村现有制度（如家庭联产承包责任制、农村集体经济组织制度等）的基础上，由具有一定劳动能力或专业技能的农民（主要是老年人），为高龄或失能老年人提供养老服务，坚持自愿联合、互助合作、民主管理原则所建立的老年互助保障组织。[③] 该观点强调"老年人照顾老年人"的互助养老理念。第三，养老合作社的存在形态。合作社

---

① 参见李彦芳：《我国住宅合作社立法研究》，吉林大学出版社2020年版，第37页。

② 参见刘妮娜：《互助型社会养老——乡土模式的理论与实践》，社会科学文献出版社2020年版，第49页；周连云：《城乡社会养老体系建设离不开合作社的参与》，载《中华合作时报》2014年5月6日，第6版。

③ 参见潘天鹏、胡敏华：《人口老龄化背景下我国农村老年互助保障合作社发展构想研究》，载《江西农业大学学报（社会科学版）》2011年第1期。

参与城乡养老服务有独特优势,[①]农村的互助养老合作社及城市社区的养老合作社是两种存在形态。[②] 目前研究多集中在农村互助养老合作社。城乡养老合作社提供服务的共同模式为老年人不离家和社区,引入专业化服务,为老年人提供康养服务。[③] 第四,养老合作社立法的必要性。有学者认识到相关法律缺失使互助养老模式设立运作无法可依;[④] 2017 年修订的《农民专业合作社法》由于调整范围较窄而无法涵盖养老合作社,应加快养老合作社的立法进程。[⑤] 第五,立法内容。研究内容初步概括提出立法应包括养老合作社基本内涵及其组织特征的界定、内部组织机构、产权制度、监督机制、对内对外的组织功能、优惠政策、资金支持、社员培训等方面。[⑥] 这些研究成果为养老合作社立法提供了理论参考,具有很高的价值。

在国外,在坚持合作社核心制度和原则的前提下,20 世纪末 21 世纪初,国外学界经历了从注重合作社满足社员经济需求的功能到经济、社会、文化功能并重的转变,探讨承载新的社会功能的合作社类型,关注养老、促进社区和谐、可持续发展的养老合作社开始进入学界视野。有学者认为养老合作社能够促使社区和谐发展,提高居民生活质量和养老服务质量。[⑦] 此外已有研究还涉及市场机制下养老服务提供中合作组织的组

① 参见吴云:《充分发挥合作社作用　推进城乡养老体系建设》,载《中华合作时报》2013 年 2 月 5 日,第 6 版;周连云:《城乡社会养老体系建设离不开合作社的参与》,载《中华合作时报》2014 年 5 月 6 日,第 6 版。

② 参见陈世海:《互助养老合作社:创新农村养老模式的一种探索》,载《宜宾学院学报》2014 年第 5 期;金华宝:《农村社区互助养老的发展瓶颈与完善路径》,载《探索》2014 年第 6 期;邵军、伊延辉:《上海市黄浦区:创建社区养老服务合作社 打造"没有围墙的养老院"》,载《社会福利》2015 年第 3 期。

③ 参见陈世海:《互助养老合作社:创新农村养老模式的一种探索》,载《宜宾学院学报》2014 年第 5 期;邵军、伊延辉:《上海市黄浦区:创建社区养老服务合作社　打造"没有围墙的养老院"》,载《社会福利》2015 年第 3 期。

④ 参见金华宝:《农村社区互助养老的发展瓶颈与完善路径》,载《探索》2014 年第 6 期。

⑤ 参见潘天鹏、胡敏华:《人口老龄化背景下我国农村老年互助保障合作社发展构想研究》,载《江西农业大学学报(社会科学版)》2011 年第 1 期。

⑥ 参见潘天鹏、胡敏华:《人口老龄化背景下我国农村老年互助保障合作社发展构想研究》,载《江西农业大学学报(社会科学版)》2011 年第 1 期。

⑦ See Leistritz, F. L. Sell & R. S., *Agricultural Processing Plants in North Dakota: Socioeconomic Impacts*, North Dakota State University, 2000.

成、其提供的养老服务类型及拓展等。[①] 体现在立法上，代表性的有德国 2006 年新修订的《德国合作社法》，新增了合作社满足社员社会或文化需求目标的社会功能，该法第 1 条还废除了对合作社类型的列举制条款，取消限制，以适应各类合作社的发展。实践中，德国的乐龄合作社（养老合作社）在提供社会化养老方面发挥着重要作用。日本的《农业协同组合法》《消费生活协同组合法》规定了建立互助养老合作社以提供养老服务。在英国，包括合作社在内的社会企业是英国社区养老服务的重要提供者，国家通过立法为合作社从事社区养老服务提供规范和保障。[②]

总的来看，国内外对养老合作社的研究刚刚起步，现有的研究多是经验介绍性文章，或从经济学角度分析养老合作社的运作模式，或从社会学的角度介绍社区互助养老的公共政策等。上述研究缺乏对养老合作社概念及属性的准确界定，从法学角度的立法研究多是浅尝辄止，对有关养老合作社立法的基本原则、养老合作社法的核心制度、内部和外部法律关系、具体的立法文本设计等的系统研究更是付之阙如。

二、本书创新之处与意义

（一）本书研究的创新之处

与现有的围绕养老合作社的研究成果相比，本书研究具有以下几个方面的创新。

首先，研究角度具有开创性。目前对养老合作社的研究多为经济学和社会学学科方向，尚未深度涉及立法和制度建设，这一研究现状表明针对养老合作社立法的系统研究在我国是一个全新的领域，探讨如何为专门从事养老服务的合作社提供制度保障具有开创性。

---

① See Marianna Fotaki Alan Boyd, *From Plan to Market: A Comparison of Health and Old Age Care Policies in the UK and Sweden*, Public Money & Management, Vol. 25:4, p. 237 – 243 (2005).

② See Companies (Audit, Investigations and Company Enterprise) Act, 2004, c. 27, § 26 (U. K.); Community Enterprise Company Regulations, 2005, S. I. 2005/1788, art. 3 (U. K.), Ⅱ 1 (U. K.); Co-operative and Community Benefit Societies Act 2014 (U. K.).

其次,研究内容具有创新性。其一,结合养老合作社在实践中的发展形态,从合作社的本质属性出发,准确界定了养老合作社的概念和属性,这是对已有研究的突破。其二,对养老合作社区别于其他类型合作社的特殊制度包括时间银行养老服务储蓄制度和社会合作制度进行了研究,并提出在社会化养老服务体系建设背景下养老合作社是互助合作和社会合作的结合,这是学界有关合作社制度研究未涉足的内容。其三,作为研究成果的集中体现——养老合作社法立法建议稿的拟定,更是带有前瞻性的全新尝试。

最后,研究方法具有实践针对性。从研究方法看,充分将社会调查方法运用到研究过程中,对社会化养老服务体系建设中养老合作社应有的重要地位和作用作了充分分析,并对这一养老服务组织形式的发展现状、存在的制度保障需求和制度供给之间的紧张关系有了充分把握,印证和明确了研究重点和需要着重解决的问题,为立法建议提供了坚实的实证材料支撑,也使立法更有实践针对性。

(二)本书研究的理论意义和实践意义

本书研究的理论意义在于:第一,厘清了互助互益的养老合作社在社会化养老服务体系尤其是社区居家养老服务体系中所应有的地位,揭示了对其专门进行立法的必要性和可行性,使养老合作社立法的时代价值得以彰显;第二,突破社会学、经济学界经验介绍性的研究及学科局限,从法学角度对养老合作社的立法问题进行系统研究,该项研究带有补缺性质,将进一步丰富我国合作社立法理论体系;第三,对养老合作社立法的理论基础和核心制度进行论证,明晰养老合作社在秉持合作社本质属性基础上的特殊规定性,以及建立其上的制度的特殊性和针对性,为构建养老合作社法律制度提供法学理论支撑。

实践意义在于:第一,通过明确养老合作社的法律地位,进行法律规范,促进养老合作社的健康和可持续发展,以新的模式和力量,服务于人口老龄化下养老需求的满足;第二,用立法规范养老合作社的组织和行为,使其组织形式法定化,将有效整合居家养老和社区养老资源,提升其作用,形成更大的养老服务合力;第三,通过立法的保障和促进作用,助力以社区为活动场域的养老合作社长足发展，助力互助合作养老文化氛围形成，构建敬老、爱老、助老的和谐社区。

三、本书主要内容

为规范和促进人口老龄化背景下出现的新型合作社——养老合作社的发展，针对其进行专门立法是重要的制度保障进路。通过本书研究，在界定养老合作社的概念和属性、厘清养老合作社立法的基础理论、内部制度和外部保障的基础上，对养老合作社立法的框架和主要内容进行设计，最终起草出养老合作社法的立法建议稿，以期为我国未来以制度建设引领和促进养老合作社发展、出台养老合作社法提供借鉴和支撑。本书共分六章，最后一章为养老合作社法（立法建议稿）。

第一章，养老合作社的基本理论问题。本章主要对立法规范的对象——养老合作社的概念和属性进行了分析和界定，并通过与社会企业中农民专业合作社、社会服务机构的对比，明确了养老合作社的组织特性。所谓养老合作社，指老年人为满足其养老需求，在城乡社区引导推动下，本着自愿联合、互助合作与社会合作相结合、民主管理的原则组织起来的，由社内低龄老年人和社会服务主体为高龄或失能老年人提供生活照料、康复护理、医疗保健、精神慰藉等服务的养老服务组织。同时通过养老合作社产生发展过程的回顾，揭示了发展养老合作社的必然性和必要性。

第二章，养老合作社立法的时代价值。在分析养老合作社立法的必要性和可行性的基础上，指出实践中养老合作社并没有发挥其应有的作用，一个重要的制约因素是其缺乏制度保障。破解养老合作社发展面临的制度困境，回应对其立法调整的现实需要，将其纳入制度化、法治化发展轨道，是促进养老合作社发展的当务之急。制定专门的养老合作社法，能使养老合作社的民主价值、善治价值和社会福利价值得以充分实现。

第三章，养老合作社立法的基础理论。养老合作社立法，须首先夯实理论基础。本章解决的核心问题是养老合作社的法人属性和法人类型、立法形式以及立法原则。从合作社的本质属性出发，结合国内外立法中对合作社法人地位的普遍肯定,应确认养老合作社的法人属性;而从合作社目的的非营利性、分配方式的非营利性以及比较法上的依据都可以支持合作社(包括养老合作社)为非营利法人,这有助于实现我国法人制度逻辑的自洽和法律适用的统一。从立法形式和位阶看,应针对养老合作社制定专门的法律。立法制定应本着从实际出发、法制统一、国家政策法律化以及原则性和灵活性相结合的原则。

第四章,养老合作社法的基本原则和核心制度。养老合作社法的基本原则除坚持合作社共同的一般原则如入社自愿、退社自由原则和民主管理原则、自治与独立原则以及重视对社员的教育原则,还应具有自身的特殊原则,即为老服务原则、依托社区原则、互助合作和社会合作相结合原则以及政府扶持原则。本章重点研究了养老合作社的设立、变更与终止制度,社员资格及社员的权利和义务,产权制度,内部治理制度,养老服务储蓄制度,社会合作制度以及监管制度。本部分是本书研究的重心。

第五章,养老合作社的政府扶持。政府扶持是养老合作社健康和可持续发展的重要外部保障。"新制度经济学"和"公共产品理论"为养老合作社的政府扶持提供了理论依据,而养老合作社的弱质性、社会治理功能以及作为社会化养老服务体系的重要组成部分决定了政府扶持它的现实必要性。针对养老合作社的一般扶持措施应包括政府财政扶持、金融保险扶持、税费减免、用地保障以及用水用电用气用热价格优惠。政府购买养老合作服务和人才培养、培训是政府扶持措施中特别需要关注的两个方面。

第六章,养老合作社法(立法建议稿)。本章在全书研究的基础上,设计了我国养老合作社法的立法建议稿。立法建议稿包括总则,养老合作社的设立,养老合作社的社员,养老合作社的组织机构,养老合作社的服务制度,养老合作社的合并、分立和解散,养老合作社的监管和政府扶持,法律责任,附则,共九章五十一条。

四、研究方法

1. 文献研究方法。作者收集整理了围绕合作社制度、养老制度、非营利组织制度等进行研究的大量文献资料，并对文献资料进行了全面的研究和分析，总结出了最前沿研究成果，夯实了研究基础，同时也认识到现有研究的不足，明确了本书研究要突破的方向。

2. 社会调查方法。本书采用社会调查的方法，把握真实的养老合作社运行状态，发现其中存在的问题以及要推进其发展的制度建设着力点等，为相关研究提供坚实的实证基础。

3. 比较研究方法。通过搜集国外的相关研究资料，包括与养老合作社相关的立法和理论研究成果，并进行比较研究和借鉴，扩展研究的国际视野。

4. 规范分析方法。对国内外与合作社相关的立法文本和制度规范进行研究，总结可借鉴的立法技术和规范表达，为我国养老合作社法的条款设计提供参考依据。

第一章 养老合作社的基本理论问题

作为新型的养老方式和组织形式，养老合作社已经在多地出现并提供了大量养老服务，但在制度层面对养老合作社的理论研究却刚刚起步。要通过立法规范扶持其发展，首先应在理论上界定作为立法规范对象和核心范畴的养老合作社，明确其概念、属性、功能，揭示其产生发展的历史必然性以及在社会化养老服务体系中整合养老服务资源、克服政府和市场的双重失灵、减轻个人和政府养老负担的独特优势。

第一节 合作社的概念与分类

一、合作社的定义

自1844年具有典范意义的合作社——英国罗虚代尔先锋社成立以来，[①]经过近200年的发展，合作社已经成为一种成熟的经济和社会组织形式。虽然合

---

① 参见米鸿才、邸文祥、陈乾梓：《合作社发展简史》，中共中央党校出版社1988年版，第7～8页。

作社处于不断发展过程中,但其最核心的属性是各种类型合作社始终坚持的。关于合作社,国际合作社联盟(International Coperative Alliance, ICA)已有界定,1995 年 9 月 23 日纪念国际合作社联盟成立一百周年的曼彻斯特代表大会通过的《关于合作社特征的声明》将合作社定义为:"合作社是自愿联合起来的人们通过共同所有与民主管理的组织以实现其共同的经济、社会与文化目标及需求的自治联合体。"①这一定义得到了国际劳工组织的认可,②是针对以罗虚代尔先锋社为代表的经典合作社的,反映的是经典合作社的属性和特征。

有关国家或地区的合作社立法中也有对合作社的界定。2006 年修订的《德国合作社法》第 1 条第 1 款规定合作社为"通过共同的业务经营促进其成员收益和经济或者成员的社会或文化利益为目的的成员人数可变动的团体"。该定义特别强调合作社满足社员经济和社会、文化需要、服务社员的目的,更接近国际合作社联盟(ICA)1995 年关于合作社的最新定义。新增加的满足成员社会或文化需求的目的,强化了合作社的社会功能,该法第 1 条还取消了对合作社类型的列举式条款,取消了类型限制。③ 我国台湾地区的相关规定关于合作社的定义侧重合作社的经济功能。④ 我国台湾地区学者李锡勋解释这个概念有五个要素:平等、互助、

① See International Co-operative Alliance, *Statement on the Co-operative Identity*, adopted in Manchester (UK) 23 September 1995, http://www.gdrc.org/icm/coop-principles.html. 2021－1－9.

② 《关于合作社特征的声明》关于合作社定义、合作社价值和合作社原则的内容,得到了 2002 年 6 月 20 日第九十届国际劳工组织大会通过的《合作社促进建议书》(以下全书统一简称国际劳工组织《建议书》)(Promotion of Cooperatives Recommendation, 2002)的认可,获得了所有成员国的全面确认和通过。国际劳工组织《建议书》第 1 条即规定:"承认合作社在所有经济部门运作。本建议书适用于所有类型和形式的合作社。"第 2 条进一步界定:"'合作社'一词系指为了满足其经济、社会和文化方面的共同需要和愿望的一些人,通过一个共同拥有和民主管理的企业而自愿联合起来的自治协会。"

③ 参见苑鹏:《德国最新〈合作社法〉的修订变化及其对我国的启示》,载《学习与实践》2016 年第 7 期。

④ 参见我国台湾地区的相关规定:"本法所称合作社,谓依平等原则,在互助组织之基础上,以共同经营方法谋社员经济之利益与生活之改善,而其社员人数及股金总额均可变动之团体。"

为社员谋经济利益与生活改善、共同经营、自由与公开结合的组织。[①] 但是台湾地区“合作社法”及李锡勋所做解释存在一定局限：平等原则不仅是合作社的原则，也是公司的原则，不是合作社独有的属性，对于界定什么是合作社非但无益，反而引起混乱；而共同经营也不是合作社独有的；同时，将“互助”局限于“经济上的”，侧重经济功能，则反映了特定历史时期合作社发展的重心。相比之下，《德国合作社法》对合作社的界定具有开放性，能够涵盖各类的合作社。在尚未制定统一的合作社基本法的情况下，我国《农民专业合作社法》这一专门立法第 2 条将“农民专业合作社”界定为互助性经济组织，强调其经济功能。

而国内学界有关合作社的定义有三种代表性观点：其一，“合作社是由利用合作社服务的人们拥有和控制，以满足共同的经济和社会需要为目的，入社自愿、退社自由，实行一人一票的民主管理，按照交易比例返还盈余的自治性企业。”[②]其二，“合作社乃是根据合作原则组建并运行的，贯穿互助精神的社团法人。”[③]其三，“合作社是自愿联合起来的人们通过共同所有与民主管理的组织以实现其共同的经济、社会与文化目标与抱负的自治联合体。”[④]第一种观点侧重合作社的经济功能和属性，第二种观点则关注合作社最本质的“合作”“互助”原则和属性，第三种观点与第一种观点内涵接近，虽然落脚点不同，与“自治性企业”相比，“自治联合体”旨在全面涵盖各类合作社，但两种观点对合作社最本质的属性则有共识。

本研究结合合作社的发展实际，在国际合作社联盟（ICA）定义的基础上，借鉴学科前沿理论中的合理成分及国内外立法中的定义，结合笔者前期研究成果，[⑤]抽象其最本质的一般属性，将合作社界定为“由利用合作社服务的人们拥有和控制，以满足共同的经济、社会和文化等各方面需

---

① 参见李锡勋：《合作社法论》（增订第 4 版），台北，三民书局 1992 年版，第 215 页。

② 马跃进：《合作社的法律属性》，载《法学研究》2007 年第 6 期。

③ 王艳林：《中国经济法理论问题——探求经济法走向成熟的思考与评论》，中国政法大学出版社 2001 年版，第 261 页。

④ 谭启平：《论合作社的法律地位》，载《现代法学》2005 年第 4 期。

⑤ 参见孙晓红：《合作社立法模式问题研究》，知识产权出版社 2012 年版，第 11 页。

要为目的，自愿联合、互助合作、实行民主管理的自治性组织”。

二、合作社的属性

合作社的本质属性和特征已在上述定义中集中概括，申言之，主要有以下几个方面。

第一，人合性。即合作社是由利用合作社服务的人们拥有和控制的“人的联合”。与资合性的企业形式不同，合作社是以社员及其信用为基础的，是社员的集合体或社员的结合，社员的权利与出资多寡无必然关系：合作社开会议事或者选举，“每一社员仅有一票表决权”；每一社员认购社股也有上限，目的是防止资本对合作社的控制。体现在分配上，按与合作社的交易额大小而不是出资多少分配盈余，“取之于社员的，还之于社员”，以社员为本位。[①]

第二，自愿性。即人的联合是“自愿的”，依合作社章程，社员有加入或退出的自由，不能被强迫。因此，合作社是股金总额和社员人数均可变动的组织。

第三，民主性。合作社实行“一人一票”的民主管理原则。[②] 这与前述合作社的“人合性”密切相关，也体现了社员权利的平等，不像公司那样秉持“资本多数决”的一股一票原则。当然，为了鼓励社员多利用合作社的服务，一些国家也允许在“一人一票”原则的例外，会适当增加交易额多的社员的表决权，如《德国合作社法》规定特殊情况下的一人三票，再如美国很多州法也允许一人多票，但不能超过总票数的3%或5%。我国《农民专业合作社法》第22条虽允许社章规定给出资多或交易额大的社员附加表决权，但须在基本表决权总票数的20%之内。不过更多国家

① 参见李锡勋：《合作社法论》(增订第4版)，台北，三民书局1992年版，第40页。

② 在合作社发展的过程中，为解决资金不足、保障合作社可持续发展的问题，实践中也出现了出资多的人一人多票的情况，但民主管理是合作社的本质属性，因合作社是利用者所有、为利用者服务的组织，因此各国也都限制一人多票的比例，比如德国规定在特殊情况下可以一人三票，不得超过三票。美国有1/4的州也允许一人多票，但不得超过总票数的20%，有的上限更低，不得超3%或者5%。参见管爱国、符纯华译著：《现代世界合作社经济》，中国农业出版社2000年版，第12～13页。

的法律坚持“一人一票”原则。①

第四，服务社员的目的性。这是合作社作为互助、互益性组织与公益性组织（如慈善组织）的不同，合作社是为全体社员谋经济和社会条件的改善，只在间接意义上才对大众生活的改善有意义。

第五，互助性或互益性。这是合作社目的性的体现。“我为人人、人人为我”是合作社的宗旨，有别于公益性法人或营利性法人。首先，其与以公共利益为目的的公益性法人不同，合作社仅服务相互间有共同利益需求的特定社员，其社员才享有合作社产生的利益，社员之外的人原则上无权享有该利益，合作社“为全体社员谋经济的利益和生活的改善”；②其次，合作社虽可从事营利性活动，但不能以营利为目的，旨在满足社员的经济、社会和文化等需求，在社员之间互助合作。

第六，自治性。合作社是由社员管理的自治组织，合作社须确保社员的民主管理，维护合作社的自主性。③ 同时尽可能独立于政府部门和私营企业，且有健全的自治机关，保护社员权利、实现内部自治是合作社内部治理制度设计的终极目标。

当然，随着合作社的发展，其特征的某些方面会有所突破，但上述本质属性是一以贯之的。

三、合作社的类型

从世界范围看，经过近两百年的发展，合作社呈现多种化趋势。④ 合作社可以根据多种标准分类，同时由于国情不同，各国的合作社类型也不相同。⑤ 如前文所述，总的趋势是在遵循合作社原则的前提下，合作社的

① 参见马跃进：《合作社的法律属性》，载《法学研究》2007 年第 6 期。

② 李锡勋：《合作社法论》（增订第 4 版），台北，三民书局 1992 年版，第 41 页。

③ 参见管爱国、符纯华译著：《现代世界合作社经济》，中国农业出版社 2000 年版，第 2 ~ 6 页。

④ 参见孙晓红：《合作社立法模式问题研究》，知识产权出版社 2012 年版，第 11 页。

⑤ 如美国划分为购买、运销和服务合作社三大类；德国分为信用、供应、销售、生产、消费、利用和住宅合作社；日本分为消费、中小企业、渔业和农业合作社四大类。参见石秀和：《国外合作社简介》，中国商业出版社 1989 年版，第 27 页。

类型由封闭走向开放。综观世界各国的合作社类型,观察的视角不同,分类标准也存在差异。比如以生产、再生产环节为标准,可将合作社分为四大类:生产合作社、流通合作社、信用合作社及服务合作社;以合作社自身的功能为标准可分为生产类合作社和服务类合作社两类;①另以业务性质为标准可以将合作社分为供销合作社、保险合作社、信用合作社、住宅合作社等。合作社的领域和业务范围也呈拓展趋势,一些新的合作社类型涌现,养老合作社即属于此类,产生于世纪之交老龄化加速发展的历史背景下。从自身功能的角度,养老合作社属服务类合作社,从业务性质看,其提供的服务为养老服务。

第二节 养老合作社:合作社的新形态

养老合作社一方面继续秉持上述合作社的基本规定性,同时,在新的时代背景和其特殊的功能目标下,又表现出新的特殊规定性。从世界范围看,养老合作社较其他生产型、消费型合作社,是新型合作社,是在人口老龄化背景下,为弥补其他养老模式的不足、合作社越来越多地承担起社会保障包括养老服务功能的情况下产生和发展起来的,突出的是合作社的社会功能。

一、西方国家养老合作社的产生与发展

历史地看,一种新的社会组织形态的出现必然是社会发展的产物,其产生有深刻的社会和经济根源。国际上,英国是合作社的发源地,1844年在英国罗虚代尔镇成立的"罗虚代尔公平先锋社"创办较早且运行成功,被推崇为合作社的典范,其以改善资本主义社会中大众的贫困处境为目的,为摆脱中间商的剥削、改善社员的社会地位和生活状况而自动组织

① 关于这些分类的标准及分类结果参见谭启平:《论合作社的法律地位》,载《现代法学》2005年第4期。

起来的互助互济经济组织。其后,欧美各资本主义国家也都先后在流通和生产领域创办了合作社。[①] 而如前文述,随着资本主义社会发展,合作社也开始从注重经济功能向经济、社会、文化功能并重的转变,“关心社区”即是合作社社会功能的体现。尤其是20世纪末21世纪初,随着人口老龄化的发展,养老服务领域的合作社也开始涌现。

(一)合作社社会功能凸显下合作社养老服务的出现

在第二次世界大战以后,首先出现的是生产型合作社提供养老保障,一些国家出现互助合作养老。根据《贝弗里奇报告——社会保险和相关服务》,[②]英国在1940年已有依法成立的社团——互助会为其成员发放养老金。[③] 自20世纪70年代起,西方发达国家的农民合作年金制度发展迅速,许多国家纷纷建立互助养老合作社制度,[④]坚持民主和服务社员的原则。[⑤] 日本农协(日本农业协同工会的简称)自1919年开始发展包括医疗、保健和老年人福利等在内的社会福利事业;生协(日本消费生活协同组合的简称)从20世纪80年代开始成立了以组合员互助为基础的生活互助会,开展给老年人送饭或聚餐等活动,21世纪以来开展了包括培养和派遣看护人员、运营特别看护老年人之家和看护管理中心等服务业务。韩国的综合农协为农民提供“从摇篮到坟墓”的全方位服务,开办老年人会馆、诊疗所、图书阅览室等,为老年人提供社会保障。在加拿大,建房或者租房合作社、信用、服务以及消费合作社也发挥养老服务功能,在老年人护理、互助服务、购买服务等方面作用显著。[⑥] 当然,这是生产型

---

① 参见米鸿才、邸文祥、陈乾梓:《合作社发展简史》,中共中央党校出版社1988年版,第1~14页。

② 参见[英]威廉姆·贝弗里奇:《贝弗里奇报告——社会保险和相关服务》,劳动和社会保障部社会保险研究所组织翻译,中国劳动社会保障出版社2004年版,第101页。

③ 参见[英]威廉姆·贝弗里奇:《贝弗里奇报告——社会保险和相关服务》,劳动和社会保障部社会保险研究所组织翻译,中国劳动社会保障出版社2004年版,第101页。

④ 日本、丹麦、美国、加拿大分别于1971年、1977年、1990年和1991年先后建立了专业性的农村互助养老合作社制度。参见高新宇、丁夏夏:《农村合作社的社会保障功能分析》,载《合作经济与科技》2012年第2期。

⑤ 参见王军:《合作社治理:文献综述》,载《中国农村观察》2010年第2期。

⑥ 参见周连云:《城乡社会养老体系建设离不开合作社的参与》,载《中华合作时报》2014年5月6日,第6版。

的合作社承担社会责任，以合作社的收益为社员的老年生活提供保障，主要是经济上的保障，较少涉及养老服务。而美国的“村庄养老”则是围绕养老服务提供的实质意义上的养老合作社。

（二）养老合作社的产生与发展

美国的“村庄养老”出现于21世纪初，是在政府养老服务供给人群范围过窄（仅针对低收入群体开展基于家庭和社区的服务）、私营部门市场化养老服务费用高昂的背景下发展起来的。美国的“村庄养老”具有互助合作的性质。美国“村庄养老”中的“村庄”并非通常意义上的行政村或自然村落，它是一种互助性养老组织，具有养老合作社的特征。“村庄养老”是自发形成的，与政府无关，以会员制开展养老服务，包括以下几个特点：一是“村庄养老”分布广泛，遍布美国各州。美国各州都有广大的农村土地，农村人口众多，有旺盛的养老需求，由相邻村落予以联合，共同开展养老业务。二是会员制的经营方式。“村庄养老”的经费主要源于会员会费的缴纳，此外接受社会捐赠，作为民间自发形成的组织，较少受到政府的资金扶持，甚至有许多“村庄”从未得到政府的帮助。会费的收取与“村庄”的经济情况相关，经济条件较差的村落收取会费相对较低，针对经济压力过大的家庭也会给予一部分的会费优惠。三是会员们互助合作。既享受服务也提供服务，尽可能地使整个“村庄”的养老实现良性循环，但还是需要一部分志愿者的加入以满足“村庄”的需要，志愿者们负责交通运输、上门养老服务、设备维修和文娱活动四种服务类型，但是遇有养老需求人数过多且志愿者人手不够时，便需要控制加入“村庄”的人数，同时扩大招募志愿者的人数。四是“村庄”的组织运行由理事会负责，下设多个委员会进行各项养老业务的开展。“村庄”里理事会下设的委员会与养老合作社的业务部门职能相似，它们并不属于“村庄”里或养老合作社中的法人机关，只是一种下属机构，负责将规划细化成具体方案，再交由养老服务小组实施。① 在美国“村庄养老”中，有关会费减

① 参见张彩华、熊春文：《美国农村社区互助养老“村庄”模式的发展及启示》，载《探索》2015年第6期。

免需求、会员相互服务的内容、志愿者招募等具体方案，都属于委员会的职责，在养老合作社中，则由业务部门负责此项任务。

同美国自治化的“村庄养老”模式不同，日本养老服务的开展体现着很强的政府主导性。日本政府没有过多下放养老职能，具体体现在国家通过制定一系列养老服务立法，在提供服务、组织形式等方面对养老服务提出严格的要求并进行监管与规范。虽然国家采用多种政策性手段保证了自己的主导地位，但不能据此以为日本养老业务开展仅仅依靠政府，公权力之外的非政府组织也起到了很大的作用。非政府组织虽然包含营利性组织，但是非政府组织一般是指非商业化的公益服务性组织。在日本，非政府组织包括政府资助的社会组织、志愿服务组织、企业养老服务组织等，参与养老服务的组织大多为政府资助的社会组织和志愿服务组织，他们都是由妇女、学生、有责任心的老年人构成的集合体。非政府组织以解决人们的生活困难为目标，参与包括养老在内的众多公益性活动，它并不需要庞大的组织机构，规模较小便于深入最为困难的领域，更容易把握被帮助者的需要。在这些从事养老服务的非政府组织中，有在政府资助下由城市老建筑改建而成的规模不大的社区老年照护机构，包括登记为合作社的老年社区照护中心。以日本长野地区为例，在政府资助政策的支持下，长野地区的老年人社区照护中心在1999年到2008年，从12个增至362个，其中9个登记为合作社。① 日本的养老合作社由此得以发展。

二、我国城乡养老合作社的发展概况

合作社在清末民初由西方国家引入中国，其后经历了民国时期、共产党领导的革命根据地和解放区时期以及新中国几个阶段的发展，合作社的类型也从生产和流通领域向社会服务领域发展，涵盖供销合作社、信用

---

① See Rosario Laratta, *The Emergence of the Social Enterprise Sector in Japan*. International Journal of Civil Society Law, Vol. IX, No. 6, p. 35 - 54(2011). 转引自董蕾红、李宝军：《社会企业的法律界定与监管——以社会企业参与养老产业为分析样本》，载《华东理工大学学报（社会科学版）》2015年第3期。

合作社、住宅合作社、专业合作社、保险合作社等。世纪之交进入老龄化社会后，我国又出现提供养老服务的养老合作社。21 世纪以来老龄化加快发展，传统的家庭养老、机构养老和政府社区养老服务难以满足养老需求，在此情况下，我国城乡出现新的养老组织形式——养老合作社。专门的养老合作社的产生有其历史必然性。农村联产承包责任制改革后，农村集体经济组织的经济积累不足导致包括养老服务在内的农村公共服务提供捉襟见肘，自上而下强制建立的农村互助幸福院多因缺乏乡村组织和农民等主体的协商与合作，也沦为"数字政绩"，没有实际效果。① 在这种历史背景下，农村专门提供养老服务的养老合作社作为互助型社会组织，社员认同度较高，在农村多地发展起来；在城市，依托社区的养老合作社也正在孕育发展。

（一）城乡养老合作社发展概况

1. 城市养老合作社的实践形态

根据调研结果，目前我国城市养老合作社处于探索和发展的初级阶段，各地的养老合作社在坚持"互助合作"原则的基础上，呈现各有特色的发展模式。从服务内容看，城市养老合作社的服务围绕生活照料、精神慰藉、医养结合等方面，或者专注于其中一个方面服务，或者几个方面的服务兼而有之，具有服务内容的同质性。从发起设立的方式看，则不同地方的合作社有其自身特点，概括而言主要有以下两种代表性模式。

（1）社会自发设立型

社会自发设立的养老合作社是由社会上志愿从事养老服务的人发起设立，按合作社的原则组织起来，通过互助合作为入社老年人提供养老服务的合作组织。在调研中，山西省的平遥空巢老年人互助养老合作社和北京市的北京"乐龄合作社"、东城区交道口街道菊儿社区的"老街坊"邻里互助合作社是其代表，均由社会自发设立而非政府主导。平遥空巢老

① 参见李俏、孙泽南：《合作社融入农村养老供给的逻辑、模式与效应》，载《西北农林科技大学学报（社会科学版）》2021 年第 1 期。

年人互助养老合作社是由2015年在平遥县民政局备案的平遥县“学雷锋”志愿者大队发起,面向平遥县城域内小区、农村所有空巢老年人开放,社员间提供生活帮助、家庭矛盾调解、文化活动等服务。由志愿者发起设立的民间公益组织北京“乐龄合作社”也是典型的社会自发组织的养老合作社。北京“乐龄合作社”2006年由志愿者发起设立,与城市社区合作并有志愿者参与,通过社区动员引导老年人参与,开展社员间互助合作,倡导积极老龄化,实现社员自主活动、自我管理,并提供居家老年人专业照顾服务;合作社培训具有专业技能的专职护老员,同时也包括志愿者,为老年人提供生活照顾、健康管理、精神陪伴方面的上门服务。此后在北京市志愿者联合会“春芽计划”和城市社区参与治理资源平台的支持下,“乐龄经验”开始在北京更多社区推广。[①] 成立于2008年的北京市东城区交道口街道菊儿社区的“老街坊”邻里互助合作社是北京市首家在民政局登记的邻里互助组织,虽然不是专门的养老互助合作,但以孤寡或困难老年人为主要帮助对象,“老街坊”邻里互助合作社以邻里互助引导带动居民自治,具有养老合作社的典型特征。

(2)街道社区领办型

这种类型的养老合作社是政府主导型的。资金来源上更多依靠政府、慈善机构的公益基金等,养老资金一般是“政府+社会+家庭个人”负担模式。这类城市养老合作社是政府主导型的,实行互助合作基础上的社会合作,社会合作更突出。在合作社的发起设立中,基层街道和社区发挥重要引领作用。典型代表是上海市黄浦区社区养老服务合作社和安徽省合肥市社区居家养老合作社。

黄浦区社区养老服务合作社采取服务费用“政府保障基本、社会积极参与、家庭合理分担”的方式,整合并充分利用现有居家和社区为老服务资源,尤其是低龄老年人的互助力量,同时引导社会广泛参与,为本区人户一致的高龄独居老年人和半失能、失智老年人提供服务,同时整合了公

---

① 参见周连云:《城乡社会养老体系建设离不开合作社的参与》,载《中华合作时报》2014年5月6日,第6版。

益、市场、志愿等多方力量：公益力量主要是社区卫生中心的医疗资源，实现医养结合；市场化服务资源主要承担日常照料、医疗护理等方面的低偿服务，区政府利用合作社平台，通过购买服务的方式，引入社会组织、社会企业等社会力量建立社区医疗护理站；志愿者主要提供精神慰藉等服务。多元服务、多元费用承担机制尤其是政府补贴极大减轻了入社老年人的经济负担。2016 年实现合作社在各居委会全覆盖，“十三五”期末，签约入社老年人达 1 万人。①

安徽省合肥市社区居家养老合作社是在建设“以居家养老为基础、社区为依托、机构为补充”的多层次养老服务体系过程中发展起来的，由街道和社区联合慈善基金会发起设立，是安徽省合肥市探索建立的“政府倡导，社工主导，居民参与，医养支撑，社会助老”多元合作互助的居家养老新模式。代表性的是由安徽省合肥市包河区芜湖路街道和安徽乐邦慈善基金会共同发起成立“乐养·互助”专项基金，支持（购买）居家养老合作社项目。项目支持专业社会工作介入社区养老服务，由其统筹引领，将老年人、家庭、邻里、政府、专业养老服务组织和社会力量连接起来，打造社会合作养老与互助养老为一体的居家养老服务模式。合作社的社员为普通和特殊老年人，并将特殊老年人细化分类（高龄空巢、高龄独居、低保特困、重大病、残障、失能、孤寡、失独、三无），普通老年人社员（身体健康）和特殊老年人均为 60 岁以上，针对不同社员，满足其需求。同时建立社员优先机制，社员优先参与享受合作社服务内容。社员中的特殊老年人免费享受多数服务，普通社员免费享受部分服务并且须提供志愿互助服务，其余服务低于市场价收费，同时针对非社员的服务按照市场价收费。服务内容涵盖健康、日常照料、安全、情感关怀、文娱活动等服务。合作社由社工（建构、运营、统筹合作社）、家庭及子女（支持者）、社区、街道（提供场地、行政支持，服务推介）、专业养老力量（辖区医院、理发等，提供专业养老服务）、志愿者服务资源（居民、大学生志愿者及社区社会组织，提

---

① 参见《黄浦区养老服务“十三五”规划》，载上海市黄浦区人民政府网，https://www.shhuangpu.gov.cn/zw/009001/009001005/20160830/af9db17c-9329-42b4-addf-be49eb371dad.html。

供志愿服务)组成,社会合作养老与互助养老集为一体。

本书将上述合肥社区居家养老合作社中享受合作社养老服务的普通老年人和特殊老年人称为“社员”,而将辖区爱心企业、社区社会组织、专业养老资源等称为“社会服务资源方”(简称“资源方”),[①]其结构如图1－1所示。

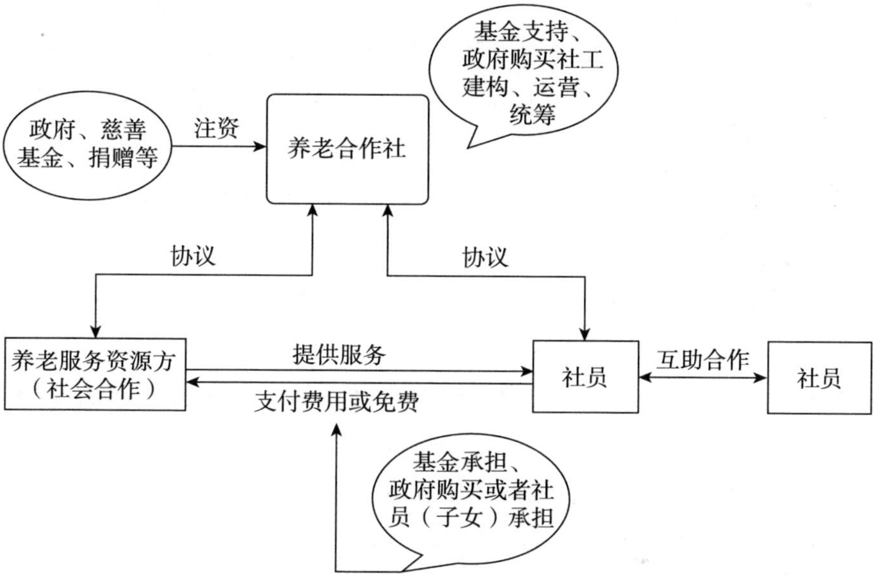

图1－1　安徽合肥社区居家养老合作社的结构

2. 农村养老合作社的实践形态

农村养老合作社是以“蒲韩”模式为代表的生活照料型为主的互助养老模式,同时都有村委会或村党支部领办的特点,有很强的政府主导色彩。山西省永济市蒲韩乡村社区(合作社联合社)老年康乐服务中心启动于2009年,目前已形成一个覆盖蒲州和韩阳两镇43个自然村3000多户、低成本的农村照护体系:以妇女为志愿者主体,以失能、失智老年人和高龄老年人为照护对象,农民自助互助,服务涵盖生活照料、文化娱乐、精神慰藉、医疗保健等方面。养老合作社部分费用由蒲韩乡村社区中有盈

① 后文中养老合作社的社会合作中的社会服务资源方(简称“资源方”)与此概念相同。

利的合作社承担。[①]

类似的还有山东省邹城市互助养老模式，本着“村级主办、互助服务、群众参与、政府支持”的原则，邹城将互助养老院（合作社）建在有入住需求老年人相对集中的村子，村委会提供符合条件的场所，并承担水电暖等运营成本。60岁以上的农村空巢老年人可申请入住，基本生活费用由赡养人承担。

值得一提的是，从2016年开始到2020年，中央财政安排中央专项彩票公益金前后分五批用于支持试点地区开展居家和社区养老服务改革，很多试点地区在农村开展互助养老服务工作，如笔者调研的安徽省合肥市即是开展村委会主导、基层老年协会或社会组织牵头、以购买服务为支撑的基本养老公共服务。互助养老示范点不设专职服务人员，由村委会协调安排老年人们开展互助帮扶，其运行原则为“村级主办、互助服务、群众参与、政府支持”和“自治自愿、互助养老、互相帮助、共建和谐”，开展农村互助养老服务，着力解决农村空巢、留守等困难老年人的日间生活照料、文化娱乐、精神慰藉等养老服务问题。尽管没有以合作社的名义进行管理运作，但基本符合合作社的实质和运行原则。

（二）对城乡养老合作社实践模式的评价

1.“自治”与“政府扶助”的平衡之困

从一定意义上说，与经典合作社相比，多数城乡养老合作社依然秉承合作社的基本属性，坚持互助合作的“互助性”和“互益性”，但同时也存在某种程度的“异化”，“异化”概括讲主要表现为一定程度上对合作社属性的背离。一方面，城市养老合作社对地方政府财政依赖过度。当前养老合作社发展中存在对政府财政依赖过度的问题，尤其是城市养老合作社。从笔者对上海市黄浦区、安徽省合肥市等地的养老合作社调研所获得的情况看，养老合作社的社员接受养老服务的费用多由政府承担，或在设立时主要是财政出资，当地政府的财政支付能力对养老合作社的设立发展有决定性影响，这就使得在财政收入水平不高的地方，很难负担养老

---

① 蒲韩乡村社区合作社规定利润的30%作为社区公益服务资金。

合作社的运行费用，也导致了个别发达地方的成功经验很难在经济落后的地方复制，从而阻碍了养老合作社的发展。另一方面，农村养老合作社对村委会或村党支部依赖程度高。从调研的情况看，养老合作社发展较好的地方，一般都有一个共同特点，那就是村委会、村党支部或农村精英能人牵头和推动，否则就没有养老合作社的产生发展。

从上文的介绍可以看出，有些养老合作社（如上海市黄浦区的养老合作社）在一定程度上存在“名实不符”的问题，尽管冠以“合作社”之名，但是并不是按照国际合作社联盟（ICA）在罗虚代尔原则基础上界定的合作社的定义、基本价值和属性来运作的。其中突出的问题是忽视合作社的自助基础上的“互助”，对政府财政依赖过度，这会使养老合作社的发展偏离合作社的属性，背离国际社会关于政府与合作社关系的一般原则，导致合作原则的“异化”，各地发展起来的城市养老合作社在设立运行上也多为政府主导，甚至由社区的党委书记担任合作社理事长，进而从根本上削弱合作社的“自治”性和发展动力，不利于合作社的可持续发展。①

2.“自治”与“政府扶助”的矛盾统一：合作社发展之道

在合作社发展史上，一直存在合作社自助、互助和接受政府扶持帮助之间如何保持适度均衡的难题，这关系合作社发展的真正动力以及可持续发展问题。正如学者所言：“自助”是社员开展互助合作活动的根本立足点，社员弱势地位的改变和实现自身发展，依靠的是他们自己而不是外力。② 在合作社产生之初，那些创始人就坚持合作社立足于自助基础上的互助，1844 年在英国小镇罗虚代尔成立的世界上第一个合作“罗虚代尔公平先锋社”从建立时起就秉持“对政治和宗教守中立”的原则，表明

---

① 在笔者调研的合肥蜀山区社区养老合作社，即由社区党委书记担任合作社的社长（理事长）。合作社下设监委会、执委会和社委会。其中，监委会主要由街道办事处分管副主任、街道社区建设部主任、社区书记、第三方项目负责人组成；执委会由区民生社会工作服务社负责人、街道社会工作服务中心负责人、合作社项目社工、小区治理项目社工组成；社委会由合作社入社社员组成。

② 参见张德峰：《合作社集体社员权论》，载《政法论坛》2014 年第 5 期。

合作社没有任何政治背景和政治目的。[①] 1850 年合作金融思想鼻祖舒尔茨也在其创立的世界首个城市信用合作社中坚持“实行自助主义,严拒政府补助”。[②] 1995 年国际合作社联盟(ICA)《关于合作社特征的声明》中确定“自助”为合作社的首要价值。“自助”是合作社的基本价值理念,也是弱者联合起来对合作社进行管理和控制,不受政府的干涉,最终实现合作目的。合作社的发起者们之所以对政府帮助充满警惕,主要是担心过多的政府帮助会使合作社产生依赖,销蚀合作社的“自助”精神,反而损害合作社的发展。这种现象在进入 20 世纪后确实发生且对合作社的发展造成危害,国际社会也注意到此问题。[③]

但是,作为弱势群体的联合,合作社发展的实践也证明了政府帮助对合作社发展的不可或缺性,政府帮助合作社发展也成为国际社会的共识。国际劳工组织《建议书》第二章专门强调了政府对合作社发展应提供的税收、贷款、支持性服务等方面的支持措施。[④] 可见,政府帮助与合作社的“自助”属性并不矛盾。

3. 养老合作社发展的基石——自治属性的坚守

由于养老服务的准公共产品属性,需要政府参与、创造良好的外部环境。就养老合作社而言,政府须提供更多的扶助,但同时要保持合作社内部治理的自治性,因此恰当处理“自助”与政府帮助之间的关系,是未来养老合作社立法应解决的一个关键问题。政府的作用在于外部保障和创

---

① 参见米鸿才、邱文祥等:《合作社发展简史》,中共中央党校出版社 1988 年版,第 7～10 页。

② 参见曾赛红、郭福春主编:《合作金融概论》,中国金融出版社 2007 年版,第 19～20 页。

③ 2004 年在印度新德里举行的国际合作社联盟亚太地区第七届合作社部长会议通过的《新德里宣言》便提道:“注意到亚太地区的政府在促进合作社发展中发挥了非常重要的作用。但是在此过程中经常出现合作社对政府过度依赖的问题,特别是在发展中国家,并由此限制了合作社完全发挥自身的潜力。”参见中华全国供销合作社总社国际合作部编写:《国际合作社联盟》,中国社会出版社 2009 年版,第 115 页。

④ 国际劳工组织《建议书》第二章设“政策框架和政府作用”,要求政府提供有关合作社的支持性政策与法律框架(第 6 条),合作社应该享有依据国家的法律与惯例规定的待遇,政府应尽可能从税收优惠、贷款、赠款等方面获得公共工程项目的机会,以及特殊采购条款等方面采取支持合作的措施(第 7.2 条);第三章设“合作社促进的公共政策实施”,要求政府为合作社获得支持性服务的机会提供便利(第 11.1 条),政府应该在适当情况下采取便于合作社筹集投资和获得贷款的措施(第 12 条),等等。

造便利条件,不干涉合作社内部的自治,使养老合作社回归自治主体的地位,回归国际合作社联盟(ICA)关于合作社的基本规定,即合作社为“自治联合体”的法律性质,这样,组织和发展养老合作社,才能实现真正可持续发展。

(三)“互助合作+社会合作”:养老合作社的特殊性

从前述对养老合作社发展情况的分析可以看出,养老合作社在秉持经典合作社互助合作基本属性的基础上,结合养老服务的特点,引入了社会合作,也反映了在养老服务社会化背景下,借助社会各方力量满足养老需求的现实需要。因此,与经典合作社相比较,“互助合作+社会合作”是养老合作社的特殊性表现。

实践中从各类合作社的发展情况看,尽管各类合作社具有共同的法律属性,但是,一些特殊类型的合作社则有其特殊规定性,比如信用合作社,其银行业特点导致的金融监管是其他合作社所没有的;再如保险合作社,保险业所要遵循的行业规范同样是这类合作社独有的。因此,笔者在前期研究中提出,鉴于各类合作社具有共同属性,又各自具有特殊性,另从目前中国合作社发展现状来看,各类合作经济组织发展不平衡,因此中国合作社立法应当立足本土资源,顺应世界范围内合作社立法模式的发展趋势,同时依据对合作社的法律属性的深度分析,应采取综合性基本法与特殊类型合作社专门立法相结合的模式。[①] 分类立法与基本法制定并行,既兼顾了合作社的一般性,赋予众多类型的合作社以法律地位,又考虑了各类合作社的特殊规定性,对已经成熟或正处于发展期的合作经济组织单独立法,明确其发展方向,给予政策支持,既能夯实我国合作社立法的基石,又能满足各类合作社发展中制度保障的需要。比如2006年国家颁布的《农民专业合作社法》明确了农业领域专业性合作社的法律地位,规范了它的组织行为且给予政策支持,现实中有力地促进了专业合作社的发展,效果显著,一个重要原因就是充分体现了农民专业合作社的特殊性和制度保障需求。

---

① 参见孙晓红:《合作社立法模式问题研究》,知识产权出版社2012年版,第44~45页。

而养老合作社是新形势下应对人口老龄化问题发展起来的多元化养老服务体系中的养老服务组织形式，是合作社这一组织形态与养老服务的结合，是特殊类型的合作社。首先，养老合作社的特殊性表现为提供养老服务是其宗旨。申言之，养老合作社是以社员提供和获得养老服务为宗旨，这也是其成立的目的。养老服务主要指生活照料、精神慰藉、医养结合的康养服务、精神文化服务等。其次，合作社提供养老服务，依靠互助合作和社会合作的结合。养老服务提供以社员间的互助合作为基础，充分发挥互助合作的作用，但是对专业性较强的服务，仅靠社员难以完成，需要借助社会力量，即社会合作。养老合作社引入社会合作，是对传统合作社的发展，是养老服务的特殊性使然，是顺应养老服务需要的创新，也是合作社在人口老龄化背景下承担起的新的功能，即提供社会化养老服务的功能，这是合作社发展中的新类型。互助合作与社会合作的结合，反映了合作社原则的传承与新的历史条件下的发展之间的关系，在坚持合作社基本原则基础上创新发展模式，在坚持内部互助性和自治性的前提下与政府扶持、社会合作等外部力量相结合是养老合作社在养老服务提供中必然选择的道路。

本书在后文中将充分阐释养老服务的社会化属性，因而社会合作是养老合作社的特殊规定性。在未来立法中，要为互助合作和社会合作提供双重有效的制度规范和保障，是建立在对养老合作社特殊性的充分考量之上的。而作为立法的基础，对养老合作社概念的界定也要反映其特殊性。

第三节　养老合作社的概念

概念是反映事物的范围和本质的基本思维形式，而定义又是对这个事物本质和外部特征最集中的概括。要认识养老合作社这一组织形式，有必要分析其本质属性和特征，进而进行定义性描述，明确未来立法的规范对象。

一、养老合作社的定义

养老合作社在实践中称谓并不统一,“社区居家养老合作社”“养老服务合作社”“老年互助保障合作社”“互助养老合作社”“乐龄合作社”等在实践中均是称养老合作社的,本书统一称其为“养老合作社”。作为一种特殊类型的合作社,除具有上述合作社的一般特征,养老合作社又有其特殊规定性。目前农村养老合作社受到学界更多关注,对其概念和特征的界定虽未有共识,但也形成了一些有代表性的观点。有学者将农村养老合作社称为“农村老年互助保障合作社”,是在农村现有制度的基础上,通过有能力的农民(主要指老年人),为高龄老年人或失能老年人提供养老服务,坚持自愿联合、互助合作、民主管理原则的老年互助保障组织。① 而有观点认为农村互助养老合作社是“以土地为基础的出资方式、以村集体为领头人的组织方式、以互助合作为纽带的运行方式(以老年人照顾老年人)”、激发传统农村社区中的社会网络资本所组成的养老组织。② 以上界定虽然抓住了合作社互助合作的本质属性和特征,并突出了合作社承载社员养老这一特殊社会需求的特殊规定性,但是后一种界定仍然是在农民专业合作社的框架内,其实质仍是“合作社养老”,适用的法律也是《农民专业合作社法》。

而针对城市养老合作社,学界研究还很不充分,现有的一些研究成果多是宣传介绍性的,未从理论上抽象出其准确的定义。虽然由政府主导的城市养老合作社有多元费用承担机制,包括政府补贴、慈善基金和社会捐赠等资金来源,但社员入社时家庭也需要缴纳一定比例的费用,一般以现金的形式缴纳(或者以服务费的形式缴纳);社会自发组织的乐龄合作社(养老合作社)也需要入社时缴纳必要费用。从发动者和引领者看,不同于农村养老合作社的是,城市养老合作社靠街道和社区,并引入社会工

① 参见潘天鹏、胡敏华:《人口老龄化背景下我国农村老年互助保障合作社发展构想研究》,载《江西农业大学学报(社会科学版)》2011 年第 1 期。

② 陈世海:《互助养老合作社:创新农村养老模式的一种探索》,载《宜宾学院学报》2014 年第 5 期。

作者来发起并推动养老合作社发展。此外,城市养老合作社借助互助平台,有利于整合养老资源,尤其是医疗资源,因此医养结合的程度更高,城市养老合作社有吸引社会组织、企业以及志愿者等社会服务主体参与服务的更便利的条件,社会化程度更高。

虽然发动力量、服务内容等有所不同,但这些都是非本质的不同,而在入社自愿、退社自由、民主管理等原则基础上,交纳入社资金、互助合作、享受由合作社及其成员提供的互助性养老服务等关键属性和特征方面,两类合作社是相同的,这反映了城乡养老合作社秉持传统合作社互助合作宗旨的同质性。同时无论在农村还是城市的养老合作社,都必须借助以社区为纽带组织起来的社会服务主体的力量,利用包括爱心企业、社区社会组织、专业养老资源提供方等提供的养老服务即社会合作,这是养老合作社与传统合作社相比的独特之处,社会合作使其具有了社会化特征,成为社会化养老的重要形式。

笔者在把握养老合作社本质属性,吸收学界观点的基础上,将城乡范围存在的养老合作社界定为老年人为满足其养老需求,在城乡社区引导推动下,本着自愿联合、互助合作与社会合作相结合、民主管理的原则组织起来,由社内低龄老年人和社会服务主体为社内高龄或失能老年人提供生活照料、康复护理、医疗保健、精神慰藉等养老服务的养老服务组织。需要说明的是,由于养老合作社必须借助社会力量来提供资金支持和养老服务,与传统的合作社相比,养老合作社在主体构成上,除享有合作社服务的社员之外,提供服务的主体中有低龄老年人(未来享受合作社的养老服务)和志愿者,还有单纯提供专业性服务的资源方,这有别于传统合作社中社员既是服务的享有者、也是服务主要提供者,养老合作社存在单纯提供服务的资源方。

二、养老合作社的特征

作为一种特殊类型的合作社,养老合作社具有合作社的一般特征和属性,包括人合性、服务社员的目的性、自愿性、民主性和自治性,此外作为满足养老需求的专门类型合作社,养老合作社具有以下有别于农民专业合作社、消费合作社、住宅合作社等的特殊规定性。

第一,为老服务的宗旨。有别于突出经济功能的生产类合作社,养老合作社重在满足社员养老需求,因此,提供生活照料、医疗保健、文化娱乐、精神慰藉等方面的服务,满足社员相关养老需求,是养老合作社特有的宗旨和目的。

第二,体现新型互助合作。作为互助性养老模式,首先,互助表现为社员之间的互助。作为社员的老年人之间的互助是养老合作社的一个重要特征,尤其是在农村,社区的老年人是重要的人力资源,在积极老龄化背景下,发挥老年人的作用是解决养老问题的可行之道。具体而言,低龄或中龄老年人可以为高龄或失能老年人提供有偿或无偿服务,实现互助合作。其次,志愿者的参与合作。志愿者为社员中需要照顾的失能、失智老年人服务和帮助。最后,代际互助。社员和志愿者可以通过时间银行储蓄服务获得时间货币,①在自身年老需要养老服务时通过支付时间货币获得新一代低龄老年人或志愿者为其提供的服务,实现养老服务的代际接力,其实质也是一种代际互助。

第三,具有劳务养老的经济性。养老合作社基于社员之间或志愿者的养老服务互助,具有以劳务换劳务的特点,以自身的养老服务换取他人的养老服务,可以减少养老资金的投入,而且随着时间银行服务储蓄制度的完善,以劳务换劳务还可在代际之间进行,能实现劳务养老的可持续性。在养老保障制度尚不健全,养老资金缺口较大,各个收入阶层的人存在不同程度的养老费用不足的背景下,养老合作社这一互助养老模式具有的劳务养老的经济性无疑是其优势所在。

第四,社区性。从养老合作社的实践看,城乡养老合作社都依托社区,是社区居家养老服务的重要提供者。养老合作社的入社老年人不离家或离家不离社区,在社区熟人环境中接受合作社的养老服务,而社区在养老合作社的设立运行中是重要的发起者和推动力量,也是养老合作社场所的重要提供者,与社区的紧密结合是养老合作社的显著

① 时间银行养老服务储蓄制度将在本书的第四章中研究和分析。

特征。

第五，养老方式的社会化。养老合作社作为提供准公共产品的组织，能得到政府的资金和政策支持；能动员社区闲散劳动力和志愿者为老年人服务；合作社与医疗保健机构合作或内部设立卫生院、医院等医疗保健机构，可为老年人提供医疗服务，实现医养结合；其他社会服务主体可提供诸如理发、送餐、洗浴等服务。因此，养老合作社能集中政府、社区、社会的养老服务资源，包括资金支持、医疗技术支持、其他专业服务等社会养老资源，为入社老年人提供全方位的养老服务，是社会化的养老方式，具有传统家庭养老和机构养老无法比拟的优势。

第六，社会功能突出。在 1995 年国际合作社联盟(ICA)《关于合作社特征的声明》中，关心社区为合作社的原则之一，2002 年国际劳工组织《建议书》也有同样的要求。① 从国际社会对合作社的功能定位看，合作社不仅承担经济功能，而且有社会功能，养老正是社区成员重要的经济和社会需求，在世界各国老龄化加剧、传统养老方式日益捉襟见肘、社会化养老亟待发展的新时期，因上文所揭示的合作社的特点，在提供互益互助的社会化养老方面具有独特的优势，这种社会功能应受到充分重视。实践中出现的养老合作社正是合作社的社会保障和社会服务功能在养老领域的现实投射。

三、养老合作社与相关养老服务组织的界分

为了进一步明确本书的研究对象，有必要对社会化养老服务提供者中，与养老合作社功能相似但是实质不同的养老服务组织做一个辨析和

① 即“通过合作社社员同意的政策，为社区的可持续性发展服务”。国际劳工组织《建议书》进一步要求所有国家应当采取措施“建立和扩大能够对社区的社会和经济需求作出反应的可行并充满生机的独特的经济部门，其中包括合作社”，“应鼓励采取特别措施，使得合作社作为受团结一致精神鼓舞的企业和组织能够满足其成员的需要，并能满足社会、其中包括处境不利群体的需要，以实现使其融入社会的目的”。See R193-Promotion of Cooperatives Recommendation，2002 (No. 193)，Having been convened at Geneva by the Governing Body of the International Labour Office，and having met in its 90th Session on 3 June 2002. International Labour Orgnization，https://www.ilo.org/dyn/normlex/en/f?p=NORMLEXPUB:12100:0::NO::P12100_ILO_CODE:R193. 2020-03-13.

区分。目前,从事养老服务的组织与养老合作社的功能接近的主要是社会企业。在我国,从事养老服务的社会企业主要指农民专业合作社和社会服务机构。

(一)社会企业与养老服务

社会企业是舶来语,首先出现在资本主义社会。资本主义社会在进入当代后,随着 20 世纪 70 年代西方国家出现福利国家危机,社会化的福利多元主义(Welfare Pluralism)兴起,福利多元主义的核心意义在于变革了福利供给的主体格局,拓展了政府以外的福利供给渠道,体现了从“福利国家”到“福利社会”的转变。福利国家改革引发非营利组织的市场化转型,非营利组织开始运用市场化手段实现社会目标。① 社会企业正是福利多元主义范式的产物,用以解决大量涌现的市场不能解决、政府亦难独力解决的社会问题,②承担社会福利的供给。在社会企业发源地的英国,合作社被视为社会企业的一种形态获得新的发展,1844 年的“罗虚代尔公平先锋社”被认为是英国最早的社会企业。③ 其他资本主义国家为应对福利国家危机也发展起包括合作社在内的社会企业。

社会企业除用企业运作实现社会目标、组织形式灵活多样外,还有一个重要特点就是遵循资产锁定原则,如英国对社会企业的定义就强调其社会目标,即盈利用于发展自身的业务或投入社区,而不是为实现股东利润最大化。④ 这就意味着,社会企业是用企业手段实现社会目标,社会目标是其根本价值,谋求利润只是作为手段来维系自身生存发展并实现社

---

① See Thomas Kelley, *Law and Choice of Entity on the Social Enterprise Frontier*, Tulane Law Review, Vol. 84, p. 337 – 377 (2009).

② 参见刘水林、王波:《社会企业法的性质:社会法私法化的新路径——以英国社区利益公司条例为样本的分析》,载《上海财经大学学报》2012 年第 1 期。

③ 参见鲁迎春:《公私合作——上海养老服务供给的探索》,上海人民出版社 2019 年版,第 66 页。

④ 英国社会企业的官方定义是在 2002 年由贸易与工业部(Department of Trade and Industry)提出的:“社会企业是具有某些社会目标的企业,盈利主要按照它们的社会目标再投入业务本身或所在社区,而非为股东和所有者赚取最大利润。”参见陈雅丽:《社会企业的培育与发展:英国经验及其对中国的启示》,载《社会工作》2014 年第 3 期。

会目标。[①] 社会企业只要满足用企业手段实现社会目标的特征,形式可以灵活多样。各国在法律上对社会企业的界定有所不同,但都具有上述共性特征,从形式上也是涵盖了为创造社会利益而运作的基金会、合作社以及具有社会目标的宗教组织或团体等。

国内学者近年来也开始关注社会企业,虽然学界对社会企业的概念和范围未形成共识,但一般认为,社会企业是非营利性的,其资金主要来源是自身创造的利润,与传统非营利组织的资金来源主要是政府拨款和社会捐赠不同。我国目前属于社会企业范畴的组织大体有以下几类:社会服务机构、社会福利企业、农民专业合作社等。

由上可以看出,社会企业具有如下特点:首先,它是社会公益与市场经济有机结合的产物,[②]"以企业运作方式来实现社会目标",能满足准公共产品性质的社会化养老服务对服务主体的要求;其次,其价值目标、组织形式、运营方式等方面的特点能兼顾营利与公益,弥补公共服务供给中政府、市场、志愿服务的多重"失灵"。从经济的角度,社会企业具有经营性、增值性和独立性,能创造价值和积累财富;从公益视角,社会企业具有非营利性、非政府性和志愿公益性。作为利润的企业收益不按出资进行分红而是作为社会的财富回馈给社会,解决社会问题并提供社会福利;独立于政府体系;接受社会捐赠和志愿者参与,为社区或弱势群体提供社会服务,因此,社会企业具有志愿公益性。[③]

社会企业参与养老服务,在西方国家是福利多元主义在养老领域引入的标志,创新了养老服务供给主体模式。英国社会企业的典型形式是社区利益公司,[④]此外也有公益信托组织等,这些社会企业通过从事商业营利活动,获取利润或盈余,并且把盈余主要用于改善社区的生活和服务,包括为社区老年人提供养老资金和养老服务。在我国,具有社会企业

---

① 参见董蕾红、李宝军:《社会企业的法律界定与监管——以社会企业参与养老产业为分析样本》,载《华东理工大学学报(社会科学版)》2015 年第 3 期。

② 参见王名、朱晓红:《社会企业论纲》,载《中国非营利评论》2010 年第 2 期。

③ 参见王名、朱晓红:《社会企业论纲》,载《中国非营利评论》2010 年第 2 期。

④ 英国于 2005 年制定《社区利益公司规章》,用以规范社会企业的发展。参见余晓敏、张强、赖佐夫:《国际比较视野下的中国社会企业》,载《经济社会体制比较》2011 年第 1 期。

性质而从事社区养老活动的较为典型的就是农民专业合作社和社会服务机构。下面通过这两种典型的参与养老活动的社会企业与养老合作社的比较，考察他们与养老合作社的差异，进一步明确本书的研究对象——养老合作社的概念和属性。

(二)养老合作社与农民专业合作社

农民专业合作社作为一种社会企业形式，具有社会企业的经营性、非营利性、志愿公益性等重要属性，在当代西方国家，是多元化社会福利提供者中的重要一员，在养老领域发挥着日益重要的作用。但是，这种作为社会企业的合作社参与养老，与本书所研究的"养老合作社"有所不同。

在我国，实践中合作社参与养老服务的典型即专业合作社办养老院的"益源养老模式"。河北省肃宁县益源种植专业合作社通过办社内的幸福院创建出了"益源养老模式"，即合作社统一管理并运作社员的入社土地，老年社员无须劳动，部分土地收益用于入社老年人基本生活开支及配套养老服务。属于此类模式的还有山东省莱芜市依托龙山乡村旅游合作社办养老院，免费为入社老年人提供养老服务，赤壁市曙光农业合作社以土地流转为基础，发展以互助养老为形式的"专业合作社 + 农村互助养老"。此外还有江苏省宜兴市丰汇水芹专业合作社的养老服务，①也属此类。这种养老方式基本上是土地养老，合作社土地经营所得收益用来支付老年人的养老费用，生活照料则是由社员之间的互助以及志愿者来提供。

在农村，农民专业合作社将"合作社利益与入社老年人利益相联结"，②利益联结紧密，合作社社员对合作社的认同度高，在一定程度上超过了对村民自治组织的依赖和信任，因而合作社在社会化养老服务中发挥了重要作用，而村民自治组织由于农村税费改革，没有充足的经济来

① 参见陈云霞：《江苏省宜兴丰汇水芹专业合作社　互促互帮　以产业实现养老》，载《中国合作经济》2017 年第 4 期。

② 阴启峰、秦立建：《乡村振兴背景下完善合作社养老模式研究》，载《中国合作经济》2020 年第 9 期。

源,难以提供有效的农村公共服务。[①] 农民专业合作社参与养老,包含经济(物质)上的互助、服务(生活)上的互助以及精神(文化)上的互助,是一种互助性社会养老模式。[②]

参与养老的农民专业合作社,与养老合作社既有共性,更有区别。共性在于:第一,二者均具有非营利性。[③] 农民专业合作社虽然从事生产经营,但本身属于非营利法人,虽然也进行营利活动,但是不以营利为目的,采取盈余返还的分配原则,限制股份分红。而养老合作社不从事生产经营,仅是养老服务的提供者,具有非营利性。第二,均为人合性的合作社,秉持合作社的基本原则和属性,均具有互益、互助性质,社员间互助合作,提供互益、互助的养老服务。第三,作为弱势群体的联合,两类合作社均受到政府扶持,除资金上的扶持,例如安排财政补助资金,政府购买服务进行社员培训等,还有税收金融方面的优惠。

二者的区别是主要的:第一,二者的合作目的不同。养老合作社主要是通过社员互助合作和社会合作,为社内老年人提供养老服务,主要解决生活照料、精神慰藉、医养结合等方面的问题;而农民专业合作社合作的目的主要是通过弱势的单个农民的联合,抵御生产经营过程中的风险,以实现经济利益。[④] 第二,主要功能不同。农民专业合作社是经济功能兼社会、文化功能,以经济功能为主,而养老合作社主要是社会、文化功能。实践中很多农民专业合作社利用合作社的盈余成立养老院或幸福院,为社内老年人提供养老资金和生活照料,部分合作社还与社区卫生院等基层医疗机构合作,就近为社内老年人提供医疗保健服务,这是农民专业合作社履行社会责任、拓展其功能的一个方面的表现。与养老合作社主要提供养老服务不同,作为社会企业的农民专业合作社,其设立的首要目的是为社员谋求经济利益,在有盈余的前提下,才能将盈余作为社内老年人

---

① 参见李俏、孙泽南:《合作社融入农村养老供给的逻辑、模式与效应》,载《西北农林科技大学学报(社会科学版)》2021 年第 1 期。

② 参见刘妮娜:《互助型社会养老——乡土模式的理论与实践》,社会科学文献出版社 2020 年版,第 49 页。

③ 养老合作社的非营利性后文有专门分析。

④ 参见马跃进:《合作社的法律属性》,载《法学研究》2007 年第 6 期。

的养老资金，老年人免费享受由专业合作社举办的养老院或幸福院中的低龄老年人提供的养老服务，包括居家服务。这也就决定了农民专业合作社的经营范围是农产品的生产经营或者农业生产经营服务，其目的是获得经济利益（包括分配盈余），而养老合作社本身没有生产经营活动，成立的目的是为社内老年人提供养老服务，可以接受政府资助和社会捐赠用于补贴社内老年人，减轻其负担，但自身不具备经济功能。第三，养老资金来源不同。与上述两类合作社的功能相适应，养老资金来源最大的区别在于农民专业合作社参与养老，其提供的养老资金主要是合作社盈余，这也是作为社会企业的农民专业合作社的主要特点，即用商业营利手段服务社会目标。第四，合作方式不同。养老合作社与农民专业合作社的合作方式的不同之处在于互助合作基础上的社会合作，这与养老合作社的功能相关。养老合作社与农民专业合作社的异同如表1－1所示。

表1－1　养老合作社与农民专业合作社异同

比较项	合作社类型	
	农民专业合作社	养老合作社
存在地域	农村	城市/农村
合作目的	通过生产经营获取经济利益/农业生产服务/养老经济供养和服务	获得养老服务
主要功能	经济功能兼社会、文化功能	社会、文化功能
养老资金来源	合作社盈余/社员出资/财政拨款/社会捐赠	社员出资/财政拨款/社会捐赠/慈善资金
合作方式	社员之间互助合作	社员之间互助合作/社会合作

从严格意义上说，农民专业合作社利用盈余资金举办养老院，是对合作社盈余的一种处分，即用于为社内老年人提供免费的养老服务，是一种带有公益性质的活动，从本质上说仍然是生产型的合作社参与了养老服务，并非以养老服务的提供为目的专门成立的养老合作社，因此，并不是本书研究的对象。但是如果农民专业合作社领办的养老院

或老年服务中心具有独立的地位，专门从事养老服务，其可视为养老合作社，如前文的蒲韩乡村社区举办的农村老年康乐服务中心，即具有养老合作社的特征，虽然与蒲韩乡村社区内其他生产经营型的合作社有资金上的联结，但是其自身是一个独立的组织体，专门从事养老服务。综上，本书仅以提供养老服务为目的设立的专门养老合作社为研究对象，立法也仅针对专门的养老合作社。而且，在社会化养老服务体系中探讨养老合作社，注重的是养老合作社的养老服务功能和社会、文化功能。主要承担经济功能的农民专业合作社，已有《农民专业合作社法》调整，因此不在本书研究范围。

（三）养老合作社与社会服务机构

社会服务机构属《中华人民共和国民法典》（以下简称《民法典》）第87条规定的非营利法人的一种类型，是指自然人、法人或者其他组织为了提供社会服务，主要利用非国有资产设立的非营利性法人。[①] 其依国务院《民办非企业单位登记管理暂行条例》的规定登记，《中华人民共和国慈善法》第8条将其规定为以从事慈善活动为目的的非营利性组织之一。社会服务机构由民政部门进行登记。目前，社会服务机构从事养老服务主要是通过设立养老机构（养老院、敬老院）的形式，即社会服务机构养老是机构养老的一种模式。

社会服务机构中的养老机构与养老合作社的共性在于：第一，均为非营利组织，不以实现股东利益最大化为目的，社会服务机构虽然可以从事营利性活动，但有目的上的非营利性。第二，均提供养老服务，二者都是社会化养老服务提供者。第三，二者作为非营利组织，均接受国家资助、社会捐赠和资助，均可接受志愿者的养老服务。

二者的区别在于：第一，组织形式不同。如前文所述，社会服务机构是非营利的从事社会服务活动的社会组织。[②] 而养老合作社是合作社的

① 参见张新宝：《〈中华人民共和国民法总则〉释义》，中国人民大学出版社2017年版，第162页。

② 国务院《民办非企业单位登记管理暂行条例》第2条规定，民办非企业单位是指企业事业单位、社会团体和其他社会力量以及公民个人利用非国有资产举办的，从事非营利性社会服务活动的社会组织。

一种类型,为人合性组织,由利用合作社服务的人们拥有和控制,即社员是合作社的实际控制者。第二,属性不同。社会公益性是社会服务机构(民办非企业单位)的最大特征,其宗旨是向社会提供公益服务。而养老合作社是互益性组织,主要为社员提供服务。第三,社会服务机构中的养老服务机构采取商业化的运作机制,其要靠自身收费和支出的差额作为维持机构发展的经费保障,而养老合作社没有经营行为,其经费来源不包括自身营收。第四,社会服务机构中的养老服务机构主要雇佣工作人员和服务人员从事有偿的养老服务,不存在像养老合作社那样的社员之间的互助合作;而社员的互助合作却是养老合作社可持续发展的保障,社员的养老服务是无偿提供的,可以通过时间银行养老服务储蓄实现服务时间的代际转移,后文有专门分析。

通过养老合作社与农民专业合作社以及社会服务机构的比较,可知本书所研究的养老合作社是建立在互助合作基础上,引入社会合作为社员提供社会化养老服务的组织,非依靠商业化运作实现营利以维持自身运营并达致社会目标的社会企业,而是通过养老服务承载社会、文化功能,可接受政府资助和社会捐赠、资助。

第四节 养老合作社产生发展的基础

从前文的论述可知,养老合作社首先是一种互助合作的养老模式。作为互助型养老模式,其产生与发展具有社会、历史文化传统及组织形式方面的坚实基础。

一、社会基础

互助是人类的天性。人类社会产生是单个的人靠个体的力量无法战胜自然、只有联合起来与其他人结合成“群”才能获得生存的客观需要,互助合作是人类赖以生存的最基本的观念和行为之一。无论是利他主义的相互扶持,还是功利主义理性下的通过利他以利己,都表明人类社会中每个成员是相互依存的,否则难以生存和发展。如《汉书·刑法志》在论及人类社会的起源时,认为人模仿天地的形状,具有仁、义、礼、智、信"五常之性",而人类社会这一群体就是建立在"仁爱"的基础上并依靠群体成员的互助合作维持生存,"故不仁爱则不能群,不能群则不胜物,不胜物则养不足"。法国启蒙思想家卢梭也在《社会契约论》中指出自然状态下会有不利于单个人生存的障碍,"……除非是集合起来形成一种力量的总和才能克服这种阻力……"[①]虽然这些理论是非经验实证角度的证立,但也逻辑理性地揭示了人类"合群"需要中人和人之间互助合作乃人类社会起源的基础之一,也是人类发展和进化的动力。对于人类社会互助合作的重要性,俄国思想家克鲁泡特金在批判郝伯特·斯宾塞社会达尔文主义的基础上更是断言互助行为是一切生物进化的要素:"在人类道德的进步中,起主导作用的是互助而不是互争……扩展互助的范围,就是我们人类更高尚的进化的最好保证。"[②]克鲁泡特金从动物之间的互助来证实:互助是一个自然法则和进化的要素,在人类进化中也具有重要性。尽管批评者认为其方法论带有"伪科学"性质,但其理论却在一定程度上反映了互助是人类社会有序发展的道德基础。人类社会发展的历史也表明:阶级矛盾和斗争贯穿阶级社会发展始终,但共同利益又使人与人之间必须建立互动关系,相互依存,互助合作,构成社会支持网络,因此斗争和合作是推动社会发展的两支并行的力量。法国社会学家埃米尔·涂尔干更是运用实证科学方法揭示了互助合作的社会基础:社会分工会造成社会成员的相互依赖、相互帮助。[③] 源于分工的社会团结互助构成社会道德秩序的基础。[④] 由于社会分工在人类社会的普遍存在和日益细化,社会成员必须理性地寻求通过互助来实现自身利益。

---

① [法]卢梭:《社会契约论》,何兆武译,商务印书馆 1980 年版,第 22 页。

② [俄]克鲁泡特金:《互助论》,李平沤译,商务印书馆 1963 年版,第 265 页。

③ [法]埃米尔·涂尔干:《社会分工论》,渠敬东译,生活·读书·新知三联书店 2017 年版,第 24 页。

④ [法]埃米尔·涂尔干:《社会分工论》,渠敬东译,生活·读书·新知三联书店 2017 年版,第 359 页。

从此种意义上说,互助在养老领域的开展同样是有社会基础的。养老合作社的运作机理就是社员互助合作和社会合作,是人类社会互助本性的具体体现,开展社员之间的互助,并且在社会化养老的背景下引入社会合作机制,合力为社员提供养老服务,使养老合作社建立在坚实的社会基础上。

二、历史传统与文化基础

中国互助养老的观念和实践可谓源远流长,尤其是在农村。我国农村互助养老自西周以来经历了三个大的发展阶段和三种模式:新中国成立之前传统社会以家族组织为依托的宗族互助养老,新中国成立后到改革开放之前以农村集体组织为支撑的集体互助养老,再到改革开放后以农村社区为依托的社区互助养老。① 在这一历史嬗变过程中,前两个阶段的互助养老在宗族和村集体内展开,社会参与度低;发展到社区互助养老阶段,社会化程度不断提高,多元互助养老服务组织的参与使互助空间得以拓展,提高了互助养老资源整合的效率,其中农村养老合作社作为互助养老组织形式之一,21 世纪初也加入了农村互助养老行列中。在城市,随着 20 世纪末老龄化社会的到来,结对组圈式的抱团养老、时间银行等社区互助养老模式大量涌现,依托城市社区的养老合作社也发展起来,成为其中的重要力量。

互助养老之所以在多种养老方式中长期占有一席之地,深厚的互助养老文化及建立其上的传统是不容忽视的基础。

首先,建立在"孝"文化基础上的互助文化是互助养老的文化基础。从西周开始,"孝"就成为中国人的精神原则和行为规范之一,其作用在于为家族内部伦理关系的确立提供准则,即"父慈、子孝、兄友、弟恭",其核心要求则在于尽心尽力奉养、尊敬和顺从父母。战国时期,孟子将"孝"扩展到家族以外的整个社会,倡导"出入相友,守望相助,疾病相扶

① 参见张云英、张紫薇:《农村互助养老模式的历史嬗变与现实审思》,载《湘潭大学学报(哲学社会科学版)》2017 年第 4 期。

持”(《孟子·滕文公上》)的互助思想,奠定了宗族互助养老的思想基础。汉代以后儒家思想占据意识形态的统治地位,作为儒家思想“礼”的重要原则,“孝”成为统治者治理天下所奉行的圭臬,在全社会倡导并践行孝道。具体到养老领域,除家庭内的尊老敬老外,提倡宗族内部乃至乡邻之间的养老互助,尤其是对“鳏寡孤独废疾者”,由宗族成员提供生养死葬的互助。到唐代,更是将民间存在的互助养老制度化,通过建立“补给侍丁”制度,为互助养老提供保障,开元二十五年户令云:“诸年八十及笃疾,给侍丁一人;九十,给二人;百岁三人。”(《通典》卷七《食货七·丁中》)侍丁即看护老年人的人,可以为宗亲、邻人,老年人和侍丁均免除徭役。此后借助北宋《吕氏乡约》肇始的乡约文化,宗亲邻人之间互助养老成为约定俗成的养老方式,一直延续到清末。可见“孝”文化基础上的互助文化成为中国传统社会互助养老的重要文化基础和思想引领,成为滋养互助养老的不竭源泉。

其次,传统社会互助养老的组织形式——义庄,是互助养老得以延续的组织保障。义庄是封建社会中末期出现、以族人捐置的义田为基础“谋求宗族共同体内部自救互助、稳定地方秩序”的组织形式。自北宋皇祐年间范仲淹首先倡立义庄后,经过了南宋、元、明、清几个朝代的发展,数量不断增加,到清末,仅苏州一地就有义庄200多个,宗族以义庄义田的部分收入赡养和资助族内的孤老疾贫,以实现宗族内部的养老互助。[①] 如清朝光绪年间,作为义田发源地的苏州葑门陆氏《赡族规条》规定:“凡贫老无依不能自养者”,从五十一岁开始,每月由宗族直接提供粮食资助。[②] 此外,宗族还为族内的贫困家庭提供丧葬支持。[③] 以族田义庄制为代表的传统社会宗族内部的互助养老,在中国传统养老中占有重要地位,是最

① 参见范金民:《清代苏州宗族义田的发展》,载《中国史研究》1995年第3期。

② 参见王卫平、黄鸿山:《中国古代传统社会保障与慈善事业——以明清时期为重点的考察》,群言出版社2005年版,第152页。

③ 参见甄尽忠:《试论先秦时期的宗族和宗族社会救助》,载《青海民族研究》2006年第3期。

具中华民族特色的传统福利文化。[①] 族田义庄制是对中国传统"孝"文化基础上互助文化的践行和传承,共同构成了中国互助养老的历史文化基础。

最后,农业合作社是传统互助养老重要的继受组织体和接力者。新中国成立后到改革开放前,集体互助是我国农村的互助养老主要形式,是以农村集体经济组织为支撑和依托,借助集体的力量,实现对鳏寡孤独和残疾人进行经济供养和生活照顾。1953 年开始合作化运动后,互助组织发展为农村生产合作社,用集体提留的公积金和公益金来为缺乏家庭照料的老年人提供照顾,其后更是在生产队建立包括对孤寡老年人提供吃、穿、烧、衣、葬在内的"五保"制度,这是集体成员间的一种合作型互助,建立在生产资料集体所有的基础上,由集体为失去劳动能力的孤寡老年人提供经济供养和生活照顾等全面的保障,即集体互助保障。[②] 从某种意义上说,集体互助依然是传统"孝"文化基础上的互助文化在农村社会根深蒂固的体现和延续,农业合作社是传统互助养老重要的继受组织体和接力者,是互助合作养老的传承者和接力者,为专门养老合作社的发展奠定了基础。

三、组织形式基础

合作社这一组织形式与互助养老具有天然契合性,为新时期的互助养老提供了组织基础。改革开放前,尽管我国合作社被当作实现集体所有制的工具,背离了合作社的宗旨,出现了"异化",但如上文述,集体所有制下的农业合作社仍然承担起了互助养老的社会保障责任,在当时的历史条件下,提供了重要的互助养老服务。改革开放后,合作社回归本源意义,重新建立在个人财产权基础上,秉持社员民主参与、互

---

① 参见毕天云、刘梦阳:《中国传统宗族福利体系初探》,载《山东社会科学》2014 年第 4 期。

② 参见张云英、张紫薇:《农村互助养老模式的历史嬗变与现实审思》,载《湘潭大学学报(哲学社会科学版)》2017 年第 4 期。

助合作的宗旨,[1]在合作社社会功能日益彰显的形势下,为社员提供互助养老服务,无疑是合作社宗旨的体现,而且在养老服务日益社会化的历史条件下,作为互助养老的重要载体,同时具有整合社会养老资源的作用,可以整合政府、社区、社会工作、慈善资金、志愿服务等社会网络资本,提供社会化的养老服务,具有其他互助养老方式所不具备的优势。合作社势必成为社会化互助养老的一种重要组织形式,发挥其组织保障的功能。

第五节　社会化养老服务体系中养老合作社的地位

一、社会化养老服务的内涵和特征

(一)养老服务的内涵

养老服务,是指为老年人提供生活服务。从内容上看养老服务主要涵盖为老年人提供经济供养、生活照料和精神慰藉。而从更广义的角度看,养老服务不仅指满足老年人生活需要的服务本身,还包括为达到上述服务目的而采取的政策措施和提供的设施,是养老服务政策措施、提供服务的设施和服务内容的总和。[2] 从我国现行立法对养老服务的规定看,有的侧重服务内容,[3]有的则侧重服务主体。[4] 笔者认为,在社会化养老

---

① 参见马跃进、孙晓红:《中国合作社立法——向着本来意义的合作社回归》,载《法学家》2008 年第 6 期。

② 参见鲁迎春:《公私合作——上海养老服务供给的探索》,上海人民出版社 2019 年版,第 27 页。

③ 参见《广东省养老服务条例》(2018 年 11 月 29 日广东省第十三届人民代表大会常务委员会第七次会议通过)第 2 条。类似的规定还有《江苏省养老服务条例》(2015 年 12 月 4 日江苏省第十二届人民代表大会常务委员会第十九次会议通过)第 2 条第 2 款“本条例所称养老服务,是指为老年人提供的生活照料、健康管理、康复护理、精神慰藉以及紧急呼叫与救援等服务”。

④ 参见《浙江省社会养老服务促进条例》(2015 年 1 月 25 日经浙江省第十二届人民代表大会第三次会议通过)第 2 条,该条第 2 款强调由政府、社会组织、企业作为主要服务主体的社会化服务。

模式下,在家庭养老注入社会协助因素的背景下,养老服务可界定为以家庭成员承担赡养、扶养义务为基础,由政府的基本公共服务、企业和社会组织的专业化市场化服务以及基层群众自治组织、合作社和志愿者的公益性和互助性服务组成的体系,内容上则涵盖生活上的照料、精神上的慰藉以及医疗保健、紧急救援等。

(二)养老服务的属性

1. 养老服务的人权属性——承载作为基本人权的养老权

从养老服务的内涵可见,养老服务事关老年人基本需求,是老年人生存权利和尊严的保障,可以说养老服务所承载的是作为基本人权的养老权。养老权正在得到越来越多的国际人权文件和国内法的承认和保护。在人权体系中,弱势群体的权利是其重要组成部分。随着年龄的增长,一个人创造财富、实现自我的能力在不断下降,老年人成为社会弱势群体的一部分,其权利需要特别保护。从世界范围看,尽管联合国《世界人权宣言》《公民权利和政治权利国际公约》《经济、社会及文化权利国际公约》等核心人权公约没有专门针对老年人权利保障的条款,但在联合国关于老龄问题的文件例如 1982 年的《维也纳老龄问题国际行动计划》、1991 年的《联合国老年人原则》、2002 年的《马德里老龄问题国际行动计划》中,或原则性或具体地规定了老年人权利保护,对老年人的权利保护提出了一些概括性的原则和建议,《马德里老龄问题国际行动计划》更是提出两大人权目标:一是"全面实现老年人基本权利和自由",二是确保老年人"充分享有经济、社会和文化权利"。一些区域性人权公约如 2015 年《美洲国家保护老年人人权公约》、1981 年《非洲人权和民族权宪章》等对老年人基本人权保障的同时,还对老年人在医疗、护理等服务中所享有的权利作了特别规定,规定了缔约国保证老年人享受全面的医疗保健服务和社会保障的义务,并应采取措施保证老年人娱乐和参加体育锻炼的权利。这些规定,回应了进入 20 世纪末以来人口老龄化加剧背景下加强老年人权利保护、提高各国养老服务水平的时代要求。

在我国,养老权为《中华人民共和国宪法》(以下简称《宪法》)所保障,《宪法》第45条规定了我国公民在年老时有从国家和社会获得物质帮助的权利以及国家为此提供的制度保障。针对老年人权益保护的专门立法《中华人民共和国老年人权益保障法》(以下简称《老年人权益保障法》)第3条第2款也规定了老年人有享受社会服务和社会优待的权利,第4条第2款规定了国家为保障这些权利应健全制度和措施。公民养老权事关老年人的生存和健康以及人格尊严。[①] 而这一权利的实现,必须借助经济供养、生活照料、医疗服务和精神慰藉等养老服务,也决定了养老服务保障人权的功能。因此,政府负有基本人权保障的主要义务,应在养老服务提供中发挥主导作用。同时,在社会化养老背景下,包括合作社在内的社会组织、志愿者也应该承担起养老服务的任务,履行社会责任,共同保障老年人的权益。

2. 养老服务的社会化属性

养老服务社会化是应对养老服务供需结构性矛盾的一种必然选择,而人口老龄化这一社会结构变化是矛盾的根源,人口出生率降低又加剧了这一变化,并影响了家庭结构发生变化,少子化的单个家庭难以承担养老责任,决定了养老服务社会化的发展趋势。

按国际通行的标准,当一个国家或地区60岁以上老年人口占人口总数的10%,或65岁以上老年人口占人口总数的7%,即意味着这个国家或地区处于老龄化社会。[②] 根据国家统计局发布的历年《国民经济和社会发展统计公报》的统计数据,我国60岁以上的老年人口比重从2018年年末的17.9%发展到2019年年末的18.1%,而2020年第七次全国人口普查公报显示已达18.7%,其中65岁以上老年人口比重也从2018年年末的11.9%发展到2019年年末的12.6%,到2020年年末已达13.5%,我国已进入严重老龄化社会,且我国人口老龄化有加速发展的趋势,整个

① 参见刘灵芝:《中国公民养老权研究》,辽宁大学出版社2010年版,第27页。

② 根据1956年联合国《人口老龄化及其社会经济后果》确定的划分标准,当一个国家或地区65岁及以上老年人口数量占总人口比例超过7%时,则意味着这个国家或地区进入老龄化。1982年维也纳老龄问题世界大会确定60岁及以上老年人口占总人口比例超过10%,意味着这个国家或地区进入老龄化。

社会的老年抚养负担在加重。近十年来我国人口老龄化的趋势如下：

首先,60 岁以上人口占比的增长趋势,如图 1－2 所示。

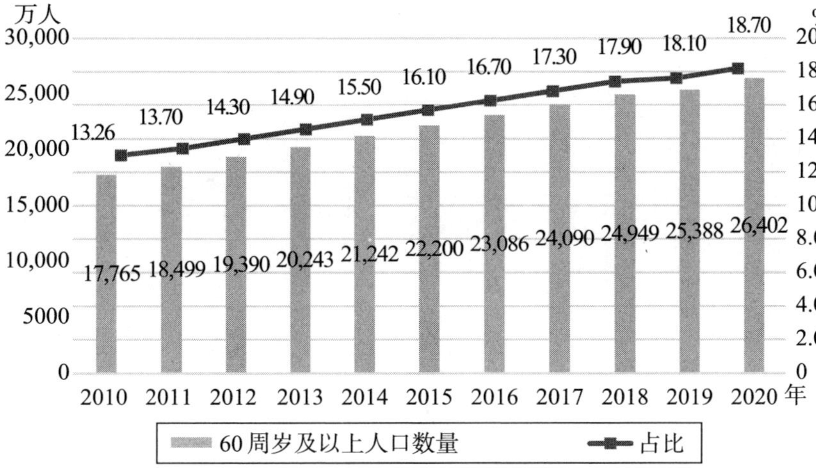

图 1－2　我国 2010 年至 2020 年人口老龄化趋势

60 周岁以上人口增长趋势,数据来源:国家统计局发布的历年《国民经济和社会发展统计公报》数据。

其次,65 岁以上人口的增长趋势,如图 1－3 所示。

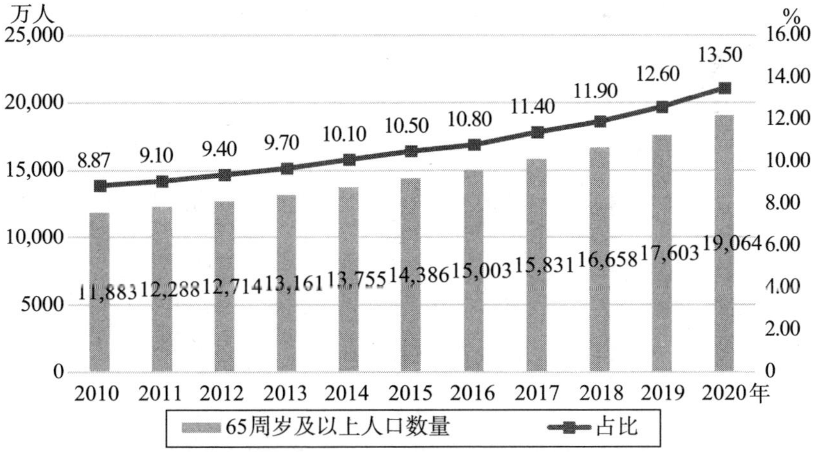

图 1－3　我国 2010 年至 2020 年人口老龄化趋势

65 周岁以上人口增长趋势,数据来源:国家统计局发布的历年《国民经济和社会发展统计公报》数据。

另根据国家统计局统计数据，我国老年抚养比每年都在提高，社会整体养老负担沉重，①这一趋势如图 1－4 所示。

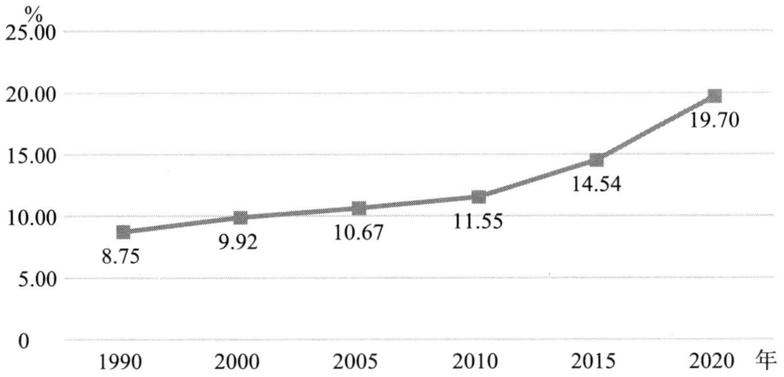

图 1－4　我国 1990 年至 2020 年老年抚养比变化曲线

数据来源：国家统计局统计数据。

而由于传统的家庭养老功能正趋减弱，养老需求越来越多地诉诸国家和社会。在传统社会的经济结构和社会结构之下，家庭是最小的经济单元和社会单元，同时被嵌入的还有孝道文化，养老主要是家庭的责任、子女的义务，尤其是在农村地区，子女不仅要在经济上奉养父母，而且在父母丧失自理能力时要给予生活上的照顾，承担父母的医疗保健费用等。老年人也本着"养儿防老"的观念，首先对子女提出养老的要求。但由于受计划生育政策的影响，每个家庭的子女数量在减少，同时现代社会人们的生育观念也在发生变化，人口出生率持续走低，②我国 2020 年出生率仅为 8.5‰，为 1949 年以来的最低。人口出生率下降的趋势如图 1－5 所示。

① 老年抚养比是指人口中非劳动年龄人口数中老年部分对劳动年龄人口数之比，计算公式为 65 岁以上人口数除以 15～64 岁人口数乘以 100%。是从经济角度反映人口老化社会后果的指标之一。

② 人口出生率是以每千人每年出生的婴儿数来表示的，计算方法为每年出生人口除以平均人口乘以千分之一千。

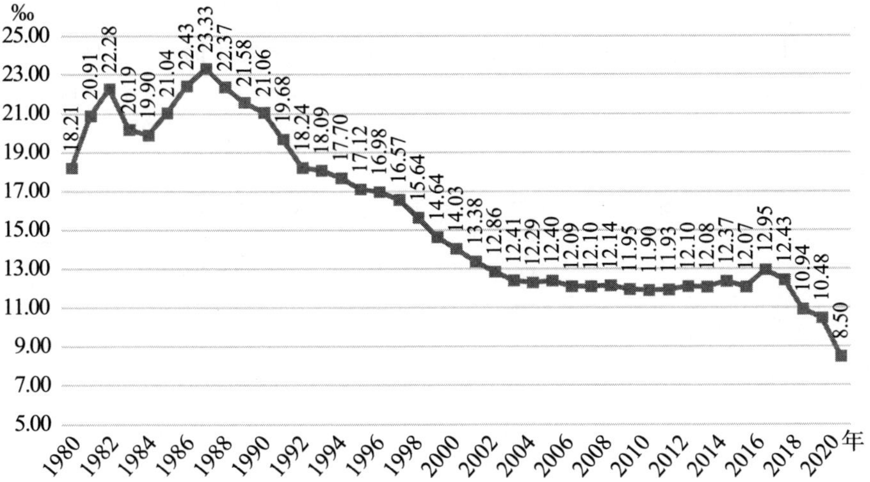

图1-5　我国1980年至2020年人口出生率变化曲线

数据来源:国家统计局发布的历年《国民经济和社会发展统计公报》数据。

随着人口出生率的降低,家庭“少子化”现象突出,[①]传统多子的家庭向核心家庭发展,在缺乏分担的情况下子女越来越难承担沉重的养老负担,养老成为很多单个家庭“不能承受之重”。此外城镇化使大量农村青壮年人口向城市转移,农村家庭代际之间异地居住,导致传统的农村家庭养老方式受到冲击,家庭养老功能弱化,很多留守老年人生活上缺乏照顾,精神上欠缺慰藉,养老问题突出。“少子化、人口流动、家庭结构的变化叠加在一起,使得传统的家庭养老功能弱化,因而老年人的社会养老服务需求日益迫切。”[②]

从改革开放后的五次人口普查情况看(见表1-2),我国家庭户规模

① 根据百度百科的“少子化”词条的解释,人口出生率21.0‰以上为超多子化;21.0‰~19.0‰为严重多子化;19.0‰~17.0‰为多子化;17.0‰~15.0‰为正常;15.0‰~13.0‰为少子化;13.0‰~11.0‰为严重少子化;11.0‰以下为超少子化。根据《2019年国民经济和社会发展统计公报》,我国2019年全年出生人口1465万人,出生率为10.48‰,已进入超少子化社会。

② 马岚:《新中国70年来我国社会养老服务的本土化实践》,载《兰州学刊》2019年第8期。

在 30 多年间有不断小型化的趋势,[①]1 ~3 人户的家庭比重快速增加,但因政府社会保障和社会福利供给不足,养老抚幼等责任仍被施加给家庭,家庭的经济和社会成本攀升,使因家庭规模缩小带来的家庭脆弱性进一步增强,体现在养老方面,功能弱化已经是不争的事实。

表 1 -2 改革开放后我国家庭户规模变动趋势

年份	户数(万)	户均规模(人)
1982	22, 537. 9	4. 41
1990	28, 830. 0	3. 96
2000	34, 049. 1	3. 44
2010	40, 151. 7	3. 10
2020	49, 415. 7	2. 62

数据来源:1982 ~2020 年人口普查数据。

从五次人口普查数据显示的家庭结构和规模变化看,传统的多子女家庭正日益减少,2010 年 1 ~3 人户的比重从 1982 年的 34% 增加到 65% ,成为主要的家庭模式。

而与此同时,家庭年龄结构却呈现出老龄化的趋势。从五次人口普查的数据看(见表 1 -3),每个家庭中孩子和青壮年的数量在减少,而 65 岁以上老人的数量在增加。中国家庭正在经历"少子老龄化"的进程。而从老年人家庭的居住模式看,老年人独立生活的家庭户比重持续增高,2010 年已超过四成。在社会福利制度不健全的情况下,"独居老年人"问题成为一个亟待解决的政策命题。[②]

① 家庭户定义的核心是居住关系,即居住在同一门户里。我国人口普查对家庭户的定义为:"有家庭成员关系的人口(或还有其他人口)居住并生活在一起的作为一个家庭户;单身居住的也作为一个家庭户。"

② 参见彭希哲、胡湛:《当代中国家庭变迁与家庭政策重构》,载《中国社会科学》2015 年第 12 期。

表 1-3 我国家庭人口结构变化(户均各年龄段人口规模)

单位:人

年龄	年份				
	1982	1990	2000	2010	2020
0~14 岁	1.48	1.10	0.79	0.51	0.51
15~64 岁	2.71	2.64	2.41	2.18	1.81
65 岁以上	0.22	0.22	0.24	0.41	0.70
合计	4.41	3.96	3.44	3.09	3.02

数据来源:1982~2020 年人口普查数据。

综合以上因素,在家庭小型化、家庭人口结构老龄化以及老年人独居越来越普遍的情况下,养老也不再是单个家庭所能承担的,而是演变为一个社会问题,需要国家、社会和家庭共同应对。由此可见社会发展赋予了养老服务的社会化属性。

二、社会化养老服务体系的构成

(一)社会化养老服务体系的基本内涵

在上述家庭养老功能逐渐弱化的背景下,养老问题的解决和养老权的实现越来越多地要依赖国家和社会,应对老龄化成为全社会的责任,养老服务供给主体的社会化趋势不断加强,社会组织、企事业单位、志愿者等日渐成为养老服务重要提供者。我国政府的一系列养老政策正是对这一现实的回应。

目前,从政府主导构建的角度,我国社会化养老服务体系可以概括为"居家为基础、社区为依托、机构为补充、医养相结合",这从我国一系列政策以及法律的规定可以看出。2013 年国务院《关于加快发展养老服务业的若干意见》(国发〔2013〕35 号)即确定了"全面建成以居家为基础、社区为依托、机构为支撑的养老服务体系"的目标,2017 年国务院印发的《"十三五"国家老龄事业发展和养老体系建设规划》(国发〔2017〕13 号),也以此为目标。2019 年国务院办公厅《关于推进养老服务发展的意见》(国办发〔2019〕5 号)进一步在养老服务体系中增加了"医养相结合”。2019 年 11 月中共中央、国务院印发的《国家积极应对老龄化中长期规划》也明确以该体系建设为“打造高质量的为老服务和产品供给体系”的重要内容。我国《老年人权益保障法》第 37 条则进一步强调了在社区养老服务中专业服务机构和其他组织和个人的作用。可见,养老服务体系建设的宏观目标和国家积极应对人口老龄化的长期战略目标集中体现在上述体系中。

(二)社会化养老服务体系中的服务主体

首先,政府是人权保障的主体,天然具有保障养老权的责任,是养老服务供给的主导力量。政府主导作用主要表现为制定政策和规划、提供财政支持、支持引导企业和社会组织从事养老服务、管理养老服务以及提供其他公共服务。其次,在政府主导下,社会组织、企事业单位和志愿者是养老服务提供的主要社会力量。养老服务作为民生工程,带有公益属性,企业、社会组织等提供养老服务是履行社会责任的体现,通过规定其提供服务的项目类型及相应的扶持措施,引导扶持企业和社会组织参与养老服务。2019 年国务院办公厅《关于推进养老服务发展的意见》(国办发〔2019〕5 号)将“减轻养老服务税费负担”作为“深化放管服改革”重要任务之一,基层群众自治组织作为政府职能的延伸,应做好公益互助服务,志愿者也是养老服务的重要力量。该意见还强调“大力支持志愿养老服务”“加快建立志愿服务记录制度”“积极探索时间银行”等做法,“保护志愿者合法权益”。在此背景下,社会化的公私合作成为养老服务供给的主要模式。这一点也体现在《老年人权益保障法》中,根据该法的原则性要求,政府与社会力量须合作共同完成养老服务的提供,政府需要承担基本的保障义务,养老服务机构、医疗机构以及个人等社会主体则是作为“养老服务的直接生产者或服务递送辅助者”。[①]

① 覃李慧:《社会养老服务法制化及其体系构建》,载《河南社会科学》2021 年第 6 期。

三、养老合作社在社会化养老服务体系中的定位和作用

(一)社会化养老服务体系中养老合作社的定位

探讨养老合作社在社会化养老服务体系中的定位和作用,是阐明发展养老合作社的必要性的基础。有学者指出,居家养老中政府主导作用发挥的主要方式是直接提供公益服务,规划、引导和监管非营利社会组织和志愿者,为营利性组织营造良好市场环境,[①]这是对多元主体参与的社会化养老的理论概括。在社会化养老服务供给中,任何单一主体都难以承担养老重任,需要政府和社会各方主体形成合力。养老合作社是实践中出现的新的养老服务提供者中的重要一类,我国多地出现合作社参与养老服务的实践。那么,在我国社会化养老服务体系中,养老合作社处于什么地位,应当发挥何种作用呢?从目前国家和地方层面的政策法规的规定看,并没有关于对养老合作社的专门规定,只有对城乡互助养老服务的规定。

2011年12月,国务院办公厅印发的《社会养老服务体系建设规划(2011－2015年)》(国办发〔2011〕60号),强调社区养老服务中"倡议、引导多种形式的志愿活动及老年人互助服务",《老年人权益保障法》提出要"倡导老年人互助服务",此后,一系列政策文件也鼓励互助养老。[②]2018年政府工作报告也提出发展"互助式养老",这是首次在政府工作报告中提出发展"互助养老"。2020年、2021年、2022年连续三年中央一号文件均强调发展"农村互助式养老"。

实践中,互助养老服务作为社区养老服务的组成部分,在我国城乡获

① 参见武萍、付颖光:《对我国居家养老服务法律保障的思考》,载《贵州社会科学》2016年第11期。

② 2012年民政部《关于鼓励和引导民间资本进入养老服务领域的实施意见》(民发〔2012〕129号)中也发出"支持村民自治组织发展农村互助养老模式"的倡议。2013年国务院《关于加快发展养老服务业的若干意见》(国发〔2013〕35号)中指出"要在农村建设互助性养老服务设施"。2017年国务院印发的《"十三五"国家老龄事业发展和养老体系建设规划》(国发〔2017〕13号)也强调"大力发展农村互助养老服务"。

得很大发展,其依托形式多样,[①]其中就包括养老合作社。养老合作社秉持互助合作宗旨,是涵盖互助方式的养老模式,而且由于养老合作社作为法人组织,有自己的组织机构、场所,也有独立的财产和经费,是规范化程度较高的互助养老模式。同时养老合作社不以营利为目的,能与居家养老、社区养老相结合,为集中居住或居家的老年人提供服务,是社区居家养老这一基础方式中的重要参与力量。根据笔者对上海市黄浦区社区居家养老合作社、安徽省合肥市等地的居家养老合作社和山西省永济市蒲韩乡养老合作社等城乡养老合作社的调研结果发现,养老合作社能在社员互助合作的基础上整合家庭、社区、市场、志愿者和政府等养老资源,弥补家庭、机构、政府养老服务保障的严重不足,克服养老服务提供中市场与政府的"双重失灵",集居家养老、社区养老、互助养老、医养结合为一体,成为社会化养老服务体系的重要供给者,这是历史赋予养老合作社的使命。

(二)社会化养老服务体系中养老合作社的作用

从养老合作社的运作实际看,概括而言,养老合作社的作用主要有以下几个方面。

1. 提供便捷的互助式社区居家养老服务:以社区为依托

从需求看,根据中国人民大学人口研究所的调研数据,九成以上(94.16%)老年人期望居家养老。[②] 居家养老是家庭养老和社会养老结合的产物,是在家庭提供经济供养和基本照料的基础上,由政府、社区、企业、社会组织及志愿者提供多元多层次养老服务的社会化养老模式。[③]

---

① 互助养老在我国城市和农村社区都有发展,城市社区的互助养老组织方式多样,主要有以上海市的家庭互助养老模式"老伙伴计划"、北京市海淀区的"老年互助社"、浙江省的"银龄互助"等为代表的结对帮扶式的互助养老模式,以上海市虹口区、长宁区"时间银行"项目为代表的互助养老模式;农村的互助养老是国家大力提倡的,实践中有以河北省肥乡区前屯村"互助幸福院"为代表的互助养老模式。这些互助养老模式的共性是强调老年人之间的互助,即低龄老年人帮助高龄老年人,同时由社区或村集体提供场地或经济补贴,并吸引志愿者组织等社会力量参与。

② 参见杜鹏、孙鹃娟等:《中国老年人的养老需求及家庭和社会养老资源现状——基于2014年中国老年社会追踪调查的分析》,载《人口研究》2016年第6期。

③ 本书前文中提到,从2015年开始,截至2020年8月,我国有25个省、市、区制定了居家养老服务地方性法规,这些法规对居家养老服务作了定义,本书对居家养老的定义即是根据这些立法中的定义归纳总结。另外,社区和社会组织有多种含义,本书所称社区是指以基层群众自治组织包括居委会和村委会为核心的联系政府与社会、以一定地理区域为基础的社会群体;社会组织主要指发挥社区养老作用的社会团体、基金会、民办非企业单位等。

首先,家庭养老是基础。我国《老年人权益保障法》在第二章明确规定了老年人在家庭赡养中的各项权利及赡养人应当承担的各项义务,这是在立法上对家庭养老义务的明确规定。一些地方性法规、政策文件也有国家鼓励老年人在家养老、由家庭成员承担主要的养老责任的内容。例如,《苏州市居家养老服务条例》中规定了民政部门要为在家长期照顾失能老年人的赡养人提供免费护理培训,政府应当为其发放补贴。很多城市制定户籍随迁政策,例如老年人符合一定条件可以随子女迁移户口,这项政策的制定为父母与子女共同居住提供便利。湖北省自 2017 年开始在全省启动家庭医生签约服务工作,采取多种形式为空巢老年人、失独家庭等重点人群,提供便捷式家庭养老服务。[①] 除此之外,政府推行的适老化住宅改造政策也是扶持家庭养老发展的重要举措。

其次,居家养老是家庭养老基础上社会力量参与的社会化养老,多元服务主体参与是其特征。实践中,养老合作社是提供社会化养老服务的重要组织形式。在老龄化程度加剧、家庭及机构养老力量不足时,发展社区居家养老,整合各类养老资源是养老服务体系建设的必然选择。《老年人权益保障法》规定发展社区和居家养老是各级政府的责任,我国很多地方都把提高居家养老的覆盖率作为政府工作的目标,[②]居家养老重要性不言而喻。民政部《2020 年民政事业发展统计公报》数据显示,截至 2020 年年底,我国社区养老服务机构和设施 29.1 万个,其中互助型社区养老服务设施 14.8 万个,比 2019 年增长 4.6 万个,其中城市 1.5 万个,农村 13.3 万个。可见社区居家养老已经成为全国各个地方普遍存在的基础性养老方式,其中依托社区的互助型养老合作社占有一席之地。在养老服务领域,互助组织和互助养老服务的基础性地位(非辅助性)应该得到确认。[③]

---

① 参见周全德:《完善欠发达地区家庭养老及家庭照顾的社会政策》,载《社会治理》2020 年第 6 期。

② 如《江苏省"十三五"养老服务业发展规划》确定的目标是,到 2020 年"城乡社区居家养老服务基本实现全覆盖,城市街道开展日间照料服务,城市社区提供助餐服务,城乡标准化社区居家养老服务中心建成率分别达到 80%、40% 以上,以县(市、区)为单位居家呼叫服务和应急救援服务信息网络实现全覆盖"。

③ 参见刘妮娜:《中国城市互助型社会养老——定位、模式与路径》,载《社会发展研究》2020 年第 3 期。

从城乡各地发展起来的养老合作社看,依托社区是养老合作社的一大优势,入社老年人既可以入住养老合作社在社区设立的养老场所,也可以居家接受合作社的服务,而后者是入社老年人主要的居住方式。调研显示各地养老合作社是社会化养老服务体系中的重要服务主体。上海市黄浦区从 2014 年开始试点社区养老服务合作社建设,帮助老年人不离开家、不离开社区,享受合作社的养老服务。上海试点地区同时加强制度建设,研究制定《社区养老服务合作社管理办法》、《社区养老服务合作社服务单位准入办法》和《社区养老服务合作社入社人员评估办法》等文件,健全合作社服务和准入标准,完善相应政策,加快推进“医养结合”,加强托底保障,引导社会广泛参与或承担合作社相关服务,满足多元化的养老服务需求,打造“没有围墙的养老院”。① 山东省邹城市早在 2013 年就已建成近 100 所农村互助养老合作社,同样是依托老年人熟悉的农村社区开展互助养老服务,可满足万名农村空巢老年人养老需求。②

在社会化养老服务体系中,养老合作社与居家养老、社区养老,以及与政府、社会组织和企事业单位、志愿者等社会力量的关系及养老合作社所处的地位如图 1－6 所示。

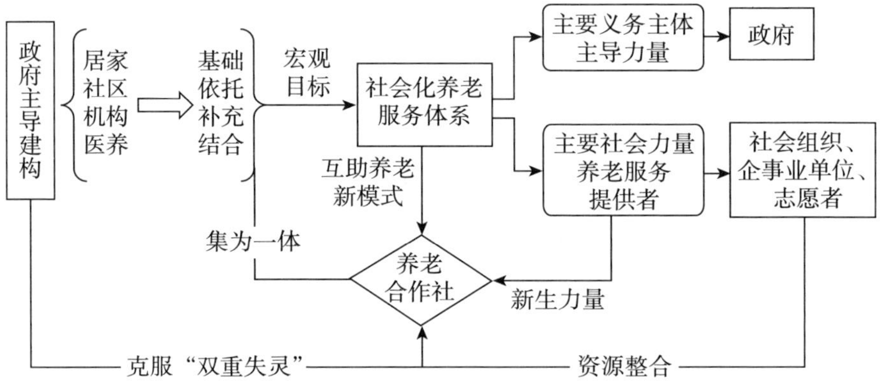

图 1－6　社会化养老服务体系中养老合作社的地位

① 参见《上海市黄浦区积极探索建立社区养老服务合作社》,载人民网,http://ccn.people.com.cn/n/2015/0209/c366510-26532838.html。

② 参见《济宁邹城:村边建起“互助养老合作社”》,载新浪新闻中心 2023 年 1 月 6 日,http://news.sina.com.cn/c/2013－07－23/203527755605.shtml。

2. 破解家庭养老功能弱化：引入互助与社会合作

在我国传统养老模式中，养老建立在家庭承担主要赡养、扶养义务的基础上，《老年人权益保障法》第二章也明确规定了家庭的养老责任和义务。但是从前文国家统计局公布的数据分析结果显示，家庭养老功能弱化却是无法回避的事实。家庭养老功能的弱化亟待其他社会化养老力量补充，社会化养老服务应承担起对家庭养老的"扶助"责任。实践证明，养老合作社因其互助性及较强的社会养老资源整合能力，在生活照料、医疗服务、文化娱乐等方面均能提供支持和服务，因此能极大减轻个人的养老负担。

3. 弥补政府养老资源供给不足：克服"政府失灵"

如前文所述，从法理角度，在老龄化背景下，公民的养老权作为一项基本人权已在国际社会达成共识。公民养老权作为社会权的内容之一被确认为一项法定权利。因此，国家、政府有保障养老权的积极作为义务。[①] 国家还应对特殊困难老年人群体直接提供公共养老服务。[②] 此外，由于养老服务关涉民生，政府还应承担起运用公权力通过制定政策和扶持监督措施干预其他服务主体行为。现阶段我国养老服务体系尚未健全，养老服务业发展尚不成熟，政府的主导和扶持尤显重要，促进养老服务发展、改善人民福祉是政府的重要使命。2017 年国务院印发的《"十三五"国家老龄事业发展和养老体系建设规划》（国发〔2017〕13 号）确立的指导思想之一是"坚持党委领导、政府主导、社会参与、全民行动"。但是，受经济发展水平较低和老龄人口数量庞大的影响，政府财政支持养老的力度和范围仍有不足。虽然各地立法普遍规定了将居家养老服务列入政府财政预算，但向养老服务提供方的补贴包括税费优惠和建设运营补贴等均有不足，也难以给予在家长期照顾失能老年人的赡养人、扶养人补贴；受政府投入不足影响，目前我国城乡公益性养老设施覆盖率不高，尤其是在农村。根据中国人民大学老年学研究所的调研数据，2014 年城市社区老年

① 参见刘灵芝：《中国公民养老权研究》，辽宁大学出版社 2010 年版，第 25、28、146 页。

② 参见武萍、付颖光：《对我国居家养老服务法律保障的思考》，载《贵州社会科学》2016 年第 11 期。

活动室覆盖率为80.58%,农村仅为39.13%,而托老所/老年日间照料中心在城市的覆盖率为27.70%,农村仅为4.89%。[①] 主要由政府提供养老服务设施明显不能满足城乡养老需求。

不仅是养老服务政府供给不足,养老金也存在巨大缺口。据国家统计局统计,2018年,全国城镇职工基本养老保险制度赡养率高达39%,养老保险资金缺口巨大,[②]尽管中央对地方的基本养老金转移支付的预算逐年增加,但保障水平依然较低。农村养老保险的保障水平更是低于城镇职工。因此,要应对日益严峻的养老问题,单纯依靠国家很不现实,需要社会化养老力量填补。

4. 填补机构养老空缺:克服"市场失灵"

除家庭养老和社区养老之外,在传统的养老模式中,还有一种就是市场化取向的机构养老。机构养老是指养老机构提供的养老服务,是社会化养老体系的组成部分,但是养老机构是以营利为目的,受市场规律支配,服务的生产受供求关系和价格的影响,价格越高,生产积极性就越高,具有资本的逐利性特征。养老机构的资本逐利性天然地与养老服务的公益性存在张力和矛盾,这就导致市场化养老机构会因逐利"嫌贫爱富",突出表现是:在农村发育不足,服务质量难以保障。此外农村老年人习惯家庭养老,且有费用负担沉重的因素,因此机构养老在农村养老中作用也有限。这样,需求不足限制了供给者的积极性。[③] 从更广泛的范围看,城乡养老机构数量也有限。根据历年民政部民政事业发展统计公报,全国的养老机构和设施在逐年增加,截至2020年年底,全国共有注册登记的养老机构3.8万个,床位488.2万张,但与庞大的老年人口数量以及严重老龄化带来的激增的养老服务需求相比,机构养老发挥的作用显然非常有限,只能起补充性作用,养老服务需求与供给的差距亟待新的养老提供

---

① 参见杜鹏、孙鹃娟等:《中国老年人的养老需求及家庭和社会养老资源现状——基于2014年中国老年社会追踪调查的分析》,载《人口研究》2016年第6期。

② 参见李海舰、李文杰、李然:《中国未来养老模式研究——基于时间银行的拓展路径》,载《管理世界》2020年第3期。

③ 参见鲁迎春:《公私合作——上海养老服务供给的探索》,上海人民出版社2019年版,第52页。

服务者加持弥补。而因养老合作社互益性和互助性的特点,不以营利为目的,且能整合政府和社区的力量,弥补机构养老的不足,在社会化养老方面将发挥无可替代的作用。养老合作社与其他主要养老模式相比具有的优势可以通过表1-4中各比较项的比较得以体现。

表1-4　三种主要养老模式比较

比较项	养老模式		
	家庭养老	机构养老	养老合作社养老（社区为依托）
养老费用主要承担者	子女/本人	子女/本人	子女/本人/政府拨款/慈善资金
养老服务提供	子女	机构/志愿者	合作社/低龄老年人社员/志愿者
与社区的关系	联系松散	联系松散	融合共生
免费服务获得	—	无	有
专业服务获得	外部购买	外部购买/机构（有偿提供）	内部服务方提供（有偿/无偿）
志愿服务	无	有	有
政府扶持力度	小	小	大
劳务养老(服务储蓄)	无	无	有

从以上对比可以看出,与家庭养老和机构养老相比,养老合作社在整合政府和资源方面具有显而易见的优势,是未来可依靠的养老方式。

第二章　养老合作社立法的时代价值

从养老合作社的发展看，目前其已成为社会化养老服务体系中的重要组织形态。但是，实践中养老合作社并没有发挥其应有的作用，在很多地方可以说步履维艰，究其原因，一个重要的制约因素是缺乏制度保障。我国尚未出台合作社基本法，仅农民专业合作社制定了专门的法律，而正因为有立法保障，农民专业合作社在我国才能发展迅速，根据国家市场监督管理总局发布的数据，截至 2022 年 10 月，我国农民专业合作社共 222.5 万户。[①] 尽管农民专业合作社的质量有待普遍提高，但由于其法律地位明确，制度保障充分，已经成为农业产业化经营的重要组织形式，是弱势农民的联合体，其产生和发展提高了农民抵御市场经营风险和自然风险的能力，极大地维护了农民的经济利益。而养老合作社由于处于发展初期，又缺乏制度关照，没有明确的法律地位，设立运行也于法无据，这些严重制约了其发展。

---

① 参见《市场监管总局：市场主体十年净增超 1 亿户》，载新浪财经 2023 年 1 月 6 日，https://finance.sina.com.cn/jjxw/2022-10-10/doc-imqqsmrp2050450.shtml?finpagefr=p_115。

因此,通过全面分析养老合作社发展面临的制度困境,回应对其立法调整的现实需要,将其纳入法治化、制度化发展轨道,是时代赋予的重任,是促进养老合作社发展的当务之急。

第一节 养老合作社立法的必要性

一、当前养老合作社发展中面临的问题与制度成因

养老合作社立法,只有建立在对其发展中面临的问题以及背后原因清醒认识的基础上,才能明确制度设立的着力点,做到有的放矢。

(一)问题:发展缓慢且优势未能发挥

从理论层面看,养老合作社由于体现"人人为我,我为人人"的合作式养老优势,互益互助会使所有成员受益,理应获得普遍关注和支持,从而具有强大生命力。但实践中养老合作社的发展却并不理想,甚至很多地方发展不足、难以为继。

笔者调研中发现,农村养老合作社在各地区间的发展极不平衡,且普遍存在依靠"能人"带动建设发展的现象,如前文所述,有些地方养老合作社发展充分,但是在更多地方,甚至一个县都没有一个养老合作社。在山西省兴县,全县农民专业合作社达 1500 家,涵盖种植、养殖、加工、流通、服务等多个领域,对推动当地经济发展、促进农民增收发挥了重要作用,但是没有一家养老合作社。在对农户的调研访谈中发现当地农民也面临较大的养老压力,家庭养老的功能弱化严重,社区老年人日间照料中心因政府财力有限缺乏资金支持,只在每年冬季才运行几个月,作用有限。当地农民对合作社提供养老服务或成立专门的养老合作社有需求,但是当地既无"能人"牵头,也没有政府推动,养老合作社处于空白状态。[①] 在城市,受经济发展水平及财力所限,养老合作社在多数地方发展

① 参见孙晓红、王晨阳:《农村养老合作社立法保障研究》,载《山西农业大学学报(社会科学版)》2020 年第 1 期。

不足,仅有个别地方扶持发展养老合作社。比较有影响的是前文所述上海市黄浦区社区养老合作社,但是其服务范围仅限于社区内的高龄和失能老年人,入社要经过条件评估,否则不能加入和享受合作社的养老服务。① 安徽省合肥市包河区芜湖路街道居家养老合作社因有公益基金的支持,服务范围较大,60 岁以上的老年人经评估都可入社,但所有社员均要求居住且户籍在芜湖路街道。此外,如前文所述,在这些养老合作社已经起步发展的地方,政府财政资金以及慈善基金的支持起了关键作用,并由政府主导合作社的设立运行。但目前这些养老合作社如星星之火,尚未成燎原之势。养老合作社自身的优势与实践中发展的滞后形成鲜明的"悖论"。

(二)上述问题的制度成因

养老合作社之所以发展缓慢,除前文所述养老合作社"异化"、难以充分发展的因素,以及社会观念和经济环境的制约,更重要的是因为缺乏制度保障。在法治社会中,任何市场主体要获得长足发展,都需要法律对其设立运行进行规范。养老合作社在我国城乡的实践亟待理论上提炼和发现其中的规律,并上升到制度层面进行规范、引导和保障。因此,顶层设计至关重要,迫切需要国家为养老合作社的发展通过立法"画出方圆",使其获得长足发展。但是,目前养老合作社面临制度保障缺位的困境。

1. 制度现状

在制度层面,养老合作社的发展环境不容乐观。从现行法对合作经济组织的一般性规定看,尚不能满足包括养老合作社在内的合作组织发展的制度需求。我国《宪法》第 8 条规定了农村合作经济是"社会主义劳动群众集体所有制经济",对"合作经济"仍然是"集体所有制经济"的这种界定,仍背离其本质属性,与国际合作社联盟(ICA)对合作社的界定相去甚远,不足以为我国市场经济条件下的合作社的发展提供宪法依据。

---

① 参见邵军、伊延辉:《上海市黄浦区:创建社区养老服务合作社　打造"没有围墙的养老院"》,载《社会福利》2015 年第 3 期。

2021年施行的《民法典》虽然赋予城镇、农村的合作经济组织法人地位，但是未对合作经济组织的设立、组织运行作出规定，而且作为民事基本法，不可能具体承担规范合作经济组织内部和外部运行的任务，更无法直接提供倾斜性保护。此外，法律层面针对合作社的立法还有《中华人民共和国农业法》（以下简称《农业法》），该法第11条肯定专业合作经济组织建立在家庭承包经营的基础上，并且规定其为成员服务的宗旨，以及加入自愿、退出自由、民主管理、盈余返还的原则。《农业法》打破了关于合作社是“集体所有制经济”的藩篱，承认社员个人财产权。但是《农业法》的规定仅仅限于农民的专业合作经济组织，无法涵盖和规范实践中存在的其他类型的合作社，尤其是后发的新型合作社。同样我国第一部针对合作社的专门立法——《农民专业合作社法》第2条将农民专业合作社界定为“互助性经济组织”。“互助性经济组织”的定位突出强调的是合作社的经济功能，且局限于农村围绕农产品生产经营或服务提供的专业合作社，对农村其他类型合作社，例如消费合作社、供销合作社、养老合作社等无法适用，遑论适用于城市存在的各类合作社。

2. 具体制度困境

概括而言，制约养老合作社发展的制度局限主要表现在以下几个方面。

首先，准入制度缺位。养老合作社的法律地位和登记机关不明。根据我国2021年出台的《中华人民共和国市场主体登记管理条例》（以下简称《市场主体登记管理条例》）的规定，[①]包括农民专业合作社在内的市场主体由县级以上市场监督管理部门办理登记，未涉及养老合作社；《民办非企业单位登记管理暂行条例》规定的“企业事业单位、社会团体和其他社会力量以及公民个人利用非国有资产举办的，从事非营利性社会服务活动的社会组织”这些民办非企业单位由民政部门登记，显然不包括互助、互益性的养老合作社；《老年人权益保障法》改养老机构的许可制为

① 该条例自2022年3月1日起施行。《中华人民共和国公司登记管理条例》《中华人民共和国企业法人登记管理条例》《中华人民共和国合伙企业登记管理办法》《农民专业合作社登记管理条例》《企业法人法定代表人登记管理规定》同时废止。

登记和备案制,但未涉及养老合作社。依现行法,养老合作社既不能由市场监督管理部门登记,又不能以民政部门为其登记机关。现行法的规定显然无法适用于互助、互益性的养老合作社,养老合作社法律地位不明,设立登记无法可依。

其次,运行制度付之阙如。目前实践中的养老合作社缺乏法律规范,核心制度尚未有设计,养老合作社与社员之间的法律关系性质不明,权利义务关系难以理顺。养老服务代际传递的时间银行制度未建立;资源方与合作社之间的社会合作也没有相应法律规范,双方的权利义务不明,风险责任划分不明,等等。由于制度缺位,养老合作社在实践中发展无法得到有效规范和指引,发展模式极不统一甚至背离合作社宗旨和属性,不利于养老合作社发展。

最后,扶持性立法缺失。改革开放后,除农民专业合作社发展较为充分外,其余类型合作社在我国的发展步履蹒跚,有些类型合作社甚至行将消亡。[①] 合作社应以社员财产权为基础,但是新中国成立后合作社被曲解,成为计划经济的产物和执行机构,也成为建立集体所有制的工具。改革开放以来,合作社市场主体的地位日益显现,合作社开始回归本源意义上的合作社。[②] 但是,市场经济环境并未使合作社繁荣发展,正如学者所言:“经济转轨‘抽空’合作经济组织发展的社会基础”,[③]在市场经济条件下,作为非营利性的合作社与以营利为目的的营利性法人相比处于天然的劣势。以营利为目的的市场主体具有“逐利”本性,符合资本逐利性要

---

① 随着市场体制改革的深入,城市信用合作社率先改制为城市商业银行,退出历史舞台;农村信用合作社同样面临改制问题,2003 年国务院《深化农村信用社改革试点方案》出台后,越来越多的农村信用合作社改组为农村商业银行,部分保留合作制的农村信用合作社也存在产权结构复杂、合作原则“异化”的问题,农村信用合作社也名存实亡。供销合作社仅基层社保留了合作性质,但在实际运行中受联合社的干预,互益性也不断遭侵蚀。参见孙晓红:《合作社立法模式问题研究》,知识产权出版社 2012 年版,第 134 ~ 138、148 ~ 159 页。住宅合作社也是昙花一现,现在基本不具有合作社的实质。参见刘大洪、邱隽思:《我国合作经济组织的发展困境与立法反思》,载《现代法学》2019 年第 3 期。

② 参见马跃进、孙晓红:《中国合作社立法——向着本来意义的合作社回归》,载《法学家》2008 年第 6 期。

③ 刘大洪、邱隽思:《我国合作经济组织的发展困境与立法反思》,载《现代法学》2019 年第 3 期。

求，更能吸引发展和扩张所需要的物质基础，在自由竞争的市场经济中有先天的优势；而合作社更关注通过互助满足社员的经济和社会需求，不以营利为目的，对资本缺乏吸引力，在与以营利为目的的企业法人的竞争中，其劣势不言而喻。因此，在市场经济环境下，如果没有倾斜性的保护，相关扶持政策不到位，应有的制度阙如，资本逐利性驱逐下的合作社必然生存困难，以承担社会功能和社会责任为主业的养老合作社更是举步维艰。在政府无力承担全方位养老责任的现实下，养老合作社提供的养老服务是一种涉及千家万户的准公共产品，不应完全由市场决定其存亡，政府应该通过制度引导培育扶持其发展，这样才能使养老合作社不被驱逐出市场之外。养老关涉的是老年人养老权的保障问题，涉及老年人这一弱势群体利益保护，因此从制度供给面来说，单纯私法的"意思自治"或"契约自由"理念不足以帮助互助、互益性的合作社摆脱天然的市场竞争弱势地位，强调国家干预的经济法、社会法等应为养老合作社提供倾斜性保护和扶持。但经济法等兼具公法和私法属性、既尊重市场规律又强调国家干预的制度在这一领域是缺位的。养老合作社的政府扶持是其重要的外部保障。目前除2013年民政部《中央专项彩票公益金支持农村幸福院项目管理办法》（财综〔2013〕56号）可参照适用外，2016年民政部、财政部《关于中央财政支持开展居家和社区养老服务改革试点工作的通知》（民函〔2016〕200号）中提出了中央财政安排中央专项彩票公益金用以支持包括养老服务互助幸福院在内的养老服务设施，但也没有明确涉及养老合作社。因此，政府对养老合作社的责任尚未制度化。

二、养老合作社立法的必要性

为化解养老合作社面临的制度困境，有必要进行专门立法，以促进其发展，助力人口老龄化加剧背景下养老问题的解决。

（一）以制度保障提升合作意愿

目前，社会化养老方式正在取代传统家庭养老的核心地位，其中由于互助式养老在社会化养老服务体系中具有机构养老和社区养老所无法比拟的经济成本低、能满足成员互助"抱团"养老需求的优势，因此也成为一种呼声较高的新型养老力量。但从目前情况看,农村和城市养老合作社均存在群众合作意愿不足的情况。农村是熟人社会,邻里之间有守望相助的传统,共同的风俗习惯和价值观念使他们容易达成相互的信任和理解。[①] 但是养老合作社在互助性的养老服务提供方面并未发挥理想作用,其原因不排除老年人因担心影响子女孝道名声而不愿加入合作社,或因合作社养老服务设施不完善而放弃,或因市场经济发展导致的农民群体阶层分化、农村社会异质性增强以及利益多元化,合作意愿普遍不足,不同阶层的老年人间合作困难,等等,影响养老合作社的发展。[②] 城市社会化养老服务较农村发达,区别于农村的是其陌生人社会特征,一个社区的居民之间也会缺乏相互了解,互助合作缺乏"人合"基础,养老合作社需要社区及社会工作者推动,但目前社区和社会工作者的参与机制没有制度化,参与方式与程度在地区间差别也很大。在养老合作社发展较好的地方如上海市黄浦区和安徽省合肥市,更多依靠当地政府的偏好和支持愿望以及社会工作者的社会责任感;虽然城市志愿者服务比农村发展充分,但是由于时间银行服务储蓄等相关保障措施没有制度化,面临组织管理、信用保障、服务兑换等方面无法可依的问题,[③]也影响志愿者参与养老服务的积极性。这些因素叠加导致养老合作社在各地发展不足,尽管有政府的政策性文件的倡导,[④]养老合作社在城乡的普及程度仍然不高,或者虽已建立但不可持续。[⑤]

(二)以法治约束促进政府支持

作为一种非营利性的互助组织,养老合作社依赖政府的支持,但政府

---

① 参见潘天鹏、胡敏华:《人口老龄化背景下我国农村老年互助保障合作社发展构想研究》,载《江西农业大学学报(社会科学版)》2011 年第 1 期。

② 参见金华宝:《农村社区互助养老的发展瓶颈与完善路径》,载《探索》2014 年第 6 期。

③ 参见周海旺、沈妍:《老龄化时代城市养老的时间储蓄与公益志愿——以上海为例》,载《上海城市管理》2013 年第 1 期。

④ 参见国务院印发的《"十三五"国家老龄事业发展和养老体系建设规划》(国发〔2017〕13 号)也强调"大力发展农村互助养老服务"。2016 年民政部、财政部更是明确发文以中央专项彩票公益金支持试点地区发展养老服务互助幸福院等养老服务设施。

⑤ 笔者对山西省永济市蒲韩乡养老合作社的调研显示,很多村的养老合作社因缺乏资金和制度保障,举步维艰。

也会有自身利益考量而不能始终代表公共利益，政府自利性与公共性产生冲突，导致“政府失灵”。[①] 首先，政府的自利性表现为经济上的“成本收益”考量。按照公共选择理论，政府作为“理性人”，在政治活动中，也会有选择给自己带来更大利益的方案的倾向。[②] 而在养老等民生领域，投入大而效果不易显现是不争的事实。各级政府也会选择更容易出政绩的领域进行投入，从而不能总是代表和实现公共利益。另外，各地政府财权和事权的匹配度如果失衡，也会影响政府养老保障投入的积极性。我国从1994年开始的分税制改革，使财政收入在中央和地方间重新分配，中央财政收入大大增加，但其中相当大一部分是通过转移支付、专项拨款等形式补助给各地，用于义务教育、计划生育、优抚、社会保障等民生领域的支出，由于没有清晰地划分中央与地方的事权和支出分配，各地为在国家财政收入中“多分一杯羹”，出现“跑部钱进”的现象，获取可支配的财政转移支付和专项拨款等成了地方政府创新养老保障模式的激励力量。由于这些拨款获得缺乏制度性保障，在“求而不得”的情况下，也会影响各地政府养老政策执行力度以及在推动养老合作社发展中的积极性。其次，政府的自利性表现为政治上的“收益”考量，包括政绩考核、官员的奖惩和晋升等。如果制度上导向不明，“政治激励”不足，同样会导致养老等民生领域的惰政，养老服务存在一定程度的“政府失灵”是不容回避的现实。

克服养老服务领域“政府失灵”，法治约束是根本。通过立法，明确政府发展养老合作社的责任，对政府行为进行法治约束，让政府回归社会公共利益代表的应然角色，也是养老合作社领域立法应解决的重要问题。

（三）以立法促进社会力量参与

在养老服务社会化背景下，多元社会力量参与也为养老合作社的发展所必须。在政府推动的同时，社区、慈善基金、医疗机构、志愿者等社会

---

① 参见鲁迎春：《公私合作——上海养老服务供给的探索》，上海人民出版社2019年版，第52页。

② 参见臧传琴：《从“经济人”假设到“政府失灵”——评公共选择学派的“政府失灵”论》，载《江汉论坛》2007年第2期。

力量也需要为养老合作社提供支持，养老合作社内部的自我服务与外部的医疗机构如何对接以实现医养结合，与市场服务、公益服务、志愿服务等社会服务如何对接以实现社会合作，如果没有制度作为保障，各方主体的权利义务没有明确规定，相关合作就很难健康可持续地开展。

第二节 养老合作社立法的可行性

一、城乡养老合作社统一立法的可行性

尽管目前实践中出现的城乡养老合作社存在一定的差异，但都是非本质性的，比如农村养老合作社基本延续了经典合作社的特征，更强调社员之间的互助合作，而城市养老合作社有更多社会合作的因素，在提供服务方面社会合作的广度和深度都高于农村养老合作社；再如农村养老合作自治性强，更符合经典合作社的特点，而城市的养老合作社更多依赖政府财政资金和慈善资金，与政府的关系更为密切、依赖程度也更高；抑或农村养老合作社的设立发展对“能人”“精英”的依赖程度较高，而城市养老合作社更多靠地方政府或政府购买的社会工作者组织推动，等等，但是二者的共性是根本的。从实践中养老合作社发展的模式看，城乡养老合作社存在一系列共性：第一，社员间的互助合作。这是作为互助型养老模式的基本特征。第二，政府的支持。作为准公共产品提供者的养老合作社，在城乡都得到政府的支持，主要是资金和政策支持。第三，社会力量的参与。无论在城市还是农村，发展养老合作社都离不开社会力量的参与，包括医疗资源提供方、其他社会服务，例如理发洗浴、志愿者服务等。因而二者的同质性是主要方面，各比较项的差别只是程度上的，因此统一进行立法以规范城乡范围内存在的养老合作社具有可行性。

二、养老合作社立法的客观基础

通过前文分析，缺乏制度保障是制约养老合作社发展的一个重要因

素,要促进其发展,发挥其在社会化养老服务中的应有作用,就必须立法先行。尤其是在我国自上而下政府主导型法治建设过程中,政府的顶层设计和制度引导对市场主体和社会关系参加者的培育和发展起至关重要的作用,尤其是在民生领域,政府应承担起更多的制度供给的责任。制度供给不足,主观上会导致相关人员因缺乏制度保障而降低合作意愿,客观上会影响合作社的成长发育。为促进养老合作社发展,进行相关立法刻不容缓。为此,应在国际合作社联盟(ICA)确立的合作社原则指导下,结合养老服务宗旨,为我国养老合作社立法。从已有的立法基础看,当前我国养老合作社立法也具有现实可行性。

(一)合作社立法理论奠定理论基础

党的十一届三中全会后,合作社摆脱集体经济组织的藩篱,回归建立在社员个人财产权基础上的市场主体的本源地位。市场经济是法治经济,随着我国市场经济的发展和民主法制建设恢复,合作社作为重要的市场主体,其本身也步入法治化进程。学界围绕合作社立法展开的讨论所形成的理论成果,为合作社立法奠定了重要的理论和思想基础。从20世纪90年代开始,法学界围绕合作社的学术研究空前繁荣,围绕合作社的法律地位、法律属性、基本原则、合作社法基本制度、合作社与政府的关系及国外合作社法的借鉴等方面,产出了一大批高质量成果,我国2006年制定的《农民专业合作社法》正是得益于这些成果才达到比较高的立法水平,反映了农民专业合作社的本质,有效促进了农民专业合作社的发展。10余年来,有关合作社立法模式,尤其是特殊类型合作社,例如住宅合作社和养老合作社的立法问题更是学界关注的热点,同样积累了前瞻性的研究成果。这些成果,为养老合作社立法作了理论上的准备。

(二)养老服务相关立法提供了经验基础

在前文所述社会化养老服务体系建设过程中,各地通过立法贯彻国家的政策和法律,从2015年开始,截至2021年11月,有39个省、自治区、直辖市和设区的市制定了关于养老服务的综合性地方性法规,其中很多地方针对居家养老服务专门立法。这些地方立法都毫无例外地规定了养老服务是在政府主导下，以社区为依托，由家庭的供养和照顾、政府的基本公共服务、企业和社会组织的专业化市场化服务、基层群众自治组织、合作社和志愿者的公益互助服务组成的体系。这些地方立法，为国家层面的养老合作社立法积累了经验。

从国外的立法看，英国制定专门的《合作社和社会福利协会法》，①以及《2004 年公司（审计、调查和社区企业）法令》②《社区企业公司章程》③等法律，明确合作社作为社会企业的一种类型的法律地位，鼓励它们从事社区养老服务并规定了对它们的资金扶持等措施。在德国和日本，均通过专门的合作社立法，拓展合作社从事养老服务的业务范围，并对合作社的组织和行为进行规范。④

（三）农民专业合作社立法的路径基础

目前，我国针对农民专业合作社制定了《农民专业合作社法》，从 2007 年施行到 2017 年修订，在十年实施中，克服原法不适应农民专业合作社发展实际需要的局限，吸取国际上的先进立法经验，该法日趋完善，为其他类型合作社包括养老合作社立法的位阶选择、体系构建、核心制度设计等提供了有益的参照和借鉴。

第三节　养老合作社立法的理论基础和价值目标

任何一项制度，都应有其建立的理论基础，同时必须以特定的正当性价值为目标，二者之间往往具有通约性。养老合作社立法的核心价值在于确立养老合作社在社会化养老服务体系中不可替代的地位，而这又缘

---

① Co-operative and Community Benefit Societies Act 2014（U. K. ）.

② Companies（Audit, Investigations and Companity Enterprise）Act, 2004, c. 27, §26（U. K. ）.

③ Community Enterprise Company Regulations, 2005, S. I. 2005/1788, art. 3（U. K. ）.

④ 《德国合作社法》，1889 年 5 月 1 日通过，于 1898 年 5 月 20 日颁布，2006 年 8 月 14 日最后修订；《日本农业协同组合法》，法律号：1947 年第 132 号［在 1948 年到 1993 年间共修订 27 次。最后一次修订于 1993 年（法律号：63 和 70）］。

于其自身独特的价值及与当代相关理论的契合，由此决定了这一立法的价值追求。

一、民主自治理论与民主价值

（一）民主自治理论

民主自治理论注重沟通、互助等，有助于多元、互动的民主自治方式形成。[①] 民主自治理论是合作社（包括养老合作社）发展的理论基点之一。民主自治理论在中西方理论著作和官方文件中均有体现。我国在党的十八大之后，政府关注城乡社区的民主自治，党的十八大报告明确指出在城乡社区治理、基层公共事务和公益事业中实行群众自我管理、自我服务等。在西方国家，同样强调社区自治中公民的民主参与。美国人理查德·C. 博克斯提出了公民治理的原则与方法，强调社区内的公民治理中政府、社会组织和公民协同发挥作用。[②] 民主自治理论与和社区结合紧密的养老合作社的内部治理有着天然的契合性。在社会治理体系现代化和积极老龄化背景下，老年人参与养老服务是社区治理的重要组成部分，养老合作社秉持社员自治和民主管理的原则，社员在参与服务的同时接受社内其他老年人的服务，对合作社的重要事务行使决策权利，既符合当前政府动员和组织低龄、健康的老年人投身社区志愿服务的积极老龄化政策，也能发挥老年人的优势，通过合作社内部有组织的志愿服务填补养老服务供给的不足，为其自身提供便捷可及的自助和互助养老服务，符合老年人的根本利益。

（二）民主价值

为养老合作社立法，将合作社民主自治的原则用法律的形式加以固定，有助于保障老年人对涉及养老事务的自治性权利，实现养老合作社的民主价值。

---

① 参见赵秀玲：《“微自治”与中国基层民主治理》，载《政治学研究》2014 年第 5 期。

② 参见［美］理查德·C. 博克斯：《公民治理：引领 21 世纪的美国社区》，孙柏瑛等译，中国人民大学出版社 2012 年版，第 126 ~ 129 页。

自愿参与和民主管理是合作社基本的原则。当然,在自愿入社和退社的前提下,社员对合作社事务行使自治的权利。在合作社中,社员是最具活力的,也是最容易被人忽视的。对于社员中心地位的认识,才能很好地为他们服务。[①] 社员可以行使对合作社的民主管理权利,这也是国际合作社联盟(ICA)规定的七大原则之一,合作社的重大事项由社员决定。这一原则被概括为"一人一票"的民主原则。

民主价值在于培育优化国家治理和公民社会自治。独立于政府和其他私营部门,独立管理自己的事业,无论与外部签订协议,还是募集和使用资金,都由社员民主管理,保持合作社的自主性。[②]

在与私营部门的关系中,即便达成协议与私营企业合作经营,也必须充分保持合作社的独立性,这是非常重要的。[③] 前文所述国际劳工组织《建议书》提出,一个平衡的社会需要存在有强大的公共和私营部门,以及一个强大的合作性、互助性部门及其他社会和非政府部门。正是在这样的背景下,政府应当鼓励将合作社发展成为自治的组织,尤其在合作社可发挥重要作用或提供无可替代的服务的那些领域。政府应以适合于其性质和职能的方式采取措施对合作社进行监督,所采取的措施要尊重其自主权,并按照国家法律和惯例,而且,它们与那些适用于其他形式企业和社会组织的措施同样有力。通过立法,将这些原则法律化,确认老年人通过合作社的民主自治权利,实现养老合作社民主的价值目标。

二、社会治理理论与善治价值

(一)社会治理理论

社会治理理论,是公共管理从"社会管理"理念向"社会治理"理念转变过程中形成的理论,强调包括政府和企事业单位、社会组织、社区及个

---

① 参见管爱国、符纯华译著:《现代世界合作社经济》,中国农业出版社 2000 年版,第 9~11 页。

② 参见马跃进:《合作社的法律属性》,载《法学研究》2007 年第 6 期。

③ 参见管爱国、符纯华译著:《现代世界合作社经济》,中国农业出版社 2000 年版,第 13~14 页。

人等在内的多元主体通过平等地合作、协商等方式共同参与社会治理。① 相关理论被广泛应用于国际、国内社会的各个领域。② 西方国家学者针对公共产品供给出现的“市场失灵”和“政府失灵”提出了治理理论，近几年来国内学者也越来越重视该理论。我国学者俞可平认为治理是公共管理组织（官方或民间的）运用公共权威维持秩序，满足公众的需要。③ 可见治理理论强调社会公共事务不再是由政府作为唯一的主体进行排他性管理，而是由政府、非政府组织、个人等多元主体参与，公共服务不再是政府独揽的责任，而是多元主体供给，是对国家与社会、政府与市场及个人关系的重新定位。作为正式意义上政治概念的“社会治理”首次在党的十八届三中全会中共中央《关于全面深化改革若干重大问题的决定》（以下简称《决定》）中被提出，《决定》从改进社会治理方式、激发社会组织活力等方面部署社会治理体制创新。党的十九大则提出要打造“共建共治共享”的社会治理格局，推动社会治理重心向基层下移，实现政府治理和社会调节、居民自治的良性互动。社会治理理论尤其关注激发社会组织活力、更好地发挥社会力量的作用。社会治理理论中“政府”和“社会”关系的处理是关键，核心是改变过去“管理”理念下政府包揽过多、未能发挥社会自身主体作用的弊端，转而重视和关注“社会”。在划清政府行动边界的同时，将更多可以由社会组织承担的事务下放，一方面可以减轻政府过重的负担，另一方面可以培育社会力量，使社会组织有能力承担起社会治理的责任。在此过程中，政府要为社会主体的发展提供制度规范和保障，以法律和法理为依据，明确权利义务关系，规范社会主体行为，实现社会治理的法治化。

就养老服务这一准公共产品的供给而言，政府和社会主体的多元参与也是我国近年来社会化养老服务体系运行的基本逻辑，而政府在其中始终发挥主导作用，但是由于前文所述的原因，政府必须借助社会力量，开展社会化养老服务，依靠社区和社会组织。吸引和鼓励社会与市场力

---

① 参见王春福：《多元治理模式与政府行为的公正性》，载《理论探讨》2012 年第 2 期。

② 参见赵蕾：《“枫桥经验”的理论提升》，载《法律适用》2018 年第 17 期。

③ 参见俞可平：《治理与善治》，社会科学文献出版社 2000 年版，第 5 页。

量参与的重要手段即是制度规范和政策扶持。实现养老服务领域社会治理的法治化，必须先通过立法，为包括养老合作社在内的养老服务组织提供制度保障，以培育和促进其发展。养老合作社立法的核心价值之一就是树立社会化养老的观念，促进养老合作社成为政府和市场之外社会化养老服务重要的提供者和承担着，确立其主体地位。

（二）善治价值

"善治即良好的治理，是使公共利益最大化的社会管理，其本质特征是政府与公民对公共事务的合作管理。"①追求公共利益最大化是西方国家善治的价值目标，而我国传统上"善治"与"善政"属同一个意义，强调良好的政府和管理手段。我国学者俞可平将西方国家与中国对"善治"的理解整合起来，同时强调"好的政府"和"公共利益最大化"，并将合法性（政府管理权力来自人民并得到人民的支持）、法治（良法是善治的基础）、社会组织对公共事务的参与等作为"善治"的核心要素。② 张文显教授将"以人为本、依法治理、公共治理"下的"良法善治"作为中国语境下"善治"的特质。③ 可见，"善治"的要义在于强调法治背景下国家、政府与公民、社会对公共生活进行合作管理，倡导公共服务中多方主体共同治理，政府、市场、第三部门之间平等合作，并以促进公共利益最大化为目标。④ 无疑，社会治理理论与善治价值具有通约性。"善治"在党的十八届四中全会后作为政治术语出现在中央文件中，成为执政党治国理政的目标，同时也是新形势下国家的一种治理模式或状态。前文已经论及，在社会化养老服务供给过程中，"政府失灵"和"市场失灵"同时存在，需要政府和市场之外的力量加持，需要政府和其他主体的合作。而养老合作社具有整合养老服务资源、弥补政府和市场作用不足的优势。通过专门立法，为养老合作社的发展提供制度保障，培育养老服务领域政府和市场

---

① 陈广胜：《走向善治》，浙江大学出版社 2007 年版，第 102 页。

② 参见俞可平：《政治与政治学》，社会科学文献出版社 2003 年版，第 23～24 页。

③ 参见张文显：《法治与国家治理现代化》，载《中国法学》2014 年第 4 期。

④ 参见李磊、顾辰影等：《城市群公共服务供给如何创新？——善治视域下的协同路径探析》，载《江苏行政学院学报》2018 年第 6 期。

之外的第三种力量,并且通过与城乡社区的紧密合作,推动社会化养老服务领域的良法善治。

三、社会保障社会化理论与社会福利价值

(一)社会保障社会化理论

社会保障社会化理论是我国学者在面对社会保障的新形势、在批判西方福利多元主义的基础上发展起来的本土理论。

如前文所述,福利多元主义是在20世纪70年代西方福利国家危机背景下产生的理论。西方福利国家是在20世纪30年代经济大萧条时期兴起,是国家加强对经济和社会生活干预的产物,国家提供福利是政府对民众承担起的“新的保护性责任”,为社会成员提供全面的社会保障。但是,到20世纪70年代随着经济滞胀和失业问题日趋严重,同时伴随着人口老龄化,民众对社会福利的需求不断增大,政府财政压力剧增,原有的福利模式难以为继,出现福利社会化和多元主义转向。福利多元主义认为,福利供给不完全是政府的责任,福利是全社会的产物,福利多元主义倡导政府、市场、社会和个人分工与合作共同承担福利责任。[①]“福利多元主义”概念较早出现在1978年英国沃尔芬德报告《志愿组织的未来》中,报告主张把志愿组织也纳入社会福利的供给者行列,即福利供给存在多元体系。[②] 譬如自助组织、互助组织、自愿组织和社区中有社会工作者介入的正式或非正式助人组织都是福利供给者。福利多元主义是在政府主导下由多元力量介入和参与的多元福利主体模式,其所倡导的是一种整合各个福利主体的系统论观点。[③] 但是,福利多元主义在国外的实践中,都出现了多元主体责任边界不明带来的福利供给碎片化,以及政府负担加重(既供给福利又监督其他主体)和政府责任缺失同时存

---

① 参见陈友华、庞飞:《福利多元主义的主体构成及其职能关系研究》,载《江海学刊》2020年第1期。

② See J. Wolfenden, *The Future of Voluntary Organizations*, Croom Helm, 1978, p. 9 – 14.

③ 参见韩央迪:《从福利多元主义到福利治理:福利改革的路径演化》,载《国外社会科学》2012年第2期。

在的悖论。[1] 针对这些问题,我国学界提出了"社会保障社会化"理论,社会保障社会化不仅包含服务主体的多元化和分散化,还涉及社会性和全民性的属性。福利多元主义仅强调多元福利供给主体及其有效组合,而社会保障社会化还涉及社会保障管理、服务、监督等多方面的社会化,[2] 因而是更具中国特色,更适合中国国情的社会主义福利供给理论,能最大限度地促进社会成员的社会保障需求(经济、服务、精神需求)得到满足。

养老服务作为社会保障的组成部分,其社会化意味着多元主体参与,真正能满足老年人养老需求的服务供给。养老合作社正是在这一背景下应运而生,成为社会化养老服务供给主体之一。

(二)社会福利价值

在社会化养老服务供给模式下,养老合作社因前文所述独特作用和整合养老服务资源的优势,能够满足入社老年人的养老需求,成为政府和市场之外的第三种力量,成为老年人社会福利的有力提供者。通过立法,将社会福利价值具体化为养老合作社的基本原则和制度,通过具体的规范,明确社内老年人具有享受来自其他社员和社会服务主体服务的权利,同时规定他们的义务,在权义统一的前提下,明确政府的主导功能,切实保障养老服务中的社会福利,是养老合作社立法应追求的价值目标之一。

---

① 参见陈友华、庞飞:《福利多元主义的主体构成及其职能关系研究》,载《江海学刊》2020年第1期。

② 参见徐进:《一个简明述评:福利多元主义与社会保障社会化》,载《西南石油大学学报(社会科学版)》2019年第3期。

第三章　养老合作社立法的基础理论

虽然合作社在世界范围内经过了近 200 年的发展,理论上围绕合作社的研究也比较深入,各国也普遍建立起合作社法律制度,但是养老合作社是新型合作社,如上文所述,现有的制度并不能解决养老合作社的规范问题,理论上对养老合作社立法的研究还很薄弱,相关立法的理论尚不成体系,最为关键的是有关立法问题没有形成理论共识。一是养老合作社的法人类型。法人类型直接影响养老合作社功能和目标的实现。由于我国相关立法对合作社的法人属性和类型规定模糊,仍待明确。二是立法形式。养老合作社法处于何种立法位阶,是采用“法律”还是“行政法规”直接关系立法的可行性。三是立法内容。养老合作社法规是组织法还是行为法,或是二者兼而有之需要框定。四是立法原则。立法原则关涉养老合作社法规的指导思想和价值取向,是具体制度构建的基础。本部分旨在对上述基本理论问题进行分析论证。

第一节 养老合作社的法人类型

明确养老合作社的法人属性,进而明确其法人类型,是确立其法律地位、规范其运行、明确其社员的权利义务乃至处理政府与合作社关系的前提。作为合作社的一种形态,养老合作社法人属性和类型的分析应置于一般合作社法人的分析中。前述合作社有多种类型,如从合作社功能的角度可以分为生产类合作社和服务类合作社,本节将全面围绕承担经济、社会、文化各类功能的合作社的进行分析,以说明合作社非营利法人的属性。

一、明确合作社法人属性的意义

自改革开放突破合作社“集体经济组织”属性的藩篱后,回归本源意义即建立在社员个人财产权的基础上,秉持入社自愿、一人一票的民主管理、限制股金分红盈余按交易额分配、重视对社员的教育等原则的合作社在我国获得很大发展,①目前我国除农民专业合作社,还有供销、信用、消费、住宅、养老、保险、资金互助合作社等各种形式的合作社,在各地获得不同程度的发展,在相关领域为社员提供互助和互益服务,已经成为一类重要的市场主体。②

合作社的法人地位为很多国家立法或地区规定所确立。《农民专业合作社法》第5条即规定农民专业合作社可取得法人资格。从国外的立

① 这些原则是1895年在伦敦成立的国际合作社联盟确立的合作社国际性普遍原则的重要组成部分。1949年后合作社被曲解为“集体经济组织”,改革开放后本源意义上的合作社开始回归。

② 相关具体数据参见《全国农民专业合作社数量达193万多家》,载中华人民共和国中央人民政府网,http://www.gov.cn/xinwen/2017-09/04/content_5222588.html;2015年中共中央、国务院《关于深化供销合作社综合改革的决定》中确立了供销合作社基层社集生产合作、供销合作、消费合作、信用合作为一体的以农民为主体的综合性合作社的发展方向。参见《中华全国供销合作总社介绍》,载中国供销合作网,http://www.chinacoop.gov.cn/HTML/2015/04/02/99699.html。

法看,《越南合作社法》第 20 条规定:“合作社自领取营业登记执照之日起享有法人地位。”《日本农业协同组合法》第 5 条规定:“农业合作社与农业合作社联盟应该具有法人资格。”《德国合作社法》第 17 条规定经登记的合作社即为法人。

有学者认为,因合作社类型多样,并且规模大小不一,统一确定其为法人并不恰当,“合作社的主体地位,可由合作社发起人自行确立”。① 笔者认为,该观点并未反映合作社的法律属性。合作社作为一种组织形式,本身具有法人属性。② “法人制度的价值在于解决非自然人参加法律关系时的人格和能力问题”,③包括其对外的责任能力。法人是“组织学上的重大突破,是组织的合同责任和侵权责任的基础”。④ 从法人的发展史看,它回应了人的社会性和结社性需求,同时对法人与其成员进行界分,赋予法人独立于其成员的人格,它便获得了以自己的名义参加法律关系、独立行使权利和承担义务的能力,而且在市场经济条件下,市场运行规律决定了一般情况下承担有限责任的法人能对面临的风险进行合理预期和防范。⑤ 法人制度形成后,法人特征也随之法定化,基于此其责任基础和形式也得以法律化。在我国民事主体“公民—法人—非法人组织”的三分结构的制度背景下,法人须依法成立,并且“以其全部财产独立承担民事责任”。⑥ 合作社作为由社员结社形成的组织体,同时又独立于其成员,合作社一经依法登记成立,即有自己的组织机构,有独立财产并能对外独立承担责任。在立法上确立其法人地位,便可在组织法和行为法上进行规范,取得有别于非法人组织的主体地位。合作社法人化是对民事

---

① 谭启平:《论合作社的法律地位》,载《现代法学》2005 年第 4 期。

② 参见孙晓红、师子祥:《合作社法人类型辨》,载《中北大学学报(社会科学版)》2020 年第 2 期。

③ 史际春、胡丽文:《论法人》,载《法学家》2018 年第 3 期。

④ 吴才毓:《民法典中宗教组织的法人化类型》,载《政治与法律》2015 年第 10 期。

⑤ 参见史际春、胡丽文:《论法人》,载《法学家》2018 年第 3 期。

⑥ 当然,在法国、日本、英国等国家,无限公司等非独立承担责任、成员承担无限责任的企业组织同样可以取得法人地位,决定的因素不在于其是否为独立的责任主体,而在于其是否依注册登记程序而取得了一个独立的、可无限延续的人格。参见江平主编:《法人制度论》,中国政法大学出版社 1994 年版,第 264 ~265 页。

主体制度的重要贡献,是各国实践经验的总结。从本质属性出发,而非从类型和规模出发确立合作社的主体地位才能真正规范并促进其发展。因此立法上肯定其法人属性具有非常重要意义。① 我国已有的针对合作社的立法包括《农民专业合作社法》《农村信用合作社管理规定》《城镇住宅合作社管理暂行办法》等无一例外规定合作社为法人,②反映了合作社法人化的客观要求,也是对其法律调整的应然选择。

二、合作社法人类型的立法检视

在学界,关于合作社法人类型的认识存在分歧。在立法层面,有关合作社的现行法也都肯定了合作社的法人属性,但就法人类型,则经历了从合作社法人类型模糊化到法人类型明确化的过程。

由于我国尚未制定合作社基本法,2006 年我国《农民专业合作社法》首次以法律的形式规范合作社,并界定合作社为法人,但并没有明确合作社的法人类型。2021 年施行的《民法典》中"城镇农村的合作经济组织法人"③被划归营利法人和非营利法人基本分类之外的特别法人,在《民法典》立法过程中极具争议的法人分类问题,暂时有了答案,④合作社的法人类型也得以在民事基本法中明确。但事实上有关法人分类问题的讨论远未结束,《民法典》确立的法人类型划分从逻辑周延性到实质标准都充满争议,其能否承载法人分类于法人制度目的实现和法人行为规范等多

① 参见孙晓红、师子祥:《合作社法人类型辨》,载《中北大学学报(社会科学版)》2020 年第 2 期。

② 参见《农村信用合作社管理规定》第 2 条第 2 款、《城镇住宅合作社管理暂行办法》第 3 条、《农民专业合作社法》第 2 条和第 4 条。

③ 我国现有的合作经济组织包括农村合作经济组织和城镇合作经济组织,前者如农民专业合作社、农村资金互助社、农村信用合作社、农村供销合作社等;后者如城镇住宅合作社等。一般学界对城镇农村合作经济组织统称为"合作社"。随着社会发展,新的合作社类型也在出现,如养老合作社,其与突出经济功能的传统合作经济组织有很大区别,就是更加注重社会、文化功能。本书为使讨论结果具有一般性和普遍适用性,"合作社"涵盖具有合作社属性的各类合作社。

④ 在原《中华人民共和国民法总则》(以下简称《民法总则》)制定过程中关于法人分类观点纷呈,有继受理论传统,主张将法人分为社团法人与财团法人的;有主张尊重立法沿革,将其区分为企业法人与非企业法人,或者营利法人与非营利法人,或者营利法人、公益法人与中间法人的;还有主张回到公法与私法的元分类,采取公法人与私法人分类的,等等,不一而足。

重重任，仍是学界存疑的一个问题；《民法典》对合作社特别法人的立法定位是否准确，是否能反映合作社的本质属性，是否影响对合作社的规范和扶持，依然有待审视和深入思考。

（一）《民法典》营利法人与非营利法人基本分类的价值

营利法人与非营利法人是《民法典》总则编第三章“法人”篇中对法人所作的基本分类，《民法典》第96条进一步规定了特别法人，即以特别法人作为基本分类之外的补充，形成了三分的法人分类结构，同时也为合作社的法人类型进行了定位：合作社为特别法人。关于特别法人问题，在下文中分析，本部分着重探讨《民法典》法人基本分类的价值。

法人分类是法人制度的“骨架”，民事立法借助法人分类形成法人制度的框架、搭建起法人制度的结构和格局，树立纲领，法人制度由此纲举目张。[①] 法人分类及建立其上的法人制度从根本上反映了国家对不同组织体的态度——是“管”还是“放”，[②]具体表现为对不同类型法人，在准入条件、设立程序、治理结构、运行规则、接受捐赠、政府扶持（政府补贴、税费优惠）、外部监管等诸多方面，各国民法都有区别对待，体现因社会组织的社会功能不同而存在的制度差异，也承载了不同的制度价值。

法人分类之于民商事制度的重要性也使得其成为《民法典》制定过程中争议最大的问题之一。在《民法典》制定过程中，围绕法人类型划分最具代表性的观点有两类，一是上述现行法确认的三分结构，二是借鉴《德国民法典》规定将社团法人和财团法人的二分法人结构分类作为法人基本分类。[③]《民法典》扬弃《民法通则》（已失效）、取舍学界观点确定了三分法人分类结构，但对营利法人和非营利法人的基本分类结构，赞成者有之，反对者亦众。赞成者认为其为我国改革开放实践经验的升华，既

① 孙晓红、师子祥：《合作社法人类型辨》，载《中北大学学报（社会科学版）》2020年第2期。

② 罗昆：《非营利法人的私法规制》，中国社会科学出版社2017年版，第101页。

③ 此种观点参见徐国栋主编：《绿色民法典草案》，社会科学文献出版社2004年版，第113～114页；李永军：《以“社团法人与财团法人”的基本分类构建法人制度》，载《华东政法大学学报》2016年第5期。

符合现代社会中“功能主义的区分标准”，同时也“满足社会组织发展和治理的现实需求”，最终能“推动社会治理现代化”。[①] 有学者评价该种分类充分考量了“我国法人制度的现状”，进一步“凸显了中国社会市场化转型之需求”，是较“社团—财团”法人二分法传统模式“更为科学和先进的法人分类方法”。[②] 而从制度逻辑上看，营利法人和非营利法人的基本分类符合我国法人制度构建需要，符合民法立法和理论发展的趋势，“消除了既非营利性也不符合公益性的中间法人……能够与《民法通则》的分类相互衔接，有利于保持法律制度的稳定”，同时能够满足“国家依据法人目的进行登记管理的需要”。[③] 反对者则认为此种基本类型模式在“逻辑周延性”、“确定性”和“实质性区别”三个方面均无法满足法人类型划分的要求。[④] 还有论者认为将法人区分为营利法人与非营利法人，乍看之下符合形式逻辑，然而从实质看，却存在“价值理念的失衡”“营利认定的困难”“管制分类的混淆”等缺点，可谓独创而不高明。[⑤]

事实上，一国法人制度包括法人分类是建立在本国经济社会现实基础上的，是继承之上的创新，制度的生命力源自其与现实的契合度和合理度的传承。笔者赞同将营利性和非营利性作为法人分类的基本标准，此种分类充分考量了我国法人制度的历史和现实，反映了法人制度的历史延续性和法人分类的制度惯性，同时也符合法人分类于法人制度目的实现的功能，便于法人的登记管理、组织运行。该分类除了在私法上决定不同类型法人的权利能力和行为能力、在各种法律关系中的地位和基本的权利、义务与责任，在公法上尤其是在税法上的地位、权义及可享有的优

---

① 张新宝：《〈民法总则〉对法人分类的规定及其解读》，载《社会治理》2017 年第 7 期。

② 蒋大兴：《〈民法总则〉的商法意义——以法人类型区分及规范构造为中心》，载《比较法研究》2017 年第 4 期。

③ 梁慧星：《民法总则立法重大问题（中）》，载《中国律师》2016 年第 8 期。

④ 参见罗昆：《我国民法典法人基本类型模式选择》，载《法学研究》2016 年第 4 期。反对营利法人与非营利法人基本类型模式的观点还可参见谭启平、黄家镇：《民法总则中的法人分类》，载《法学家》2016 年第 5 期；李永军：《以“社团法人与财团法人”的基本分类构建法人制度》，载《华东政法大学学报》2016 年第 5 期。

⑤ 参见王文宇：《揭开法人的神秘面纱——兼论民事主体的法典化》，载《清华法学》2016 年第 5 期。

惠也能在不同类型法人间区分。[①] 另外，从逻辑上看，营利法人和非营利法人是非此即彼的关系，能够满足法人分类的逻辑周延性要求，两者可以成为各类法人的上位概念。

而社团法人和财团法人的分类是《德国民法典》创立而被其他大陆法系国家继受的一种特定历史背景下的法人分类，随着社会发展，此种分类的不足日益明显，难以引入我国的制度体系：首先，"社团"和"财团"的界限日益模糊，无论是"社团法人"还是"财团法人"，其设立后的运行都要靠"人"和"财产"两个要素发挥作用，由于兼具人合性和资合性，尤其是一人公司的产生和发展，社团法人作为社员联合的属性也在减弱，导致两种法人的界限日益模糊、难以区分。其次，无论是立法中，还是法律实践中，此种分类在我国从未有出现，从概念使用惯性和适用、遵守法律的主体认知法律的角度都缺乏基础，尤其是财团的概念，究其实质与我国立法中的"基金会"类似，在我国已经长期使用"基金会"这一概念的情况下，引入"财团法人"反而会引起不必要的用语冲突以及认识上的混淆。[②]

(二)特别法人制度检讨与合作社法人类型重新定位的必要性

就设置特别法人这一法人类型的原因，根据全国人大常务委员会对《民法总则(草案)》的说明，是基于对法人的目的和功能的考量，将营利法人和非营利法人不能涵盖的法人单独归类。颁布后的《民法总则》罗列了包括合作社在内的四种特别法人。尽管有学者肯定"特别法人"设立的意义在于"解决了不承认公法人与私法人划分遗留下来的技术性问题"，[③]与营利法人、非营利法人结合形成的法人分类具备"形式逻辑上的周延性和自足性"，由此建构的法人类型体系"具有开放性和流动性""有利于与其他法律的衔接""使于充分发挥不同类型法人的功能，便于公共

① 参见孙晓红、师子祥：《合作社法人类型辨》，载《中北大学学报(社会科学版)》2020年第2期。

② 参见孙晓红、师子祥：《合作社法人类型辨》，载《中北大学学报(社会科学版)》2020年第2期。

③ 张新宝：《〈民法总则〉对法人分类的规定及其解读》，载《社会治理》2017年第7期。

管理”[1]。但事实上，特别法人制度本身存在非常明显的缺陷。

关于特别法人的“特别”之处是什么，《民法典》未作说明，而学术界对此看法不一。有学者认为，这里的“特殊性”主要是指此类法人具有行使公权力的职能。[2] 按此标准，如果将具有行使公权力职能的机关法人、农村集体经济组织法人和基层群众自治组织法人归为特别法人还有制度自洽性，但将城镇农村的合作经济组织划归特别法人并不符合该标准，因合作经济组织（合作社）是纯粹的私法主体，并不具有行使公权力职能的“特殊性”。因此这种对“特别”的理解是失之偏颇的。而更多学者对特别法人的设立持批评态度。有论者认为“特别法人不是一个内涵和外延确定的科学法律概念，其立法设计缺乏体系科学性”，[3]特别法人没有存在的必要性，四类特别法人缺乏共同的法律特征，只是因其难以归入营利法人与非营利法人的范畴，所以才从立法技术的角度设定一个内涵不确定的概念，用以总括难以归类的法人，因此，特别法人实际上是“剩余法人”，这一概念的正当性基础缺失。农村集体经济组织、城镇农村合作经济组织可根据其是否具有营利性归入营利或非营利法人中。[4]

从语义看，“特别”与“一般”相对，参照系不同，“特别”的含义也不同。以设立方式为标准，如果依准则主义设立的法人为一般法人，那么依特许主义设立的法人为特别法人；以设立依据为标准，如果依民法的一般规定设立的法人为一般法人，那么依特别法设立的法人为特殊法人；以经营方式为标准，如果市场化经营的为一般法人，垄断经营的法人应为特别法人；以法人职能为标准，如果仅具有私法职能的法人为一般法人，行使部分公权力的法人应为特别法人。严格意义上说，“特别”为何意，应该

---

① 张新宝：《从〈民法通则〉到〈民法总则〉：基于功能主义的法人分类》，载《比较法研究》2017 年第 4 期。

② 参见张新宝：《〈中华人民共和国民法总则〉释义》，中国人民大学出版社 2017 年版，第 186 页。

③ 谭启平、应建均：《“特别法人”问题追问——以〈民法总则（草案）〉（三次审议稿）为研究对象》，载《社会科学》2017 年第 3 期。

④ 参见张闻祺：《我国民法总则中的法人分类方式探析》，载《中州学刊》2017 年第 2 期。

分语境，依参照对象而有特定的指向。[①] 而《民法典》关于特别法人的规定，没有明确的标准来区分特别法人，而是织了一个“口袋”，装入了立法者认为无法归入营利法人和非营利法人的其他法人类型，谓之“特别”，这与立法使用的概念应该有确定的内涵和外延、能够区别于其他概念、有足够的区分性的要求相去甚远。

事实上，《民法典》第96条纳入特别法人的各类法人之间存在巨大差异，组织职能、经营方式、设立依据、设立原则等方面均无法统一，难以形成统一适用于各类特别法人的一般规则。此种归类也无法反映所涉四类特别法人的本质属性，更不能起到将四类特别法人引致特别法规定的作用，影响法律适用。且在营利性和非营利性概念在立法上具有较为确定含义并且分类逻辑周延的前提下，将合作社等归入特别法人难以在制度逻辑上实现自洽。因此四类特别法人的类型归属需要重新考量。受主题所限，本书仅讨论合作社法人类型。

合作社究竟应属于何种法人？为有效规范和扶持合作社发展，这一问题亟待澄清。

三、合作社法人类型定位——非营利法人

理论界对合作社的法人类型有两种代表性观点：其一，从合作社的目的看，合作社不以营利为目的，是非营利法人；[②]其二，合作社法人类型不能一概而论，从各类合作社法人的特殊性出发，从事产销经营的农民专业合作社应确定为营利性法人，服务类合作社应确定为公益性法人（非营利法人）。[③]

笔者认为，合作社应为非营利法人，无论其从事产销经营还是提供服务，都具有非营利性。下文将结合合作社的法律属性着重从营利和非营

---

① 参见孙晓红、师子祥：《合作社法人类型辨》，载《中北大学学报（社会科学版）》2020年第2期。

② 参见米新丽：《论农业合作社的法律性质》，载《法学论坛》2005年第1期。持类似观点还可参见马跃进：《合作社的法律属性》，载《法学研究》2007年第6期。

③ 参见任大鹏：《法人分类应体现农民合作社法人的特殊性》，载《中国农民合作社》2016年第10期。

利法人的分类标准分析，同时参考比较法上的依据。

（一）目的和利润分配原则分类标准下合作社的非营利性

在前文中，已充分肯定营利法人和非营利法人划分的重要制度价值，该种分类能搭建起法人分类的基本框架，也为很多国家立法所确认。[①] 在基本分类框架内解决法人分类问题，有利于制度的体系化，减少重复立法，避免法律冲突，提高法律运行效率。[②] 上述分类在逻辑上具有周延性，可以覆盖各种法人，包括合作社法人。合作社类型的归属，可视其有无营利性，划入营利法人或非营利法人。

判断合作社有无营利性，应首先从营利和非营利法人的分类标准入手来研析。

就上述两类法人的分类标准，从世界范围看，以组织目的及利润分配原则为标准来划分营利法人和非营利法人是很多国家立法的选择，即“目的—利润”范式。[③] 营利法人以营利为目的，所得利润向股东等出资人分配，非营利法人不以营利为目的且限制利润按出资多少向成员分配。此种分类标准较为客观并直观反映两类法人的区别，体现了概念的区分性、规则的指向性和价值取向的差异，便于法律针对性规则的制定，保证法律适用的确定性，也为《民法典》所采纳。

在上述标准下，判断一个组织是否具有营利性，考虑的因素主要有两个：组织的目的及利润分配原则，这两个因素也是组织的法律属性最核心的因素。从这一标准出发进行评价，合作社法人无疑具有非营利性。

---

① 大陆法系国家传统上法人以“社团法人”和“财团法人”为基本分类，但这不是唯一的分类模式。英美法系的美国和英国、大陆法系的俄罗斯都是以“营利法人”和“非营利法人”为基本的法人分类。参见蒋大兴：《〈民法总则〉的商法意义——以法人类型区分及规范构造为中心》，载《比较法研究》2017 年第 4 期。

② 参见孙晓红、师子祥：《合作社法人类型辨》，载《中北大学学报（社会科学版）》2020 年第 2 期。

③ 划分营利法人和非营利法人的标准范式有学者归纳为“结构—运作”范式（从基本结构和运作方式来区分）、“收入—成本”范式（以组织资产来源不同区分）、“功能—利益”范式（根据组织的功能即是否为满足公共利益的需要设立区分）、“目的—利润”范式（从组织目的和利润分配限制的角度区分）。其中“目的—利润”范式因充分反映了非营利法人与营利法人不同而为大多数国家立法例所采纳。参见税兵：《非营利法人解释——民事主体理论的视角》，法律出版社 2010 年版，第 22～24 页。

1. 合作社目的的非营利性

合作社本质上是互助性或互益性组织,在各种类型的合作社中,有些合作社不从事营利活动,例如住宅合作社或养老合作社,其非营利性显而易见;生产经营型合作社虽追求盈余,但不以营利为目的。因为法人"营利性"所指的营利,是指目的上的营利,如果仅仅是在日常运营中从事营利活动并取得盈利,但目的不是为资本谋求利益,而是出于公益目的或互益目的,如前文所述社会企业法人,该法人不具有营利性,就不是营利法人。合作社不以营利为目的,即便从事营利活动,也是为了满足社员需要,而非以实现资本利益最大化为目的;即便追求盈余,也不是为出资者谋求利益。[①] 合作社中不存在像公司那样的资本属性,即决策权或者收益比例的多少与出资多少成正比,而是遵循"一人一票"的民主管理原则。从这一点可以判断,合作社并不具有目的上的"营利性"。《日本农业协同组合法》第 8 条明确规定合作社开展业务的目的:最大限度地服务其成员和成员合作社。同时,该条法律还规定不允许合作社为了营利目的而进行其业务。

理论界之所以存在质疑合作社非营利性的观点,其根本立足点在于:只要合作社能对外进行营利活动,并且也追求利益最大化,很明显它是有营利性的。这种判断源自一个认识上的误区——非营利法人始终不能从事"营利"活动。通过上文的分析可知,"非营利性法人"从事营利活动并不是必然与其本质属性相悖,只要目的上不具有营利性,法律也不可能强制性地对其营利的业务活动进行限制。对合作社来讲,其本身的目的,就是要满足社员的经济、社会、文化需要,这一互益目的的实现,除了靠政府支持和社会捐赠,也要靠合作社自身的营收来支持,因此对外从事营利活动是为合作社的目的事业所必须,只不过是以营利手段达到维护合作社社员利益,满足其各方面需求的目的,即实现非营利的目标和使命。一个组织具有非营利性的属性,关键看目标和使命的非营利性。比如作为典型

---

① 参见孙晓红、师子祥:《合作社法人类型辨》,载《中北大学学报(社会科学版)》2020 年第 2 期。

非营利法人的基金会,公益目的是其使命,但要奠定完成这一使命的经济基石,就必须保持有自我"造血"性质的营利性活动以实现资产的保值增值,否则就无法保持可持续发展。为实现基金会发展的可持续,"股权型基金会"成为其中一种新的类型,在保持目的和本质上非营利性的同时,为作为股权人的基金会利益,从事与宗旨相关的特定领域内的商事活动(典型的营利事业)为法律所允许,①但这并未从根本上动摇基金会的非营利法人属性。

综上所述,法人目的是判断法人是否具有非营利性的一个重要标准,但必须认识到其不是唯一的标准,也不能仅从目的武断得出结论,还要结合另一个标准,即法人的利润分配原则来判断。

2. 合作社分配方式的非营利性

分配方式是合作社法律属性的重要方面,②合作社的分配方式也决定了合作社的非营利性。同样以实践中和理论界对其非营利属性有争议的生产经营型合作社为例进行分析。合作社中"社员的经济参与"意味着:合作社不是以出资比例为标准进行分配,而是按社员与合作社的交易量返还盈余。服务社员是合作社的目的,对内,合作社主要是与利用合作社的社员交易;对外有些合作社也从事经营活动,追求盈余,但所获盈余主要不是按成员出资的多寡分配,而是遵循所谓盈余返还(惠顾返还)原则,按成员与合作社的交易比例进行分配,这是合作社的主要分配方式。③ 究其原因,合作社"盈余"与像公司那样的资本收益即利润有本质不同,因为主要与社员交易,其实质是在交易过程中合作社"多收"或"少分"给社员的,即社员与合作社交易中暂未分配的应得收入,这些收入,在合作社自治原则下,可用于合作社发展而不分配,但需征得社员同意。有学者举例说"消费者合作社的盈余,乃社员的'多付'价款,也是合作社的'多收';生产者合作社的盈余,乃社员的'少收'的款项,也是合作社的

---

① 参见金锦萍:《论非营利法人从事商事活动的现实及其特殊规制》,载《法律科学(西北政法学院学报)》2007年第5期。

② 参见马跃进:《合作社的法律属性》,载《法学研究》2007年第6期。

③ 参见马跃进:《合作社的法律属性》,载《法学研究》2007年第6期。

‘少付’”[①],非常精准地阐明了合作社“盈余”的来源。这也解释了为什么法国人把“盈余”又称作“补义”(Boni)。“补义”即指合作社与社员交易时多收部分,正常情况下会在会计年度结束时还给社员。异曲同工的是,日本的法律不称“盈余”,而称“剩余金”,英国合作学者狄格贝(Margaret Digby)也认为合作社盈余依其实质应被称为“交易剩余”(Trading Surplus)。[②] 当然,实践中合作社会面临发展资金缺乏的问题,市场竞争中常处于劣势。为解决这一问题,许多国家把股份制引入合作社,允许外部投资者入股,获取资本报酬,因此在合作社的分配制度中就出现按交易额返利和按股分红结合并存的局面。即便如此,为保持合作社作为组织体的独立性,各国法律普遍限制合作社按股金分红的比例。我国《农民专业合作社法》第44条即规定可分配盈余要按照成员与本社的交易量(额)返还,返还总额不得低于可分配盈余的60%,这是合作社分配制度的主要方面,其余的盈余才考虑依出资额按比例分配;美国《卡帕·沃尔斯坦德法》[Capper—Volstead Act(1922)]规定在合作社中对股金支付利率最高不能超过8%或各州规定的最高利率。正如国际合作社联盟(ICA)《关于合作社特征的声明》中强调的:入股只是社员身份的一个条件,若分红要受限制。“按交易量(额)分配盈余和资本报酬有限是合作社分配中必须坚持的原则。”[③]

否认合作社的非营利性的观点,主要是抓住合作社向社员分配“利润”这一点,认为其与非营利法人限制向成员分配利润的属性相矛盾,但其实是忽略了合作社向社员分配盈余与公司向出资者分配利润的本质区别。[④]

通过以上分析可见,合作社在分配方式上同样具有非营利性。

(二)比较法上的依据

合作社为非营利法人,在大陆法系和英美法系国家的立法中都有立

---

① 李锡勋:《合作社法论》(增订第4版),台北,三民书局1992年版,第118~119页。

② 参见李锡勋:《合作社法论》(增订第4版),台北,三民书局1992年版,第117~118页。

③ 孙晓红:《合作社立法模式问题研究》,知识产权出版社2012年版,第84~85页。

④ 参见孙晓红、师子祥:《合作社法人类型辨》,载《中北大学学报(社会科学版)》2020年第2期。

法例,可资参考。

在大陆法系的法国,章程禁止直接或间接分配利润的所有组织均可谓非营利组织,包括社团、互助性友好团体、合作社、财团等非营利法人和没有法人资格的贸易联盟。① 葡萄牙非营利法人包括非谋利的经济性法人如消费合作社,日本的合作社为非营利法人中的中间法人。②

在英美法系的美国,虽然非营利法人以多种形态存在,但总体上组织目的是划分的主要标准。在目的标准下,互益法人和公益法人是非营利法人的基本类型,其中,服务成员型的互益合作组织是非营利法人中的代表性类型。美国国内税务局依照互益和公益的标准将非营利法人划分为服务成员型和服务公众型两大类,美国《非营利法人示范法》也是基本作此划分,互益法人和公益法人为其基本分类,其中互益和合作组织为互益型非营利法人。③ 纽约州 1970 年颁布了《非营利法人法案》,将“通过商业活动实现公共目标或准公共目标”的组织,例如在低收入社区建立的食品合作社列为其中第三类;加利福尼亚州 1980 年开始生效的《非营利法人法》将非营利法人分为公益型、互益型和宗教非营利法人。④

上述国家将合作社划归非营利法人,其根本原因是考虑到合作社目的和分配方式的非营利性,甚而某些国家不再将“禁止分配”利润作为认定非营利法人的强制性标准,如 2008 年美国在修改《非营利法人示范法》时,“美国统一州法委员会”全部删除原第 13 章关于“禁止分配”的规定,⑤这也反映了这些国家在弱化分配方式作为判断非营利法人标准的规范意义,而目的的非营利性才是这些国家立法应重点关注的,并以此来

---

① See Lester M. Salamon, *The International Guide to Nonprofit Law*, John Wiley & Sons, 1997, p. 13.

② 参见税兵:《非营利法人解释——民事主体理论的视角》,法律出版社 2010 年版,第 57 ~ 58 页。

③ See Lester M. Salamon & Helmut K. Anheier, *Defining the Nonprofit Sector: A Cross-national Analysis*, Manchester University Press, 1997, p. 299.

④ See Henry Hansmann, *The Evolving Law of Nonprofit Organization: Do Current Trends Make Good Policy*, 39 Case W. Res. L. Rev., 1989, p. 816.

⑤ See Revised Model Nonprofit Corporation Act sec. 13. 01, sec. 13. 02 (1987); Revised Model Nonprofit Corporation Act(2008).

针对非营利法人进行私法和公法上的制度安排，以促进包括合作社在内的非营利法人的发展，发挥其公共或准公共职能。①

由以上分析可以得出这样的结论，即合作社在我国的法人制度体系中不应是《民法典》界定的特别法人，而应是非营利法人，未来对我国民法上法人类型体系的调整，应在坚持目前大的分类不变的前提下，调整合作经济组织法人的类型归属，归为非营利法人，民法上法人分类框架如图 3－1 所示。

- 私法人
  - 非营利法人
    - 公益法人
    - 互益（中间）法人
      - 农民专业合作社
      - 保险合作社
      - 资金互助合作社
      - 养老合作社
      - 住宅合作社等
  - 营利法人
  - 特别法人
    - 机关法人
    - 农村集体经济组织法人
    - 基层群众性自治组织法人

图 3－1　民法上法人分类的应然选择

四、养老合作社非营利法人归属的规范意义

（一）一般意义上合作社非营利法人地位的规范意义

前文之所以对法人进行分类，意义主要在于，需要从组织法和行为法上对不同类型的法人作有差异的规定，一般而言，将合作社归为非营利法人，其规范意义主要有以下两点。

1. 有利于实现制度逻辑的自洽

完善的法律制度，应是概念使用严谨、概念以及规范之间逻辑自洽、

① 参见孙晓红、师子祥：《合作社法人类型辨》，载《中北大学学报（社会科学版）》2020 年第 2 期。

没有冲突或矛盾。否则,其在运行过程中就会存在较大的制度漏洞,影响规范和事实之间的对称性,进而影响法律调整的效果。事实上,《民法典》第87条关于“非营利法人”的定义中本来就包含公益目的之外的“其他非营利目的”的法人,第90条社会团体法人的规定中也有公益目的之外的“会员共同利益等”非营利目的的表述,而第95条关于禁止分配剩余财产的规定也仅适用于公益法人,不适用于其他法人。因此在非营利目的标准下,以公益目的之外的其他目的例如会员共同利益(互益性或互助性)等为目的的法人没有被排除在外。而合作社是典型的满足社员共同需求的互益性组织,《农民专业合作社法》就将农民专业合作社界定为“互助性经济组织”,因此,从《民法典》的制度逻辑看,非营利法人应该涵盖共益性或互益性法人。在《民法典》制定过程中,之所以将城乡合作经济组织划归为“特别法人”,是认为“供销合作社等合作经济组织对内具有共益性或互益性,对外也可以从事经营活动,具有相当的特殊性”。[①] 殊不知,以此来否定合作社的非营利性是无的放矢,反而印证了合作社的非营利性,前述应然分类标准已表明,不能以是否进行经营活动判断是否具有“营利性”,也不能以此标准否认合作社的非营利性。由于《民法典》中特别法人标准的模糊性以及特别法人制度的先天不足,将合作社列为非营利法人,反而会引起法律适用上的无所适从和混乱。[②]

2. 有利于法律适用的统一

如前文述,在营利法人和非营利法人的基本分类下,营利法人与非营利法人因设立目的和功能不同,导致各自在设立原则(包括条件和程序)、组织结构及运营制度等方面的差异,很多国家均依法人目的不同规定不同的法人设立程序。更深层次还会产生法人产权结构的差异以及由此带来的法人在公法上的不同待遇,例如监管上的不同要求或能否享受政府在财政、税收、土地等方面的政策性优惠。因此采用此种法人分类的

---

① 李适时主编:《中华人民共和国民法总则》释义,法律出版社2017年版,第318页。

② 参见孙晓红、师子祥:《合作社法人类型辨》,载《中北大学学报(社会科学版)》2020年第2期。

国家,都会在法律上对营利法人和非营利法人作不同规范。

在私法规范层面,明确合作社为非营利法人有利于其设立运行中的法律适用。从《民法典》施行前的相关立法看,虽然《农民专业合作社法》《农村信用合作社管理规定》《城镇住宅合作社管理暂行办法》等均规定合作社为法人,但有的定为企业法人,有的为“公益性合作经济组织”,有的未明确法人类型,极不统一。《民法典》将其归为特别法人,如前文所述原因,“特别”的标准不明,规范意义有限,无法发挥法律的指引作用,使得合作社的设立登记、组织结构及运营等方面的法律适用没有明确指向,难以回应实践中各类合作社的法律调整需要,留下了制度漏洞。如果充分认识合作社非营利法人的属性,相关法律适用会清晰而明确。

在公法上,明确合作社为非营利法人最典型的意义是可享受政策性优惠,例如税收优惠。非营利法人由于其公益性或互益性,承担着公共或准公共职能,因此各国法律都规定了对非营利法人的财政、税收、土地等方面的优惠政策,尤其是税收优惠。合作社由于互益性和服务社员的宗旨,本质上有别于以实现资本利益最大化为目的的营利法人,承担着准公共职能。将合作社界定为非营利法人,一方面反映其本质属性,另一方面在规范意义上有助于法律适用的统一,尤其在税收优惠相关制度的选择适用上。现行法关于农民专业合作社的税收优惠仅涉及增值税和印花税,①但不享有企业所得税的减免。2008 年《中华人民共和国企业所得税法》明确规定“符合条件的非营利组织的收入是免税收入”,其后该法实施条例及财税主管部门规章进一步明确“符合条件的非营利组织”②和“符合条件的免税收入”范围。③ 明确合作社的非营利法人属性,它就可以归入符合免征所得税条件的非营利组织,享受相关优惠,但《民法典》

---

① 参见财政部、国家税务总局《关于农民专业合作社有关税收政策的通知》(财税〔2008〕81 号)。

② 财政部、国家税务总局《关于非营利组织免税资格认定管理有关问题的通知》(财税〔2018〕13 号)对满足免税资格的非营利组织的条件作了规定。

③ 参见财政部、国家税务总局《关于非营利组织企业所得税免税收入问题的通知》(财税〔2009〕122 号)规定了非营利组织企业所得税免税收入范围。

的法人分类使合作社不能被纳入免征企业所得税的组织范围,不利于统一适用法律,也会制约合作社的发展。

(二)养老合作社非营利法人地位的规范意义

作为合作社的一个类型,养老合作社是服务型合作社,其非营利性特征较生产型合作社更为鲜明,同时,由于其提供养老服务的社会功能,明确其非营利性,除可以享受国家针对合作社的优惠措施,还可以享受国家针对非营利性养老服务机构的优惠政策。例如,税收优惠方面,2008 年全国老龄工作委员会办公室等 10 部门联合发布的《关于全面推进居家养老服务工作的意见》提出,对各类非营利性养老服务机构免征自用房产、土地的房产税、城镇土地使用税等,此外一系列中央政策性文件中规定,对非营利性养老服务机构视不同情况给予免征营业税、增值税、所得税、房产税、城镇土地使用税、耕地占用税等优惠。养老合作社虽不从事生产经营活动,但需要接受社员出资和社会捐赠,需要建设养老设施和场所、用地建房,因此资源税的减免,包括房产税、城镇土地使用税、耕地占用税等的减免极为必要,这些税收优惠措施能促进其健康可持续发展。如果进一步考虑用地保障,国务院办公厅《关于全面放开养老服务市场提升养老服务质量的若干意见》(国办发〔2016〕91 号)规定,改造利用城镇土地上公用房办养老服务机构,进行非营利性养老服务且连续经营一年以上的,五年内土地使用性质可暂不作变更。国务院办公厅转发卫生计生委等部门《关于推进医疗卫生与养老服务相结合指导意见的通知》(国办发〔2015〕84 号)、自然资源部《关于加强规划和用地保障支持养老服务发展的指导意见》(自然资规〔2019〕3 号)等政策性文件均规定依法保障非营利性养老服务机构划拨用地需求。以上针对非营利性养老服务机构的划拨用地保障等优惠措施也当然适用于具有非营利性的养老合作社。关于养老合作社的优惠政策,后文有专门分析。

因此,确立养老合作社非营利法人的地位具有重要的规范意义。

第二节　养老合作社的立法形式

一、合作社“统一立法+专门立法”模式下养老合作社的专门立法

前文已述，养老合作社的发展离不开立法支持，在统一规范各类合作社的基本法还未出台的情况下，因养老合作社的特殊性，现有法律、法规不能满足其对制度的需要，没有专门立法导致养老合作社法律地位不明，国家虽然鼓励发展互助养老模式，但养老合作社设立运行及外部环境缺乏应有的制度保障，极大制约了养老合作社的发展。

在笔者的前期研究中，从合作社的本质属性出发，沿袭我国企业立法中综合立法的路径，顺应世界范围内合作社立法模式的发展趋势，提出我国合作社立法的应然模式——综合性基本法与特殊类型合作社专门立法相结合。一方面各类合作社具有相同的法律属性，例如入社退社自由、民主管理、盈余返还等，决定了他们具有相同的制度、相同的原则并秉持相同的价值理念，具有统一制定合作社基本法的基础。合作社基本法应对实践中各种类型的合作社进行统一规范和引导，对合作社的概念界定、组织原则、机构设置、社员权利与义务、入社与退社、登记、国家的扶持监督与管理等方面作一般性规定，使合作社的设立运行有基本法可依。而针对特殊类型合作社，例如供销合作社、信用合作社、保险合作社、住宅合作社以及新型特殊合作社等，应在合作社基本法之外专门单独立法。[①] 养老合作社与其他类型合作社相比，具有为老服务的特点，是社会化养老的组成部分，具有特殊的制度需求，单独立法具有必要性。

（一）养老合作社内外部法律关系特殊性的要求

前文已经论及，养老合作社具有特殊属性——养老服务的宗旨和目的。满足社员多方面的养老需求，是养老合作社特有的宗旨和目的。规

---

① 参见孙晓红：《合作社立法模式问题研究》，知识产权出版社2012年版，第44～53页。

范养老合作社的制度措施应有其专门性,是合作社基本法所不能完全涵盖的。当前,城乡养老合作社的发展模式虽有差异,但在根本上是具有共性的,都需要整合社会力量和社员自身的力量,实现社会合作和社员互助合作在提供养老服务过程中的协同。与以实现经济目的为核心特征的农民专业合作社不同,养老合作社则关注如何整合社会资源为老年人提供全方位的养老服务,所以围绕养老合作社的法律关系就包括合作社与资源方之间的协议关系(外部关系、实现社会合作)、合作社与社员之间的协议关系(内部关系、实现互助合作),以及资源方与社员之间的服务与被服务的关系,而且每种法律关系中的权利和义务内容都具有特殊性。同时还涉及合作社与政府以及社区之间的法律关系,包括政府如何购买养老服务,如何制定政策促进和发展养老合作社,社区如何介入合作社的养老服务中,这些内容显然是现有的相关法律不能涵盖和解决的,也不适合体现在合作社基本法中。

此外,从上述两类主体入社条件的特殊性要求来看,养老合作社的两类主要主体——社员和资源方,都有入社的特殊条件要求,社员涉及年龄、身体状况、户籍等方面的要求,资源方涉及专业类型和伦理义务等方面的要求,这些都需要围绕养老需求和服务提供这两大核心进行细致的类型划分,以实现供需衔接,这些独有的内容非专门规定不能体现。

(二)立法内容上的特殊性

从立法内容上看,养老合作社专门立法的内容与传统的农民专业合作社、住宅合作社等不同。从养老合作社的特殊性出发,对其专门立法兼具组织法和行为法的内容。传统合作社主要是组织法,主要规范合作社的设立、变更、分立、解散、内部治理结构、财务制度等,另外就是政府扶持措施的规定。而养老合作社的社区性和社会合作的特点决定了在其满足养老需求方面,除了社员之间的互助,必须借助社会力量,进行社会合作才能实现。而提供服务的社会组织、企业等一般与合作社所在的社区具有地缘上的密切联系便于提供服务,这些主体与合作社有较为固定的合作关系。因此,养老合作社立法就需要兼顾组织法和行为法的双重属性,既对合作社这一组织体的设立运行进行规范调整,承担起组织法的任务,同时还需要对合作社与提供服务的外部主体之间的权利、义务关系（行为关系）进行规范调整。此外，由于时间银行服务储蓄的存在，合作社与社员之间、社员之间的内部关系也需要调整，故而包含行为法的内容。

（三）养老合作社特有制度构建的要求

为实现养老合作社的互助养老，体现互助性和养老服务相结合的特有制度是立法中应特别加以关注并进行制度建构。

一是时间银行服务储蓄制度。服务储蓄，又称时间银行，是指“通过劳动价值的延迟支付以达到互助共济的目的”。[①] 时间银行首先出现在国外的志愿服务中，后引入我国，主要运用于养老领域。该模式以社区中低龄老年人或年轻志愿者为高龄或失能老年人提供日常生活照料、精神慰藉等服务，同时借助一定的平台将这些服务时间存储起来，等年老需要时提取“服务时间”即获得他人等量的服务。时间银行服务储蓄模式在欧美等发达国家有系统完善的过程管理，而且有法治保障，有信息管理系统运作、资金支持等方面的相关政策扶持，对资金来源、服务供需双方的权利、义务以及服务技能培训等都有严格的要求。[②]

构建服务储蓄制度包括服务储蓄的记载和使用制度，鼓励和吸引低龄社员为患病或高龄社员服务，是养老合作社可持续发展的保障。服务储蓄应是养老合作社独有的制度，实践中我国有些养老合作社也开始尝试服务储蓄，但由于国家层面没有制度规定，服务储蓄的记载和使用缺乏信用保障。

二是社会合作制度。在单靠社员无法满足养老服务需求的情况下，养老合作社的优势即在于能整合社会养老资源，为社员提供服务。养老合作社如何实现与医疗机构的对接，如何整合公益服务、市场服务和志愿服务等，是亟待解决的问题，这是其社会合作制度主要关涉的，也是需要特别专门立法的原因。这些特有制度显然是综合性合作社基本法难以涵摄的。

---

① 金华宝：《发达国家互助养老的典型模式与经验借鉴》，载《山东社会科学》2019 年第 2 期。

② 参见孙晓红、王晨阳：《农村养老合作社的立法保障研究》，载《山西农业大学学报（社会科学版）》2020 年第 1 期。

二、法律抑或行政法规——养老合作社的立法位阶

在阐明养老合作社专门立法的必要性之后,进一步需要解决的是立法位阶问题。养老合作社立法究竟采取法律还是行政法规的形式,不仅关系到养老合作社发展的法治环境,还涉及国家立法资源的配置和立法的规范力。从应然的角度看,应由法律规定的某一事项,如果由行政法规规定时,必然会降低对该事项的规范力;反之,则必然会人为加大立法成本,降低法律的公信力。①

根据《中华人民共和国立法法》(以下简称《立法法》),法律和行政法规的规定事项原则上是有区分的,但要明确二者的立法事项界限范围却是比较困难的。正如学者所分析的,我国的行政机关是国家权力机关的执行机关,其制定的行政法规在内容上不可避免地会与权力机关制定的法律存在重合,对许多事项二者都会作出规定,立法内容只有形式和量的区别而无质的不同。对诸如全国经济、文化等的管理,二者都可立法。②《立法法》第 8 条规定了全国人大及其常委会通过法律的形式规定的事项范围,即其专属立法权,涵盖 11 类事项,第 9 条中规定了全国人大及其常委会可以授权国务院通过制定行政法规的形式对上述事项进行规定,同时明确三类绝对专属立法事项不得在没有法律的情况下授权国务院制定行政法规。此外《立法法》第 65 条规定以积极列举的方式,规定了国务院的行政法规制定权,“国务院根据宪法和法律,制定行政法规”,其中可规定的事项包括“为执行法律的规定需要制定行政法规的事项”。同时又对国务院的授权立法作了规定,即应制定法律的事项,国务院可根据最高权力机关的授权决定先制定行政法规,条件成熟时应及时提请全国人大及其常委会制定法律。从《立法法》的规定看,国务院行政法规规定事项只有大致范围,可规定事项难以具体化,况且作为行政机关,国务院实质性职权涵盖全国行政工作的管理权非常广泛,因此从具体规定事项

① 参见张淑芳:《论行政法规与行政法律的界限》,载《比较法研究》2012 年第 2 期。

② 参见李林:《关于立法权限划分的理论与实践》,载《法学研究》1998 年第 5 期。

上区分法律和行政法规、决定养老合作社的立法形式是比较困难的。

对养老合作社究竟应采取何种立法形式？笔者认为应当采取法律的形式，主要有以下几个方面的原因和理由。

一是立法权限划分之下的应然选择。尽管如上文所分析，法律和行政法规的规定事项很难截然区分，但是二者调整的社会关系及相应调整方法还是有侧重的。根据现行《宪法》的规定，法律有基本法律和基本法律之外的法律之分，前者由全国人大制定，主要是指比较全面规定和调整国家及社会生活某一方面基本社会关系的法律，以及内容直接涉及全国公民的切身利益并要求他们普遍和直接遵守的法律。[①] 基本法律之外的法律是调整基本法律调整问题之外的，关于国家和社会生活某一方面具体的社会关系的法律。尽管在规定事项上行政法规与法律不存在清晰界限，但在法理上行政法规一般是为实施宪法和法律而制定的有关行政管理的规范性文件，侧重行政管理。在《立法法》制定之前，立法权限划分在法治化程度不高的情况下，会存在行政法规就社会生活某一方面的社会关系全面调整的情况，随着立法体制的完善，行政立法权基本被限制在为执行宪法和法律而作的具体规定或就国务院职权范围的行政管理事项所作的规定。我国现行有效的700多部行政法规主要是体现行政管理的内容。[②] 从前文所述养老合作社涉及的社会关系看，相关立法主要是这类组织的组织法和行为法而不是行政管理权限和程序的规定，主要调整围绕合作社发生的养老服务提供方面的内外部社会关系，因此更宜制定法律（基本法律之外的法律）而非行政法规。

二是较为成熟的社会关系法律调整的要求。一般而言，法律调整的社会关系应是发育比较成熟的社会关系，而当人们对某种社会关系缺乏充分认识、国家还不能够制定出成熟的行为规则时则由行政法规规定，这一点从《立法法》第8条全国人大专属立法事项和第9条授权立法的规定就可看出。合作社在我国经历了较长的发展时期，无论国家还是社会公

① 参见沈宗灵主编：《法理学》（第2版），北京大学出版社2000年版，第311页。

② 参见北大法宝“中央法规”统计数据，2020年8月6日。

众对市场经济条件下合作社的属性已经形成基本共识,围绕合作社产生的法律关系的主体、客体以及权利和义务内容都有较为清晰的界限,因此通过法律加以规范,具备现实可行性。

三是合作社法体系完善的需要。作为一种特殊类型的合作社,养老合作社立法是我国合作社立法的组成部分,要建立完善的合作社立法体系、实现制度内部的协调和自洽,就需要对每种需要单独立法的合作社的立法内容、形式进行准确定位和体系化设计。由于均为主体法,以我国市场主体立法中比较典型的企业组织法的立法为参照,其主要采用法律的形式,采取行政法规形式的仅有《乡村集体所有制企业条例》和《城镇集体所有制企业条例》(以下简称两个条例),尽管近年来两部行政法规均经过修改,但立法仍带有强烈的计划经济色彩,即以所有制为划分标准、区别城乡进行立法,与企业组织法体系中其他立法的冲突与矛盾日益凸显,且层级偏低,权威性不足,与企业立法体系存在不协调问题。[①] 除此之外,其他企业立法,包括《公司法》《合伙企业法》《乡镇企业法》《中小企业促进法》《农民专业合作社法》等无不是法律(狭义)层面的立法。就合作社立法而言,应当与《公司法》《合伙企业法》《个人独资企业法》等市场主体立法一样,通过法律的形式规范其设立运行。如前文所述,笔者前期研究提出以"统一合作社基本法 + 专门合作社法"作为合作社的立法模式。目前我国尚未制定统一的合作社基本法,农民专业合作社专门立法即采取了法律的形式。这种立法形式的选择,反映了市场经济条件下市场主体组织法的重要地位,也与我国现有的企业立法体系和层级相协调。同时法律因其权威性能够为相关的市场组织形态发展提供更有力的保障。

---

① 改革开放后集体所有制企业很多都改制为公司或合作社企业,在企业组织法规范方面将接受《公司法》《农民专业合作社法》等企业组织法的调整,而不再接受与上述立法存在冲突与矛盾的两个条例的调整;颁布于市场经济时代的《乡镇企业法》《中小企业促进法》是我国主要的政策促进类企业立法规范,两部条例关于集体企业发展的政策促进类规范原本是缺失的,现在主要为《中小企业促进法》《乡镇企业法》等代表的政策促进类企业立法所补充。因此两个条例的很多规范都远远落后于时代的发展,且层级过低、权威性不足,需要被新的法律所取代。参见李建伟:《集体所有制企业条例废止考——兼论集体企业法制的改革与完善》,载《南京社会科学》2014 年第 3 期。

四是《农民专业合作社法》立法路径示范。农民专业合作社是十一届三中全会后在家庭联产承包责任制的基础上发展起来,到2003年我国农村地区比较规范的农民专业合作社有14万家。[①] 2007年《农民专业合作社法》施行后,为农民专业合作社提供了充分的法律保障,极大地促进其发展。在2017年该法颁布十周年之际,我国农民专业合作社覆盖了所有农村地区,数量更是发展到193.3万家,平均每个村3家,入社农户占全国农户的46.8%,[②]成为重要的新型农业经营主体和现代农业建设的中坚力量,在扶贫和促进农民增收、推动农村经济发展及推进农村社会治理体系和治理能力现代化方面发挥了重要作用。

《农民专业合作社法》作为我国第一部关于合作社的法律层面的规范性文件,不仅有效规范合作社设立运行、治理结构,更从基础设施建设、财政税收、金融信贷服务、保险支持等方面扶持其发展,其权威性和规范力是下位阶的规范性文件所不及的。在我国养老形势严峻的情况下,须大力发展社会化互助养老,城乡养老合作社的健康快速发展更需要法律保障,而《农民专业合作社法》无疑树立了一个立法路径的典范。通过全国人大常委会制定法律(基本法律之外的法律)进行规范、调整和促进,进而以配套行政法规和部门规章具体执行,形成多层次的规范体系,从原则到具体措施,为养老合作社规范健康发展提供立法保障。

第三节 养老合作社立法的原则

要立法首先应明确立法的指导思想和原则,立法原则是立法保持正确方向的保证。养老合作社立法的原则需要结合立法的背景条件及立法的宗旨和目的来确立。

---

① 参见陈晓华:《农村专业合作经济组织的建设》,载《北方牧业》2003年第6期。

② 参见《全国农民专业合作社数量达193万多家》,载中华人民共和国人民政府网,http://www.gov.cn/xinwen/2017-09/04/content_5222588.htm。

一、从实际出发原则

立法要从实际出发是立法科学性原则的根本体现。“一切从实际出发,是我国科学立法的灵魂。”[①]我国养老合作社在城乡均有发展,在人口老龄化加剧、家庭养老功能弱化的背景下,养老合作社适应了社会化养老对多元养老服务组织的现实需要,要培育和发展这一组织形式,使其发挥更大的作用,有必要通过立法进行规范和保障。如前文所述,实践中的养老合作社虽表现形式有所不同,但城乡养老合作社在根本上具有共性,有统一立法的基础。同时养老合作社立法应考虑已有的理论、经验和路径基础,也需要考虑我国社会化养老服务体系建设的需要,明确养老合作社在其中的定位,科学制定核心制度,切实以立法促进养老合作社发展,发挥其在社会化养老服务提供中的作用。此外,国外的立法经验和国际合作社联盟(ICA)对合作社的定义和功能定位,必须与中国的实际相结合,应考虑养老合作社在我国发展的特殊性,利用立法的本土资源,制定我国的养老合作社法。养老合作社立法要立足于以上实际,保证立法的科学性和实际效果。

二、法制统一原则

目前,我国《宪法》《老年人权益保障法》等都有关于老年人养老权的规定。《宪法》第 45 条规定了公民在年老时获得物质帮助的权利,以及相应的社会保障和服务。《老年人权益保障法》第 3 条规定了老年人有享受社会服务和社会优待的权利。《老年人权益保障法》作为保障老年人权利的专门立法,对老年人应当享受的社会服务作了专章规定,涉及专业服务机构、其他组织和个人参与社区养老服务,养老服务的内容、互助养老、慈善组织和志愿者的为老服务等方面的原则性规定。养老合作社立法要与上位法的原则保持一致,与相关法律衔接统一,避免矛盾冲突。

同时,关于养老服务,我国目前对其没有专门立法,但是国家针对养老服务有一系列政策性规定,尤其是关于养老服务体系建设的目标模式,

---

① 朱力宇、叶传星主编:《立法学》(第 4 版),中国人民大学出版社 2015 年版,第 66 页。

前文有详细介绍。养老合作社立法应体现国家宏观的养老服务体系建设目标,明确自身在该体系中所处的地位,以及应承担的任务,将国家宏观政策法律化,这是养老合作社立法的重要政策渊源,也是保持制度体系内部自洽的前提之一。

三、原则性与灵活性相结合原则

作为法律,养老合作社法应对核心制度作出原则性规定,以保持稳定性。法律的稳定性是其权威性的重要方面,稳定的法律能够使人对行为后果的预期同样具有稳定性,从而尊重法律的权威、信仰法律。养老合作社法同样要具有稳定性。这就需要立法时做充分调研,了解养老合作社法律调整的需要,凝练出原则性规定,并适当带有前瞻性,以保持基本制度的稳定性。同时,对一些问题在条件不成熟或未经实践检验的,或者各地情况不同不宜作"一刀切"式的规定的,应贯彻灵活性原则。灵活性原则主要体现在以下方面。

(一)为国务院及其职能部门作配套规定留下空间

作为法律层次的规范性文件,其原则性规定需要下位法具体化,同时养老合作社的非营利性和互益属性也决定了其必须得到政府的扶持与促进,因此要为国务院及其职能部门作配套规定留下空间。比如关于合作社的登记管理,财政税收、金融服务、土地划拨和利用等方面的优惠扶持措施,需要由国务院及其职能部门通过行政法规或者规章的形式具体化,这也是原则性和灵活性结合的重要表现。

(二)保留弹性条款以适应地域和城乡差异

我国幅员辽阔,各地经济发展水平有较大差距,尤其是东部经济发达地区与中西部之间、城市和农村之间,此外传统文化和对合作社的认识及认同在各地之间有也较大差异,立法时对需要差异把握的方面应通过弹性条款加以规定,以适应这种差异性。因各地经济社会条件乃至观念上的特殊性,宜作弹性规定,给各地方制定"不抵触、有特色、不重复"的地方立法留有余地。

第四章　养老合作社法的基本原则和核心制度

“合作社的基本原则蕴含着合作社法调整相关社会关系所欲实现的目标和达至的理想，应当贯穿于整个合作社立法过程，是确定合作社立法的基本价值取向、制定具体合作社法规范、设计具体合作社制度的基础。”[①]从应然的角度看，合作社的本质属性和特征集中体现在基本原则中。而核心制度作为合作社立法体系的核心内容，是制定养老合作社法过程中最为关键的部分，本章旨在基本原则指导下结合养老合作社发展实际和未来发展方向，重点探讨养老合作社的设立、变更与终止制度、社员资格及社员的权利和义务、产权制度、内部治理制度、时间银行服务储蓄制度、社会合作制度以及监管制度，从养老合作社的组织结构形式到合作社内部及对外行为进行全方位的研究。

① 孙晓红：《合作社立法模式问题研究》，知识产权出版社2012年版，第54页。

第一节　养老合作社法的基本原则

作为合作社的一种类型,合作社共同的一般原则如入社自愿、退社自由原则、民主管理原则、自治与独立原则以及重视对社员的教育原则等,应在养老合作社立法中坚持。此外,还有带养老合作社特色的原则。这些原则是养老合作社法具体制度和规范的指导思想和出发点。

一、养老合作社法的一般原则

笔者在前期研究中,已经详细分析和论证了包括入社自愿、退社自由原则、民主管理原则、社员经济参与原则、自治与独立原则、重视对社员的培训和教育原则等合作社法的一般原则,这些原则为国际合作社联盟(ICA)《关于合作社特征的声明》所充分肯定,反映了合作社的本质属性,也是制定特殊类型专门合作社法的宗旨和指导思想。① 在养老合作社立法的过程中,同样要贯彻这些原则所承载的价值和精神。很多国家的合作社立法也充分体现了这些原则,如"一人一票"的民主管理原则,日本《农业协同组合法》(1993 年修订)规定基层合作社的投票权和选举权,"每个成员应该有一份投票权,和一份选举官员和代表成员的权利",只有农业合作社联盟"可以给予每个成员两份或多份投票权"。②《蒙古合作社法》规定:"不论其捐赠额多少,合作社每一个成员在成员会议上享有一个表决权。"③在养老合作社中,为了保障入社的每一个老年人切实享受到自己需要的养老服务,就要保障每位老年人的民主参与权利,贯彻民主管理原则。社员的经济参与原则要求,社员要公平地出资以取得社员身份并民主管理合作社的资金。这项原则指出社员对合作社资金的管理,社员有管理资金的权力。在管理的过程中,不管合作社资金来源是什

① 参见孙晓红:《合作社立法模式问题研究》,知识产权出版社 2012 年版,第 54 ~ 63 页。

② 《日本农业协同组合法》(1993 年修订)第 16 条。

③ 《蒙古合作社法》第 23 条"成员会议"第 7 项。

么，所有决定的最终决策权必须归社员。在养老合作社中，社员的经济参与主要指社员出资和社员对合作社资金的民主管理。自治与独立原则重点强调要处理好政府与合作社的关系，既要享受政府在税收、经济和社会方面的优惠政策，同时还要保证合作社内部管理的独立和自治。重视对社员的培训和教育原则强调，在养老合作社中，要贯彻积极老龄化理念，在老年人之间开展互助合作，就要加强对老年人养老服务能力的培养和培训。同时职业和非职业教育要培养适合养老合作社需要的人才，政府和养老合作社也应当重视对养老服务志愿者的培养和培训。

二、养老合作社法的特殊原则

除了遵循合作社的一般原则，立法中还应包括体现养老特性的原则。

（一）为老服务原则

以老年人为社员的养老合作社，老年人借助合作社满足其在康养、娱乐等方面的养老需求，因此合作社应体现为老服务原则，以满足老年人需求和谋求老年人利益。合作社设立运行和内部机构设置、社员之间的权利和义务关系规定、资源方的选择等应服从该项原则。从立法模式的角度看，这一原则所承载的是养老合作社的特殊性，在合作社基本法之外针对养老合作社单独立法，原因就在于为老服务的原则在合作社基本法中无法体现，不能针对性作满足老年人需求的规范设计。在养老合作社专门立法中，要充分以该原则为指导进行具体的制度和规范的制定。

（二）依托社区原则

从实践中养老合作社的组织设立情况看，都与城乡社区有紧密关联，养老合作社依托社区为老年人提供社内以及居家养老服务，与社区的紧密结合是其发挥作用的基础。这在前文关于养老合作社的特征中已有详述，在此不赘。

（三）互助合作和社会合作相结合原则

与实践中其他类型的合作社不同，除了社员之间的互助服务之外，养老合作社提供大量的养老服务需要借助社会专业服务资源方来提供，养老合作社搭建平台引入社会化服务力量，即注入社会合作的元素，是一种“互助合作+社会合作”的新型合作方式。因此在制度上需要规范和调整的除了社员与合作社、社员之间的关系，还包括合作社与资源方、资源方与社员之间的关系。养老合作社拥有新的合作理念，相关制度设计也需要以互助合作和社会合作相结合原则为指导。

（四）政府扶持原则

作为一种准公共产品的提供者，同时也作为弱势群体的联合，养老合作社的发展离不开政府的扶持。从推动合作社设立到服务提供再到为其提供资金、财税金融、土地、用水、用电等方面的政策支持，政府都应承担相应职责。政府扶持应贯穿养老合作社运行始终。正因为政府扶持对养老合作社的重要意义，该项立法还应对政府扶持措施做专门规定。前述国际劳工组织《建议书》的五项主要内容中，“政策框架和政府作用”就占了其中一项，可见政府扶持对于合作社的重要性。《农民专业合作社法》第八章也专章规定了政府扶持措施，为养老合作社专门立法提供了可借鉴的立法例。

第二节　养老合作社的设立、变更与终止

作为独立的法人，养老合作社的设立、变更与终止事关其法律上主体地位的存在与消灭，是立法时首先要加以规范的。

一、养老合作社的设立

在现代各国的法律制度中，各类法人主体资格的取得，越来越多地采用准则制或登记制，只要符合法律规定的一般条件，就应依法赋予其相应的资格。根据有关规定要求，我国对城乡社区服务类社会组织实行直接登记。就合作社而言，历史上各国合作社的设立原则经历了自由设立主义、特许设立主义、许可设立主义和准则设立主义的发展，准则设立主义目前为各国法

所选择，只有对经营金融、保险等特殊业务的合作社采取许可设立主义。[①]我国《农民专业合作社法》规定专业合作社依法登记取得法人资格即体现了准则设立主义原则。前文已述及，《老年人权益保障法》对养老机构的设立也取消审批，改为登记和备案制。可见准则制或登记制是法人主体资格取得方式的大势所趋。在准则制或登记制下，养老合作社的设立主要须解决两个问题：一是登记和备案机关，二是设立登记的条件。

（一）登记和备案机关

从世界范围看，均设有专门的合作社登记机关，只是登记机关因各国体制不同而有所不同。在德国，《德国合作社法》第 10 条规定，合作社的登记机关为合作社住所所在地的法院。《日本农业协同组合法》同样为综合性立法，“与老年人的福利有关的设施”是其业务之一，根据该法第 82 条规定，合作社“登记处应该是管辖合作社、或农民－小组公司、或中央联合会的办公室所在地的‘地方法律事务处’或‘区域法律事务处’、或其分支机构或分支办公室”。

从我国目前关于合作社的立法看，不同形态的合作社登记管理机关及其程序都有所不同。例如，根据《农民专业合作社法》以及《中华人民共和国市场主体登记管理条例》的规定，专业合作社将以县级以上地方人民政府市场监督管理部门为登记机关。[②] 设立农民专业合作社应当由全体设立人指定的代表或者委托的代理人向市场监督管理部门办理登记并依法取得营业执照；[③]而根据《城镇住宅合作社管理暂行办法》，设立住宅合作社应经组建单位的上级主管部门同意，成立筹建机构，并由其向县级以上人民政府房地产行政主管部门申请登记；根据《农村资金互助社管理暂行规定》，设立农村资金互助社，须经银行业监督管理机构批准并颁发

---

① 参见欧阳仁根、陈岷：《合作社主体法律制度研究》，人民出版社 2008 年版，第 184～185 页。

② 国务院 2021 年 7 月 27 日发布的《中华人民共和国市场主体登记管理条例》自 2022 年 3 月 1 日起施行，《农民专业合作社登记管理条例》同时废止，农民专业合作社将以县级以上地方人民政府市场监督管理部门为登记机关。

③ 《农民专业合作社法》修订于 2017 年，规定的是“工商行政管理机关”为登记机关，2018 年国务院机构改革后为市场监督管理机关。同样的情况也存在于《农村资金互助社管理暂行规定》。

金融许可证,由市场监督管理部门办理登记。那么,在未来养老合作社的专门立法中如何确定登记机关和登记备案制度?

根据《老年人权益保障法》第 43 条规定,设立养老机构应登记,但该法仅规定了经营性养老机构在市场监督管理部门办理登记,未规定公益性养老机构的登记机关。同时该法还规定经登记设立的养老机构均应向县级以上人民政府民政部门备案。但该法只规范公益性和经营性养老机构,不涉及互益性养老合作社。在针对包括养老服务机构在内的社会服务机构立法中,2016 年民政部公布的《社会服务机构登记管理条例(〈民办非企业单位登记管理暂行条例〉修订草案征求意见稿)》第 6 条规定了民政部门是社会服务机构登记管理机关。2018 年民政部《关于进一步加强和改进社会服务机构登记管理工作的实施意见》中强调"抓好重点领域社会服务机构登记改革",非营利性(公益性)民办养老机构在取消设立许可后要向登记制过渡。

由上可知,不同类型的组织和机构,由于其业务范围不同,宗旨(目的)和活动内容不同,负责登记的政府部门也会有差异。带有公益性的非营利法人一般都由主管社会行政事务包括社会救助和福利以及对老年人、孤儿、五保户等特殊困难群体权益保护的民政部门负责登记,体现了这类法人独特的宗旨和行业管理需要。包括养老合作社在内的互助型养老场所具有合作社这类组织形式所具有的互助性和互益性,没有目的上的营利性,与营利性的养老机构有本质的区别,而与同样是非营利性的公益性养老机构则有目的上的相似性。以民政部门为登记机关,并由其进行事中和事后的指导、监督和管理,这与《老年人权益保障法》确立的由民政部门负责养老事业监督管理的立法意旨具有符合性。[①] 这一点,有地方规范性文件可供参照。上海市民政局、上海市市场监督管理局 2021 年联合印发的《上海市养老服务机构登记与备案管理办法(试行)》(沪民规〔2021〕8 号)第 4 条和第 5 条规定,市各级民政部门和市场监督管理部

---

① 参见孙晓红、王晨阳:《农村养老合作社的立法保障研究》,载《山西农业大学学报(社会科学版)》2020 年第 1 期。

门负责相关养老机构的登记,民政部门负责养老服务机构的备案。其中,符合民办非企业单位(社会服务机构)登记条件的非营利性养老服务机构,向民政部门办理登记;营利性养老服务机构则依法向市场监督管理部门登记。同时,该办法还规定了经登记的养老服务机构应在收住老年人后 10 个工作日以内向服务场所所在地的区民政部门办理备案。同为提供社区养老服务的养老合作社,由于其非营利性,可以参照上述规定,由民政部门负责登记和备案。福建省民政厅 2020 年发布《关于加快补齐农村养老服务短板的通知》(闽民养老〔2020〕129 号),提出试点地方将互助性的农村幸福院在民政部门登记为民办非企业法人,赋予其法人资格。目前试点地方三明市共登记"农村养老服务中心"八百多家,建制村农村幸福院全部实现法人登记管理。由于前文所述互助性养老合作社与民办非企业的社会服务机构的不同,也由于未明确以组建合作社的形式提供养老服务,福建省将互助性的农村幸福院登记为民办非企业法人作为试点地区的试验,虽然是现行制度框架下的一种权宜做法,但是,由民政部门进行登记,赋予农村幸福院法人地位,使农村幸福院等互助性养老服务组织获得政府购买养老服务承接主体资格,成为接受社会各界捐赠的合法主体,这一试点做法也为养老合作社的登记制度提供了借鉴。

(二)设立登记的条件

《民法典》第 58 条规定了法人的一般条件,包括有自己的名称、组织机构、住所、财产和经费,同时规定法人成立的具体条件和程序,则是依照法律、行政法规的规定。从目前涉及法人登记的相关立法的具体规定看,法人设立条件大致可以归纳出三类必备要件:人、物和行为。当然对不同形态的法人,在考虑法人一般条件的基础上,结合每类法人的特殊性来规定设立条件。就养老合作社而言,设立条件应包括以下三个方面。

1. 人的要件

合作社是人合性组织,是拥有共同目的的人的联合体。[①] 因此养老

---

① 参见陆介雄、宓明君、李天霞等:《住宅合作社立法研究》,法律出版社 2006 年版,第 120 页。

合作社要设立,首要的条件是具备符合条件的社员并达到法律规定的数量。社员又有社员人数和社员资格两个方面的要求。关于社员人数,各国合作社法一般只有最低人数的限制,没有最高人数限制。《日本农业协同组合法》第55条规定了设立合作社应有不少于15个的农民发起人。《蒙古合作社法》第6条规定合作社设立时其成员至少应该达到9个。2006年修订的《德国合作社法》第4条规定:"社员人数至少为三人。"我国《农民专业合作社法》第12条规定社员最低为五人。以上立法都具有一定的参考意义,但这些人数规定往往以生产经营型的合作社人数规定为参照系,与主要接受养老服务的养老合作社人数规定有所区别。要确定养老合作社设立时的社员人数,还要考虑其自身的特点。养老合作社在我国主要依托社区,具有一定的地域性,加入养老合作社的社员很多选择居住在家接受合作社服务,从实践中养老合作社的社员构成看,成员都是本社区或本村居民,所以体量是基本固定的,但养老服务牵涉的资源和社会力量却较多,应有一定规模才能提高服务资源的利用效率,因此应对下限进行设定而无须设定上限。笔者认为,成立一个养老合作社,社员应不少于10人,这样既能使养老合作社的规模与提高资源利用效率的要求相匹配,又不会使合作社因设定社员数量门槛过高而影响合作社设立。关于社员资格,由于涉及内容较多,后文专门分析。

2.物的要件

合作社的活动要有包括养老合作社的资产和经费,以及住所等在内的一定的物质基础。

合作社开展活动,为老年人服务,同时还涉及对外的责任承担,离开一定的资产和经费提供的物质保障是寸步难行的。有些国家的立法对合作社的资金无限额要求,认为合作社主要是通过社员的共同参与来为社员自身服务,合作社开展活动所需要的经费可以通过向社员收取服务费来实现。合作社一经成立即为独立的法人,意味着其有完全独立的法律人格,以及拥有作为法律人格的物质基础——独立于社员的财产。而且养老合作社提供养老服务需要大量的设施等投入,需要有自己的财产作基础。这就需要养老合作社社员在接受服务时支付费用,当然,就需要缴纳的服务费用而言，社员不必在入社时缴纳，可在需要服务时再行缴纳。养老合作社的服务有准公共产品属性，此间政府和社会也都会提供财力支持。养老合作社财产和经费的来源主要有以下几个方面：

第一，社员出资。农村居民满足年龄条件和户籍条件后，通过缴纳货币、实物等方式入社，城市居民满足年龄条件和户籍条件便可以自由入社，用于购买服务的资金视为其对养老合作社的出资，取得社员身份后，用作入社的货币、实物等构成养老合作社的经济基础。在时间银行服务储蓄制度下，社员也可用记载于时间银行系统的时间货币出资。关于时间货币，后文有专门讨论。

第二，政府提供的资金和设施设备。城乡养老合作社成立所需要的场所和内部设施设备的置备往往超出社员出资和合作社已有资金的承受能力。因此，养老合作社的成立需要国家强有力的支持，在政府的财政预算中增加养老项目支出，在养老合作社成立时提供启动资金，或是对大型设施设备进行统一置办等。至于养老合作社的养老服务，需要建立的是一个以政府为主导、社区为依托，个人、家庭、社会一体化的养老体系，在这一体系中，社员可以享受到个体资源、家庭资源、国家资源等，最重要的还是国家资源。[①] 首先，国家的政策支持力度决定了养老合作社社员承担经济义务的多少。在保证收费合理的前提下，国家要不断提高对养老合作社的经济投入力度，国家在经济上大力支持，减小了养老合作社的经济压力，养老合作社对社员入社的条件也会放宽，间接减少了社员入社时需要缴纳的出资。

第三，社会捐赠。养老合作社为社员提供服务的互益性质很容易得到社会的肯定与认同，这使社会捐赠成为其财产来源之一，许多募捐组织会用募集的资金帮助养老事业发展，还有一些当地居民通过自身努力取得某些成就，作为“能人”也会提供一些实质性的资金设备支持，[②]养老服

---

① 参见纪春艳：《新型城镇化视角下农村互助养老模式的发展困境及优化策略》，载《农村经济》2018 年第 1 期。

② 参见管洪彦、孔祥智：《农民专业合作社法人财产权：规范解释与修法思路》，载《农业经济问题》2017 年第 5 期。

务作为一种社会福利性事业也会不同程度地享受到这种帮助。

3. 行为要件

行为要件是指设立养老合作社，须先有制定章程、确定名称、建立组织机构等一系列行为及其程序。

首先，制定章程。“设立社团者，应订定章程。”①之所以强制性规定组织成立之前订定章程，乃是起因于章程规定组织的重大事项，也承载了组织成员的共同意思，是组织内部的“宪法”。民事主体具有在不违反法律强制性规定的前提下依自己的意思自由活动，进行自治。因此成员一致同意的章程是组织设立的最主要条件和核心文件，亦是其自治的合法性来源。合作社亦不例外。合作社章程作为其内部的“宪法”，对所有社员均具有约束力，因而章程的制定须由全体社员按一定的方式通过。一方面，合作社章程应体现与国家法律的一致性，因此法律、行政法规的强制性规定或限制性规定是不得违反的；另一方面，在法律不禁止或限制的领域，章程也要体现社员意志，是社员行使自治权的依据，也是合作社内部各项制度确立的指针。因此，养老合作社章程既要符合法律的强制性要求，也要体现社员自治，其记载事项亦应包括应记载事项和任意记载事项。其中，下列事项是应记载事项：(1)名称和住所；(2)业务范围；(3)社员资格及入社、退社和除名；(4)社员的权利和义务；(5)组织机构及其产生办法、职权、任期、议事规则；(6)社员的出资方式、出资额；(7)财务管理；(8)章程修改程序；(9)解散事由和清算办法；(10)需要载明的其他事项。

其次，确定名称。如前文所述，名称是合作社的应记载事项，而名称作为其标志，与其他组织相比，要有区分度。很多国家的合作社法明确规定合作社名称要求，例如《德国合作社法》第 3 条关于合作社名称“必须包含‘注册登记合作社’字样或其缩写形式”并“适用《商法典》第 30 条之规定”。② 相比之下，我国法律的规定较为概括，《农民专业合作社法》第

---

① 王泽鉴：《民法总则》，中国政法大学出版社 2001 年版，第 183 页。

② 《德国商法典》第 30 条主要是关于商号名称便于识别的规定。

12 条仅规定“有符合法律、行政法规规定的名称”。未来立法应设专门条款对养老合作社名称要求进行规定，除了最基本的合法性要求，还应注意可识别性，且应包括“养老合作社”字样等内容。

最后，养老合作社作为法人，应设立法人机关以表达法人意志，包括权力机关、执行机关、监督机关。关于机关的设置，后文专门讨论。

（三）设立程序

一般而言，设立程序也为各国合作社法所规定。设立程序一般体现了国家对合作社设立过程的管理，也是其组织和行为不偏离法律轨道的保证，是其合法性的一个重要方面。要设立合作社，通常应先由发起人筹备，再经设立行为、进行登记后，方能成立。养老合作社的设立同样要履行相关程序，对此，养老合作社法应作出规定。

1. 发起人筹备。结合养老合作社的特点，发起人筹备的事项主要包括：(1)决定合作社的形式和目标；(2)评估社员资格并确定服务范围；(3)研究合作社服务事项的可行性；(4)制定社员名单和出资明细表；(5)准备符合法律规定的章程。这一阶段是为设立大会和登记注册做准备。

关于筹备形式，主要有两种：一种是直接规定发起人的筹备义务或筹备事项，如《越南合作社法》第 12 条的规定。① 另一种是通过成立设立委员会或筹备委员会进行筹备工作。《日本农业协同组合法》第 57 条规定：诸如社员范围、资格等事项和章程应含其他内容要在筹备委员会的会议上确定，提名至少 15 个农民社员组成委员会负责起草章程。我国相关立法未规定筹备程序，笔者认为，鉴于养老合作社实践中多由基层政府、社区、村委会或自然人发起，且社员均为老年人，精力有限，可由法律直接规定发起人的筹备义务或筹备事项，包括开展宣传、发动工作，吸收符合本法规定条件的社员加入合作社，对社员范围、资格进行厘定，制定合作

---

① 《越南合作社法》第 12 条规定：“发起人。(1)发起人是指发起设立并加入合作社的人。(2)发起人要向村、选区、镇（通常叫村民委员会）的总部所在地的人民委员会书面报告合作社设立的目的、政策规程及运营计划。(3)经有关村民委员会同意后，发起人要开展宣传、发动工作，吸引有志加入合作社的人；制定生产、销售、服务活动的方针，拟定合作社章程，推进召开合作社发起人会议的其他必要事项。”

社章程,以及确定服务活动的方针、推进召开合作社发起人会议的其他必要事项等。

2. 设立大会。拟定合作社章程后,向社员公布,且发起人要在章程草案公布后的一定时间内举行设立大会。设立时自愿为社员的人为设立人,与社员发起人一起参加设立大会。按照通常的做法,设立大会要对合作社设立的一系列重大事项作出决议,形成全体社员的意思表示,这也是合作社登记的基础,以及为今后自治奠基。设立大会决议的事项包括:(1)批准正式的合作社社员名单;(2)通过合作社的章程;(3)选举合作社机关包括理事会或监事会的主席及其他成员;(4)营业或服务计划以及其他需要提交设立大会决议的重大事项。

关于章程等决议通过的程序,是出席会议的社员多数决定还是全体社员一致同意,各国合作社法规定不一,大致有两种办法,即多数主义的同意原则和一致同意。《日本农业协同组合法》规定,设立大会上决议事项,应有1/2社员出席会议,并且由出席会议社员的2/3多数同意方能通过,我国《农民专业合作社法》则要求章程应当由全体设立人一致通过。考虑制度内部的自洽性,养老合作社法也应要求章程由全体设立人一致通过。

3. 设立登记。设立大会完成设立养老合作社的重大事项决议包括创立决议的,由全体设立人委托发起人向民政部门申请设立登记。申请设立登记应向民政部门提交的文件包括:设立申请书、全体设立人签名的设立决议书、养老合作社章程、发起人和社员名单、选举产生的董事会和监事会成员名单、服务计划等。登记机关审核通过后,向符合条件的养老合作社发放《养老合作社登记证书》,养老合作社成立。

二、养老合作社的变更与终止

(一)登记和备案事项变更

养老合作社的变更包括登记事项和备案事项的变更。包括社员人数、社会服务主体即资源方的加入或退出、章程、出资总额、服务内容和范围、法定代表人等变更以及因行政区域变化变更名称等,需要进行变更登记。

(二)养老合作社的分立与合并

养老合作社的分立与合并最主要的原因是社员人数的变化。当社区老年人数量发生较大增长,超出合作社的容纳能力,或者因社区老年人数量减少使该社区单独设立一个合作社变得没有必要,合作社的分立与合并就会难以避免。合作社的分立与合并应当履行相应的手续。合作社分立的,派生分立中分立出来的合作社需办理设立登记,原合作社办理变更登记;新设分立的,原合作社办理注销登记,新合作社办理设立登记。如发生吸收合并,被吸收的合作社应办理注销登记,吸收存续的合作社应办理变更登记。如新设合并,原合作社办理注销登记,新设合作社办理设立登记。

(三)养老合作社的终止

养老合作社的终止,指已经成立的养老合作社因合作社章程或法律规定的解散事由出现而使其法人资格消灭。养老合作社的终止因其解散引起,即解散是引起其法人资格消灭的法律事实。养老合作社解散的原因有以下方面:(1)被合并或分立而终止;(2)经社员大会决议解散;(3)出现了章程规定的解散事由;(4)依法被吊销营业执照或者被撤销。无论何种原因终止,都应进行清算,清算完毕后,由清算组制作清算报告,报经社员(代表)大会、理事会、有关主管机关、人民法院确认后,向原登记机关办理注销登记,养老合作社法人资格消灭。

第三节　养老合作社社员资格与社员的权利和义务

“入社自愿、退社自由”是所有合作社必须遵循的基本准则,但是入社自愿并不意味着加入合作社没有“门槛”,作为具有特定目的和宗旨的互益组织,要加入并取得社员资格,不可能不设置必备的条件。社员的主体资格是享有社员权以及参与合作社事务的前提,它是合作社核心制度中最基本的问题。由于养老合作社的非营利性和互益性,同时由于其承担社会养老职能,养老合作社社员资格的确定,要考虑此类合作社的特殊规定性,资格条件如下。

一、社员资格取得条件

入社并取得社员资格的条件是合作社准入制度的核心。除作为合作社社员必须具备的一般条件,如需要利用养老合作社的服务,承认并遵守养老合作社章程,缴纳一定的出资额等,由于养老合作社的特殊性,其入社特殊条件也应具体分析。

(一)养老合作社入社特殊条件的实践探索

养老合作社是为老服务的组织,为一定范围内有养老需求的老年人提供养老服务,但是,由于欲加入合作社的社员自身经济条件、身体健康状况不同,政府养老保障力度也有差异,加之合作社承载能力有限,也为便于老年人就近参加合作社享受便利的养老服务,从笔者调研的情况看,各地养老合作社根据各自情况都对入社条件即社员资格做了规定,主要涉及年龄、出资、户籍等方面的要求。

有关社员资格条件,各地合作社的做法不同,下面通过调研中两个典型案例涉及的社员资格的实践样态,分析立法中社员资格条件的应然设计。

案例一:上海市黄浦区半淞园路街道养老合作社的社员资格条件

上海市黄浦区半淞园路街道养老合作社是黄浦区政府主导、依托街道设立的,入社条件主要有年龄、身体健康状况、居住状况和户籍状况。一般入社年龄为60岁,但主要服务对象是高龄独居老年人和经评估为半失能、半失智老年人(经过居家养老服务中心和社区卫生服务中心专业人员联合综合评估)。同时享受合作社基本服务项目的应为本区人户一致的老年人,即要求户籍在黄浦区。

案例二:安徽省合肥市芜湖路养老合作社的社员资格条件

安徽省合肥市芜湖路养老合作社由芜湖路街道和安徽乐邦慈善基金会发起设立,合作社规定老年人入社的条件主要有三个:年龄、居住状况和户籍。入社老年人的最低年龄为60岁，同时依据老年人的身体健康状况以及居住状况（独居或夫妻共同居住），将老年人分为特殊社员和普通社员，这两类社员享受合作社的服务有别，承担的义务亦不相同。所有社员均要求居住且户籍在芜湖路街道。由于有慈善基金的支持，该社对社员入社无出资要求，社员入社后根据不同情况免费或低价享受养老服务资源方提供的养老服务。

总结以上案例中的做法，养老合作社社员的入社条件主要有以下几个方面：第一，年龄。年龄60岁以上是各合作社均采用的年龄标准。第二，身体健康状况和家庭居住状况。除了年龄条件，有些合作社如安徽省合肥市的养老合作社会区别身体健康状况，将社员分为普通社员（年轻且身体健康的老年人）和特殊社员（高龄独居老年人和经评估为半失能、半失智老年人），为他们设定不同的入社条件。第三，户籍和居住地。这是养老合作社普遍要求的条件，即户籍在合作社所在社区或行政村是老年人入社的条件。有的还同时要求居住本社区或本村。

（二）养老合作社入社条件的应然立法设计

作为以提供养老服务这一准公共产品为宗旨的特殊类型合作社，其入社条件亦应服从这一宗旨，不应设置过高的门槛，但是由于养老合作社对政府扶持尤其是财政支持以及社区依托的倚重，在入社条件中有较严格的户籍身份和居住地的要求。以上出现的入社条件中，有些体现了养老合作社的宗旨和属性的要求，是应当坚持的，有些则是受现阶段养老资源有限性限制，或者受现行制度的约束所采取的权宜之计，随着社会发展和制度完善，这些限制条件应当被突破。从应然的角度，养老合作社立法中应对入社条件作如下规定。

1. 年龄要求。这符合国际上对老年人的判断标准以及我国立法对老年人年龄的规定。世界卫生组织对老年人的定义为60周岁以上的人群。我国《老年人权益保障法》第2条规定老年人为60周岁以上的公民。从立法的角度，60岁是享有老年人各项权益的开始。而从生物学角度，人创造价值的能力和自我照顾的能力因年龄而发生变化，60岁是一个能力下行的转折点，个人需要来自国家和社会的更多帮助和照顾。规定60岁以上加入养老合作社的条件，符合老年人实际，应是社员入社的年龄条件。

2. 身体健康状况要求。缘于当前养老合作社出现时间较短，发展不规范，尤其是政府主导设立的合作社，并不是独立的组织，且依靠财政拨款，故主要顾及最需要养老服务的特殊老年人。随着合作社的规范发展，为了遵循罗虚代尔原则，成为名副其实的合作社组织，养老合作社应该惠及有合作意愿的所有年满 60 岁的社区老年人。

3. 户籍和居住地要求。在资源有限的情况下，合作社没有能力接收非本地户口的老年人入社。从户籍制度本身来看，户籍目前依然与社会保障和公共服务挂钩，多地在政府购买养老服务、发放养老服务券进行补助时，仍然要求有本地户口（本市、区或者街道），或者同时要求居住本地。如福建省福州市鼓楼区居家养老服务券发放的标准即为"发放对象为鼓楼户籍且居住在鼓楼的老年人"。[①] 另外养老合作社本身就是依托社区设立并提供服务，老年人居家或者离家不离社区接受服务，从享受政府购买养老服务、接受合作社养老服务的角度看，这种限制不可避免，户籍和居住条件限制也是受养老合作社运作方式决定的。当然随着经济社会发展和户籍制度改革，突破户籍和居住地的限制，给社员更大的入社自由应是一种趋势。

以上是养老合作社社员入社条件的特殊要求。由于社员资格是合作社章程记载事项，各地城乡范围的养老合作社可以根据自身的特点确定此类条件。从立法的角度看，须统一规定的社员条件是 60 周岁以上，具有养老合作社住所所在地的户籍并居住在该地，有利用合作社服务的需要，同意并遵守合作社章程，缴纳一定的出资额，并且履行章程规定的入社手续的老年人，可以入社并取得社员资格。

二、社员的权利和义务

前文已经论及，合作社的重要特征是其自治性，只有充分保障社员的

---

① 福州市鼓楼区民政局：《关于进一步做好居家养老服务券发放工作的通知》，载福州市鼓楼区人民政府网 2023 年 1 月 6 日，http://www.gl.gov.cn/xjwz/zwgkml/zdlyxxgk/ylfw/ylfwtyzc/202111/t20211118_4247134.htm。

自治权利才能实现合作社的自治,合作社的内部治理目标方能实现。从根本上讲,社员权利和义务是合作社制度中至关重要的部分,也是具体规范的原点和归宿。社员权利和义务在合作社法中的重要性不言而喻。

要明确养老合作社社员的权利和义务,应从养老合作社的服务宗旨出发来进行。前文已经分析未来养老合作社应当回归国际合作社联盟(ICA)对合作社规定性的描述、回归本源意义的合作社,才能获得可持续发展。因此,作为未来养老合作社法最为核心的内容——社员的权利和义务,也应置于经典合作社的分析框架之内,从合作社社员权的一般法理出发,结合养老合作社的特殊性进行设定。

（一）合作社社员权的含义

要明确社员权利和义务,就绕不开社员权这一学理概念。理论上社员权解决的核心问题即社员之于团体的权利和义务为何。学界关于社员权的定义颇多争议、未形成一致观点,但多数学者认可的是,社员权作为一项民事权利,是基于社员资格的社员权利和义务的总括性规定。“此种因社员资格而发生,兼括一定权利或义务的地位,学说上称为社员权。”[①] 类似的观点也见于国外学者的著作中:“从社员资格就产生了社员对社团的权利和义务。”[②]有学者将社员权界定为“社员对社团享有的各种权利的总体”。[③] 依此来理解,具体到合作社,该项权利应是基于社员资格,所有社员对合作社的权利和义务。基于社员权的基本性质和内涵,合作社社员权因此也就有了以下几个方面的特征:一是以取得社员资格为前提并与社员资格同时存续。社员资格因社员入社而逻辑产生,又是社员权的逻辑前提。[④] 二是团体法上的权利,是社员相对于合作社的权利,因此,除法律规定的外,由该团体的章程去规定,社员的权利和义务也就是

---

① 王泽鉴:《民法总则》,中国政法大学出版社 2001 年版,第 188 页。

② [德]卡尔·拉伦茨:《德国民法通论》(上册),王晓晔等译,法律出版社 2003 年版,第 222 页。

③ 谢怀栻:《论民事权利体系》,载《法学研究》第 18 卷第 2 期。

④ 参见欧阳仁根、陈岷:《合作社主体法律制度研究》,人民出版社 2008 年版,第 150 页。

要由章程决定。① 三是作为一项团体权利，应体现团体成员为合作社利益参与合作社事务的权利以及维护自身权益的权利，即包含共益权和自益权。② 四是权利和义务的统一，社员在享有权利的同时应当承担对合作社的义务。此外，从权利存在的法律领域看，应既包含实体性权利，也包括程序性权利。社员权中程序性的权利有社员（代表）大会决议的撤销或无效的诉权，董事会决议撤销或无效的诉权等。③ 社员权及其具体形态应当贯穿权利取得、行使、丧失及救济全过程。

我国针对合作社制定的首部法律《农民专业合作社法》对成员权利和义务有具体罗列，集中体现了国际合作社联盟（ICA）对合作社的定义也体现了合作社的属性，规定了包括成员大会决议权、选举权与被选举权、知情和监督权、临时大会提议权等在内的共益权和盈余分配权、退社权、获得合作社服务、剩余财产分配权等在内自益权。社员义务主要包括执行成员大会和理事会的决议、按照章程规定向本社出资，还有其他在社章中规定的义务。在较为全面地使社员权利法定化的基础上，《农民专业合作社法》还给章程设定社员权留下空间，但在学界也一直有批评之声，认为其权利类型的规定存在不周延问题，一些重要权利应当尽量法定化。尽管经过了2017年的修订，《农民专业合作社法》在扩大调整对象范围等方面也有了较大的完善，但关于社员权利，学界认为现行法的规定有缺失，突出反映在社员权行使和救济两个方面。一是在社员权行使方面没有规定社员表决权委托代理制度。二是在救济方面，没有规定社员的诉权。④

养老合作社虽然与农民专业合作社类型不同，但现有立法的得失也可以为养老合作社法中对社员权利的规定提供借鉴。在上述分析框架

---

① 参见谢怀栻：《论民事权利体系》，载《法学研究》第18卷第2期。

② 参见黄立：《民法总则》，中国政法大学出版社2002年版，第154～155页。

③ 参见章光圆：《论社员权的概念、性质与立法》，载《宁德师专学报（哲学社会科学版）》2005年第4期。

④ 参见张强：《农民专业合作社成员权属性、内容及其完善》，载《林业调查规划》2019年第44卷第1期；曾文革、王热：《〈农民专业合作社法〉关于社员权相关规定的缺失及其完善》，载《法治研究》2010年第6期。

下,下文对养老合作社社员的权利和义务分别做进一步探讨。

(二)社员的权利

笔者拟从实体和程序两个维度分析养老合作社社员权的内容。

1. 实体权利

实体权利主要有两大类:共益权和自益权。作为一项团体内部的权利,社员对合作社的共益权在各类型合作社之间具有共性。大致都包括以下两个方面。

一是为合作社整体利益或依据社章参与合作社管理和处理合作社事务中享有的权利,即共益权。而权利项又含社员(代表)大会决议权、选举权与被选举权、知情和监督权。(1)社员(代表)大会决议权。社员(代表)大会是合作社的权力机关,有权对合作社重大事项作出决策,通过社员(代表)大会对合作社进行民主管理是社员的权利,也是自治原则的实现途径和方式。通常包括会议召集权、提案权和表决权。这些权利也是社员首要的权利。(2)选举权与被选举权。合作社的管理人员由社员(代表)大会选举产生,社员参与选举是其民主权利的集中表现,也通过"一人一票"表决原则选举权和被选举权的行使才能产生代表社员利益的理事会和监事会成员。(3)知情和监督权。合作社社员可以通过查阅章程、内部决议以及财务会计报告等,了解合作社的运营状况,对合作社事务进行监督。

二是社员为了自身利益而行使的权利,即自益权。包括获得合作社服务的权利、退社权。(1)获得合作社服务的权利。作为服务型合作社,社员入社的最主要目的是享受合作社提供的养老服务,以满足自身需要。这是社员最核心的权利。(2)退社权。按照合作社的原则,成员可以自愿退社。这是合作社的属性使然。但退社权的行使关涉合作社发展和其他社员利益的保护,不应是无原则和无限度的,笔者在下文中会进一步探讨。

2. 程序权利

主要是关于社员权行使的规定以及为救济实体权利设定的诉权。

(1)代表和代理表决权。社员权的行使,从世界主要国家或地区合作社法之规定看,除社员自己行使外,还有权利行使的代理和代表制度。社员因特殊情况无法自己行使权利时,可委托他人代理或选任代表来行使。我国的相关现行法只规定了社员表决权代表行使制度,而缺失代理制度。现有的表决权代表行使制度可在未来养老合作社法中加以借鉴。那么是否需要同时规定社员表决权代理制度?笔者认为,在养老合作社法中应当规定该项制度。

各国之所以规定社员表决权代理制度,是为了充分保障社员的表决权,当社员本人不便行使权利时,委托代理人代为行使,以便更好地实现自己的权利,为参与合作社重大事项的决策提供便利,这也符合我国《民法典》第161条的规定:"民事主体可以通过代理人实施民事法律行为。"当然,各国法律对代理表决权进行了一定限制。《德国合作社法》第43条肯定了表决代理权,且对授权须采书面形式作强制性要求。另外禁止代理人同时代理两个以上社员。对代理人的条件,留给社章作规定,其中特别禁止向因有业务联系而期望通过行使表决权影响合作社决议的人授予代理权。德国法律的规定没有明确将代理人限定在本社其他社员的范围之内。以上立法对我国构建养老合作社法中社员表决权代理制度具有一定意义。

(2)社员权利的救济权。"无救济则无权利",社员权利的救济途径是未来立法应当规定的。这里的救济主要指诉讼救济,域外立法中有成功的立法例可供借鉴。《芬兰合作社法》第92条规定了社员或理事会因不满社员(代表)大会决议逾越正常程序,或违反本法,或要提出对章程的异议,应在决议通过后3个月内提出对合作社的诉讼。再如,《意大利民法典》第2409条和第2545条规定了社员对合作社管理人员的严重违规行为可向法院提起诉讼,但是有对行使权利的社员人数或出资占比的最低限度要求。[①] 我国《公司法》关于股东诉讼和股东派生诉讼的规定也可为借鉴,针对违反社员(代表)大会决议或理事会决议的合作社社员或

① 根据《意大利民法典》第2409条和第2545条的规定,当合作社管理人员在管理中有严重违规行为时,可以由占合作社资本1/10或占社员总数1/10的社员向法院起诉。社员超过3000人的合作社,可以由占其总数1/20的社员起诉。

管理人员提起诉讼,以救济社员权利。

(三)社员的义务

一般意义上说,各种类型合作社的社员义务主要包括执行社员(代表)大会和理事会的决议、出资义务以及章程规定的其他义务。立法要体现养老合作社的特殊性,针对性作规定,社员的义务具体体现为以下两方面。

1. 执行合作社内部组织机构决议的义务

这是社员的法定义务之一,也是最核心的义务,包括执行社员(代表)大会和理事会决议的义务。社员(代表)大会根据民主集中原则作出的决议对所有社员均具有约束力,作为社员(代表)大会的执行机关,理事会由社员选举产生,具有合法性,其作出的决议也应当对全体社员具有约束力,执行其决议是社员应尽的义务之一。

2. 遵守合作社章程的义务

章程是合作社在法律、法规约束框架内订定的合作社有关组织和基本行为规则的法律文件,是合作社全体社员意志的体现,是合作社自治的依据,对合作社组织机构和社员都具有约束力。养老合作社社员遵守社章的义务主要有以下两方面:

(1)按照章程向合作社出资。合作社发展需要有经济基础,社员出资是其中重要部分。根据养老合作社所处地域或城乡差别,可以现金、实物或其他形式出资。养老合作社应当为每个社员设个人账户,记载内容包括:社员的出资、社员提供的养老服务及接受的养老服务的内容和时长。(2)按照章程,接受合作社签约资源方的服务并付费。社员需要根据章程的规定,接受养老合作社相关资源方的服务,如果服务类型是收费的,应当支付相应的费用。

三、社员资格的丧失

社员资格丧失的情形,从理论上说主要有三种:一是社员自愿退社;二是社员死亡;三是强制退社,主要指被开除。需要讨论的是第一种和第三种情形。

(一)社员自愿退社及其限制

自愿退社是指社员自愿要求终止社员身份,退出合作社的互助合作的行为。从合作社制度创立之初“罗虚代尔公平先锋社”就确立了“自愿”为办社的首要原则,包括自愿加入合作社以及退出合作社的自由。合作社是社会上弱势个体的联合,目的是维护社员的共同利益,改善社员的生活条件和社会地位,合作社办得好坏与每个社员利害相关。因此,“互利是自愿的基础,自愿是办好合作社的根本原则之一。”①在合作社发展的近两百年间,一直秉持“自愿”原则,这也是合作社的首要原则。“退社自由”则意味着社员有权根据自己的意愿退出合作社、终止社员身份。②从国内外的很多立法或规定看,都规定了这项权利。我国《农民专业合作社法》第 25 条即规定了社员可申请退社。一些域外合作社立法例如《瑞士债法典》第 842 条第 1 款、《俄罗斯联邦民法典》第 111 条第 1 款等也有规定。作为一项法定权利,应该得到强制性保护,除非法律另有规定,社员退社权不容合作社、其他社员以及其他相关主体限制和剥夺。

但是,任何权利的行使都是有界限的,会存在行使时间、空间或对象上的限制,权利行使之前必须考虑三方面的利益:自己的利益,与自己对应的义务人的利益,以及权利人义务人之外的第三者即社会的利益。这三种利益互不冲突、和谐一致,权利才能得到真正地实现而不构成滥用。在法律上,能够构成对权利限制的一个重要因素就是他人应受保护的权利和利益。退社权的行使也不例外。社员行使退社权,对内应不影响其他社员的互助合作,对外应不损害合作社债权人利益以及社会公共利益。为达此目的,立法应为退社权设定一定的条件限制。尽管社员有退社自由,但各国合作社法一般会规定提前通知的期限和实际退社时间。由于退社对内会涉及抽回入社资金、费用结算等问题,对外会影响合作社的偿债能力,为不影响合作社的正常业务的开展,各国合作社法一般会对社员提出退社申请的年度时间节点作要求。在一个营业年度或会计年度中何

---

① 米鸿才、邸文祥、陈乾梓:《合作社发展简史》,中共中央党校出版社 1988 年版,第 9 页。

② 参见张德峰:《论合作社社员退社的法律限制与保护》,载《法商研究》2016 年第 3 期。

时提出退社申请较为恰当?《德国合作社法》第 65 条第 2 款规定社员只能在营业年度即将结束时解约,并且至少要在营业年度结束前三个月以书面形式提出解约。《日本农业协同组合法》第 21 条对自愿退出成员资格的时间做了规定:"任何成员都可以在营业年度结束时自愿退出合作社,条件为提前 60 天通知。合作社可以按照其章程的规定,延长预先通知期限。但这个期限不得超出一年。"关于实际退社的时间,各国普遍规定为年度终了时,方便结算,如我国《农民专业合作社法》第 25 条规定:"退社成员的成员资格自会计年度终了时终止。"

从以上立法例可以看出,对社员退社自由都有一定的立法限制,尽管合作社类型不同,宗旨各异,但在对社员退社自由进行限制,平衡社员本人和合作社其他社员及合作社与债权人之间的利益方面有共通之处。未来养老合作社立法也应对退社自由进行适当限制。但是需要结合养老合作社的实际作出具有操作性的规定。缘于养老合作社的特殊性,与生产经营型合作社不同,退社自由不应设过多限制,由章程规定自愿退社申请的提出时间为会计年度届满前一定时间即可,如 60 天前提出书面申请。

(二)社员的开除(除名)

除上述社员自愿退社之外,还有一种导致社员资格丧失的情形需要讨论,即开除(除名)。在一个组织体内部,为保障组织的正常运转和成员权利维护,成员与组织之间互有权利义务,构成对彼此的约束。从成员的角度看,如果不尽对组织应尽的义务,对组织的存在和发展造成比较重大的不利影响,则有可能面临被开除从而丧失成员资格的后果。合作社内部同样会出现此类情况。那么关于开除社员的实体条件和程序如何?法律应作何规定?我国《农民专业合作社法》第 26 条规定了社员除名的条件和程序,实体条件是不遵守社章、内部机关决议或严重危害其他社员和合作社利益,程序是合作社权力机关表决通过。当然,该条法律还规定了被除名前该社员陈述意见的程序权利。《日本农业协同组合法》第 22 条第 2 款规定:"当成员存在下列任何一种情形时,按照在全体大会上通过的决议可将其从成员中开除。但合作社应该至少在全体大会前十天通知该成员,而且,应该给予该成员在该全体大会上进行辩护的机会:

(1)已经有很长一段时间没有使用合作社设施;(2)未能付清他们的捐款份额和费用或者忽视他们对合作社应尽义务;(3)其行为违反了章程中其他规定。”

分析以上立法或规定,可见开除社员的条件和程序。合作社作为一个自治性组织,有内部的章程和组织机构的决议构成对社员的制度约束,目的是维护合作社及全体社员的利益。如果社员不遵守章程,或者不执行社员(代表)大会的决议,或者严重损害其他社员和合作社的利益,合作社应当有权将其开除。我国和日本的合作社对开除的实质条件做了明文规定。而对开除的程序,诸法都有明确规定,一是开除社员须经权力机关即社员大会或社员代表大会决议,二是必须给拟开除的社员以自我辩护的机会,以实现程序正义。这些也是养老合作社立法应规定的内容。

当然,为体现合作社的自治,上述对社员资格取得和丧失的条件和要求可以授权社章具体规定,实质性条件主要是社员拒不履行义务或有侵害养老合作社及社员利益的行为。

第四节　养老合作社的产权制度

一定的财产是合作社发展的物质基础,而建立在合作社财产基础上的产权制度,是决定其性质和法律地位、影响其治理方式的核心制度。由于我国没有统一的合作社基本法,对合作社的产权制度也存在诸多理论争议,而且对养老合作社的制度研究刚刚起步,学界对其产权制度的特殊性尚未有深入分析,这些极不利于养老合作社制度建设,进而影响合作社的发展和社员利益保护。制定养老合作社法,有必要明确其产权制度。

一、养老合作社财产的主要来源

产权,即一定的主体依法对某种财产拥有并可以实施的一定权利,包括占有、使用、支配和处置以及收益等权能,核心是财产所有权。产权直接指向“财产”,因此讨论合作社产权制度首先应明确合作社财产来源和构成。由于不从事生产经营，养老合作社没有从事生产经营取得的盈余及从中提取的公积金，其财产来源主要是社员出资、国家财政扶持资金、社会捐赠以及慈善捐款。

（一）社员出资（股金）

如前文所述，社员为获得合作社服务，取得社员资格，入社的条件之一就是履行出资义务，合作社初始资金的来源即社员出资，由合作社章程或国家法律规定出资额。目前，我国仅针对农民专业合作社制定了法律，其中关于产权制度的规定可以为养老合作社法所参照。《农民专业合作社法》第5条规定农民专业合作社对由包括成员出资在内的资产所形成的财产享有法人财产权，并在这一财产限额内对外承担债务责任，第6条规定社员以其账户内记载的出资额和公积金份额为限对合作社承担责任。可见社员出资是合作社财产的重要构成部分。作为一种特殊类型的合作社，养老合作社的社员同样要以出资取得社员资格，这是其享有社员权利、合作社服务的前提。社员出资同样是养老合作社财产中重要部分。

（二）财政扶持资金

对合作社的财政资金扶持是国际上的通行做法，也是国际合作社联盟始终倡导的，合作社的弱质性决定了政府扶持对其发展的意义。以农民专业合作社为例，我国政府对其进行的财政扶持主要有以下几种方式：一是各级财政安排一部分支农资金和农业产业化专项资金，为创办农民专业合作社提供必要的启动资金。二是中央和地方财政应分别安排一定资金，支持农民专业合作社开展经营活动。三是对农民专业合作社购买大型农机设备等固定资产，给予一定比例的补贴。一些省份直接将对合作社的资助纳入本级财政预算，比如2011年颁布的《山西省农民专业合作社条例》第3条即作了类似规定，而且进一步强调，对合作社的财政支持要随本级财政收入的增长而逐步增加。

目前，在养老领域，我国对农村互助养老也给予财政支持。2013年财政部与民政部联合发布《中央专项彩票公益金支持农村幸福院项目管理办法》（财综〔2013〕56号），该办法规定在2013年至2015年由财政部安排中央专项彩票公益金支持开展农村幸福院项目,每个项目补助3万元;2016年民政部、发改委印发的《民政事业发展第十三个五年规划》(民发〔2016〕107号)指出要支持农村互助型养老服务设施建设;2017年国务院《"十三五"国家老龄事业发展和养老体系建设规划》也强调大力发展农村互助养老服务;《中共中央关于制定国民经济和社会发展第十四个五年规划和二〇三五年远景目标的建议》中重申"发展普惠型养老服务和互助性养老",为此,中央财政决定安排中央专项彩票公益金,通过以奖代补方式,选择一批地区进行居家和社区养老服务改革试点,重点支持包括养老服务互助幸福院在内的居家和社区养老服务。以笔者调研的试点地区安徽省合肥市为例,根据安徽省合肥市民政局《关于开展农村互助养老示范点建设和服务的通知》(合民福〔2018〕1号),2018~2020年,每个县(市)利用三年时间选择3个村(居)建设互助式养老示范点,用中央财政补助资金给每个示范点补助建设服务经费20万元,重点用于购买服务资金支持。2021年安徽省合肥市民政局又发出《关于开展农村居家和社区基本养老服务提升试点工作的通知》(合民老〔2021〕11号),提出在2018~2020年建设农村互助养老示范点的基础上,涉农的县(市、区)推进农村新建住宅小区统一配建养老服务设施,开展农村互助养老。此外,该市各级地方财政也安排资金预算支持互助养老。养老合作社作为互助养老的组织形式,同时又作为一种特殊类型的合作社,接受政府财政支持,是其发展的重要经济基础。

(三)慈善资金和社会捐赠

从养老合作社的财产来源看,慈善基金会的资金是合作社财产的重要来源。此外,由于养老合作社提供养老服务的宗旨符合老龄化社会的需求,其服务的准公共产品属性决定其对解决养老问题的重要贡献,因而更容易获得社会的各种捐赠,随着养老服务领域互助合作理念逐步深入人心,社会的认同会使捐赠成为合作社的重要资金来源之一。

(四)养老合作社财产的特殊形态——服务储蓄

养老合作社中,有一类特殊的财产——服务储蓄。养老合作社是以作为社员的老年人之间的互助为基础的，同时引入志愿服务。而所谓服务储蓄，就是为促进养老合作社社员之间的互助，即低龄老年人为高龄失能老年人提供养老服务，采取一定形式如时间银行，将这种服务记载（储蓄）下来，在提供服务者需要时再“支取”等量的服务，即“服务储蓄”。[①] 与积累金钱购买养老服务相比，服务储蓄是通过“劳务养老”，借以实现劳动价值的自我积累，尤其是对低收入老年人，可缓解其未来的养老压力。通过在社员账户内记载服务时间的方式“储蓄”服务，这是另外一种形态的“财产”，因此也应有与之相匹配的产权制度。

二、养老合作社各类财产的产权归属和合作社法人财产权

合作社的产权主体主要包括合作社和社员两类。养老合作社中两类主体对上述财产享有何种形式的权利，是分析合作社产权性质、构建相关制度的关键。此外，作为非营利性组织，合作社会受到政府财政资助和社会捐赠，这两部分财产的归属也是确立养老合作社产权制度时须解决的。

合作社的属性和宗旨决定了其产权制度的特点。合作社以为社员谋利益、为社员服务为目的，既不是为实现资本利益最大化，也不是以实现合作社自身利益最大化为宗旨。但社员利益与合作社发展息息相关。如何在维护社员财产权利的同时兼顾合作社的稳定性和可持续发展，无疑是确立合作社产权制度时需要重点考量的。养老合作社设立之初，需要资金支持，社员需要缴纳入社资金形成合作社的初始资金，以社员出资为中心设计产权制度是未来立法的取向。

按照以上的分析框架，养老合作社的产权制度主要有两个部分：出资者的权利和合作社的权利。

（一）社员出资以及服务储蓄产权归属

在养老合作社的财产中，社员出资和社员的服务储蓄具有同质性，区

① 本章第六节将专门探讨养老合作社的服务储蓄制度，具体做产权明晰的前提下储蓄账户中服务的转让、馈赠等流动的制度设计。

别仅在于一个是物质形态，一个是服务形态，其归属也应是相同的，可合并分析；而其他政府财政资金、慈善资金和社会捐赠等来源于国家和社会的合作社财产，其归属则须另作讨论。

笔者认为，基于前文对合作社特征的分析，社员出资应归社员个人所有方能彰显合作社的属性，达致其宗旨。理论界有一种观点就是"合作社产权说"，该说认为合作社全部财产的所有人是合作社本身，不是社员个人或社员集体。以此解释合作社对所有社员出资具有类似所有者的权能，①笔者不认同这种观点。社员对其出资的所有权，是从该权利属性的根本出发作的界定，而且，确立社员对出资的终极所有权，与合作社对注入合作社的财产的占有支配权利是并行而不矛盾的，而且合作社对财产的处分是为实现社员利益。合作社是利用者和所有者双重身份合为一体的组织，为社员服务是合作社的唯一宗旨。所以社员出资，应属于社员个人所有，故允许在入社时投入，退社时退出。这在我国专业合作社立法中有清晰规定，不失为成功的立法例。作为法人，合作社当然有法人财产权，该项权利以包括社员出资在内的合作社财产为客体，构成经营权，与所有权并存。需要进一步指明的是，社员出资也不是全体社员集体所有，否则就将合作社混同于集体所有制经济，这会重蹈历史覆辙，影响合作社的独立主体地位。作为市场主体，经典合作社就是建立在个人财产权基础之上的，以此与其他企业界分，而且从根本上说，确认出资的个人财产权是社员参加合作社的原动力。

服务储蓄作为特殊形态的"财产"，当然归属提供服务的社员。有学者提出按章程经全体社员（代表）大会或理事会讨论通过后可以转让、馈赠，使服务储蓄与有形财产一样，流转于社员之间，也可向外流动，还应规定社员在同等条件下，可优先受让的权利。② 关于服务储蓄制度，后文会专门讨论。

---

① 参见欧阳仁根、陈岷：《合作社主体法律制度研究》，人民出版社 2008 年版，第 46 ~ 47 页。

② 参见潘天鹏、胡敏华：《人口老龄化背景下我国农村老年互助保障合作社发展构想研究》，载《江西农业大学学报（社会科学版）》2011 年第 1 期。

（二）财政扶持资金、慈善资金和捐赠产权归属

政府对合作社提供的财政资金的支持，形成独立的一类合作社财产，笔者认为，其所有权在本质上归国家，社员只可以对这一类财产行使受益权，其他所有权权能，则归合作社拥有，这是国家让渡的结果。这类财产，在合作社运行中不能在社员间分配而变成社员个人的财产，合作社解体后，可由其他合作社继受继续使用，或者为其他公共事业所用。政府对合作社的财政资金支持，主要是为了发展壮大合作社，从根本和长远看，是有利于社员的，但是资金的使用必须符合特定用途，如社员教育培训等公共项目，扶持的就是合作社事业。就养老合作社而言，政府补助的财产主要用于养老设施建设、社员教育培训、购买养老服务等公共项目，在合作社停止运行时，如果该类财产未用完，只能用于继续支持合作社事业或其他公共事业，而非分配给社员。

慈善资金和社会捐赠所形成的财产，与政府财政扶持资金有相似性，只是所有者虚化。此类财产同样不能分配给社员，与其他非营利组织一样，这些财产在养老合作社运行时由合作社占有和支配，在养老合作社终止时由政府（国家）所有，继续用于支持其他合作社发展。

（三）合作社法人财产权

作为法人，养老合作社对社员出资、政府财政支持资金、慈善资金和社会捐赠等形成的财产享有法人财产权，即占有和支配的权利，与社员和国家所有权并行。

综上所述，合作社的产权是社员个人所有权和国家所有权复合的产权，合作社对合作社财产享有的是占有支配权，即经营权。

第五节　养老合作社内部治理制度

治理制度通常指法人有关治理安排的规定，是由有组织性的自然人行使相关职权而构成的某种管理体系。治理制度主要涉及的是治理结构

问题。法学领域对治理结构的认识始于公司治理结构,公司治理结构问题从20世纪后期受到法学界的高度关注。在投资者与经营者二元分立的现代公司中,经营者的利益可能会偏离投资者利益甚至发生背离,亟须一种平衡二者利益的公司治理,治理结构由此横空出世,迄今分权制衡的治理结构几乎被所有公司推崇,成为防止公司经理层“内部人控制”导致股东和其他利益相关者权益受到损害的重要制度设计。公司治理可谓“现代公司赖以平衡公司利益相关者之权益的基本规范”,[①]主要涉及的是公司股东(大会)、董事(会)与经理之间的权力、责任和利益的分配与构成问题,这一治理结构的设计,目的是平衡利益相关者的权、责、利,服务于效率与公平的兼顾。[②] 公司治理的制度设计对合作社治理结构及作为其要素的内部组织机构的建构具有重要借鉴意义。作为具有独立人格的养老合作社法人,同样需要内部机关以形成法人的意思(意志),通过执行机关执行法人的意思,并为了规制执行机关的行为而设置监督机制,同时通过各机关分权制衡达到利益协调的目的。如此才能使法人能以“自己”的行为享有权利和承担义务,实现法人的事业目的和宗旨。该治理结构应能服务于法人意思的形成与实现,处理好法人意思机关、执行机关、监督机关的权力划分。[③] 这些问题正是养老合作社内部治理制度重要要关注的。

一、养老合作社法人治理结构的理论基础

如果说“公司是股东借以获取营利最大化的工具”,[④]公司治理结构是为了实现公司股东和经营者利益的平衡,尤其是防止经理层损害股东利益,最终实现股东利益最大化的重要制度设计。那么作为非营利法人的养老合作社,其治理结构的理论基础是什么?治理结构应当如何安排?这些都是未来养老合作社立法关于治理结构的设计所必需厘清的。

---

① 梅慎实:《现代公司机关权力构造论》,中国政法大学出版社2000年版,第163页。
② 参见周林彬、任先行:《比较商法导论》,北京大学出版社2000年版,第330页。
③ 参见金锦萍:《非营利法人治理结构研究》,北京大学出版社2005年版,第53页。
④ 江平主编:《法人制度论》,中国政法大学出版社1994年版,第229页。

(一)体现养老合作社属性和目的特殊性

受合作社属性和宗旨的制约,其内部组织机构的建立及其权力配置必须根植于社员共同参与、民主控制原则,以保护社员权利、实现内部自治。与公司的谋求投资者利益最大化不同,合作社是由利用者(用户、顾客)所有,并由利用者控制的组织,拥有和控制的目的在于让合作社为自己服务,满足利用者即社员的经济、社会和文化需要。[①] 故而,合作社治理结构建立的基础与公司有很大不同:从成员制度来看,公司是所有者和使用者分离,合作社则是所有者与使用者统一;从表决原则看,公司是一股一票,合作社则是一人一票;从决策控制权看,公司是股东大会中的资本多数决(大股东控制),而合作社是社员(代表)大会中的全体社员民主决策,等等。这就决定了合作社的内部治理结构应建立在以上基础之上,社员的共同参与、民主控制是合作社内部治理结构建立的起点和归宿,保障全体社员对合作社内部事务的知情权、决策权、参与权与监督权,以保证合作社被社员所利用并使其需求得以满足。养老合作社的社员同样借助和利用合作社,满足其各种养老需求,治理结构的构建同样需要体现社员的共同参与和民主控制原则。

(二)选择适当的养老合作社治理结构模式

各国合作社的机关构造虽然名称不同,但基本上按照分权制衡原理,均以社员(代表)大会为合作社最高权力机关。[②] 但是执行机关和监督机关的设置各有差异。各国受本国公司治理模式的影响,合作社治理结构也呈现相应的差异性,主要有英美法系下的单层制治理模式和德日大陆法系下的双层治理模式。英美法制度中,合作社仅有理事会(美国称为董事会),而无监事会,监督职能事实上由理事会来承担,但其监督对象仅为经理及业务人员,通常设立审计委员会作为理事会(董事会)的附属机构,代表理事会行使合作社业务、财务监督权。而以德国、日本的合作社法为代表,均采用既设置理事会又单独设置监事会的模式,监事会对理事

① 参见孙晓红:《合作社立法模式问题研究》,知识产权出版社 2012 年版,第 91 ~ 94 页。

② 参见陈婉玲:《民国〈合作社法〉的孕育与影响》,法律出版社 2010 年版,第 214 页。

会的业务活动起监督作用,理事会、监事会同由社员大会或社员代表大会产生,理事会虽受监事会监督,但两者同对社员大会或社员代表大会负责。① 同为成文法国家,大陆法系国家的合作社治理制度对我国具有较大的借鉴意义。

在德国,合作社必须设立总务大会(社员大会)、理事会和监事会,一般由社员组成这些机关。总务大会是合作社权力机关,由全体社员组成,对合作社重大事项有决策权。依《德国合作社法》第43条的规定,表决权的行使是遵行一个社员一票表决权原则,与出资、社龄及与合作社的往来业务多少无关。理事会是合作社的业务执行及代理组织。《德国合作社法》第27条规定,理事会实行责任制,在法律及社章赋予的权限内管理和运行合作社的业务工作。此外,理事会还应遵循谨慎经营原则,严守企业经营秘密。理事会由总务大会选举产生,至少由两名社员组成,总务大会和监事会均可解聘理事。监事会是由总务大会选出的机构,至少三名社员成员,检查监督理事会的各项管理活动。②

日本农协的治理机构与德国合作社的治理结构类似,主要由会员(代表)大会、理事会和监事会组成,组织机构的产生机制也相同,所不同的是理事会下设若干专门的经营管理部门,从事各项具体的经营管理事务。

笔者认为,考虑制度间移植和融合的基础,同为成文法国家,大陆法系国家的合作社治理结构可以为我国借鉴,在未来养老合作社法中规定设社员(代表)大会、理事会、监事会的合作社组织机构。理由如下:第一,实现合作社分权制衡、内部自治。尽管合作社为社员所有和利用,但随着合作社规模的扩大,社员不可能对合作社经营与管理决策的所有事项亲力亲为,客观上需要专业化和职业化的管理机构,像所有现代企业一样,实行所有权和经营管理权两权分离。而在两权分离的情形之下,如何保证拥有控制权的经营决策者能够为了所有者利益的最大化而努力和忠诚行事就成为治理结构首先要考虑的问题,成员大会与“内部人”的制衡

---

① 参见欧阳仁根、陈岷:《合作社主体法律制度研究》,人民出版社2008年版,第230~232页。

② 参见郭国庆:《德国〈合作社法〉评介》,载《河北法学》1999年第1期。

机制是治理结构的核心。成熟的公司治理结构的“三会”设置有效实现了股东与经营管理层之间的制衡,正可“拿来”为合作社所用。第二,“三会”可克服英美法系单层制治理模式下只有理事会而没有监事会导致的“内部人控制”的风险,实现监事会和理事会之间的制衡。在英美国家,理事会是合作社唯一的常设机关,肩负着合作社的战略决策、业务执行和对执行者进行监督控制这三方面的职能,这种制度设计虽然有利于提高工作效率,但是理事会的权力缺乏必要的外部制约,一旦出现内部利益勾连,理事的权力失去制约,合作社可能出现“内部人控制”的局面。而独立的监督机关的设置有助于克服这种风险,“避免理事会将自身利益置于合作社利益之上而损害合作社、社员利益,违背为社员服务的宗旨”。[①] 第三,权力机关、执行机关、监督机关的组织机构设置符合企业治理的需要,“三会”制度设计有助于实现企业内部的分权制衡及相关利益的有效协调,为未来养老合作社法的治理结构的设计提供了经验和范本。

二、养老合作社机关的设置、职权与运行

如上文所述,我国《农民专业合作社法》中已经对农民专业合作社的内部治理制度做出了较为完整的规定,这为未来养老合作社立法提供了蓝本。但该法仍存在一定局限,比如理事会和理事职责权限的规定存在很多空白,需要进一步完善;监事制度过于简单,可操作性差,最突出的问题是对监事或监事会的职权没有作出规定,对监事怠于监督义务给合作社造成损失的赔偿责任也没有规定,使监事会的监督作用难以发挥,等等。养老合作社同样应建立完善的内部治理结构,养老合作社的权力、执行与监督机关权力的有序运作是其内部平稳运行的基础。养老合作社的内部治理结构,包括权力、执行、监督机关的设置及其各自的职能和运行方式都需要在立法中规定。就养老合作社而言,权力机关应为养老合作社社员(代表)大会;设立理事会负责养老合作社的日常事务,规模较小的养老合作社也可以不设理事会,仅设若干理事;至于监督机关,则通过

---

① 欧阳仁根、陈岷:《合作社主体法律制度研究》,人民出版社2008年版,第224页。

设立执行监事或监事会行使相关监督职责。鉴于内部治理结构的重要性,在养老合作社法制定过程中,应将该部分作为独立的章节,专门作出规定。同时在养老合作社内部治理制度的立法过程中要借鉴域外和我国针对其他类型合作社的立法经验,作出较为完善的规定。

(一)社员(代表)大会

社员(代表)大会是养老合作社的权力机关,也是合作社的决策机关,对合作社的重大事项作出决策,由全体社员组成。通常人数较少的只设社员大会,人数较多的可设社员代表大会。《德国合作社法》第 43 条第 1 款规定,社员超过 1500 人时可设立社员代表大会。

1. 社员(代表)大会的组成和职权。作为权力机关和决策机关,养老合作社社员(代表)大会的职权应包括:(1)修改养老合作社章程;(2)决定新成员入社;(3)选举和罢免理事长、理事、监事会成员;(4)决定重大财产处置、土地管理使用等运行过程中的重大事项;(5)批准年度业务报告;(6)作出分立、合并、解散、清算决议;(7)决定聘用专业技术人员的数量、资格;(8)听取理事长(理事会)关于成员变动情况的报告;(9)章程规定的其他职权。总而言之,合作社的重大事项,由社员(代表)大会决策。

2. 养老合作社社员(代表)大会的运行方式。从合作社运行需要出发,参酌借鉴代表性国家的立法规定,社员(代表)大会每年至少召开一次。出席人数达到社员总数的 2/3,社员(代表)大会方可召开。社员(代表)大会选举或作出决议,应当由本社社员表决权过半数通过;做出合并、分立、解散或者修改章程等重大决议应当由本社社员表决权总数 2/3 以上表决通过。社员(代表)大会实行"一人一票"的表决制度。

(二)理事会

理事会负责合作社日常事务的管理,是权力机关的执行机关。关于理事会的组成人员,各国合作社法一般强调应经社员(代表)大会选举在合作社成员中产生,由成员担任理事长和理事以体现合作社的自治和自我管理。《德国合作社法》以及我国《农民专业合作社法》均规定理事在社员中产生。如《德国合作社法》第 24 条规定,只有本合作社的成员可以在理事会里任职。该项规定制定的主要目的是遵循合作社自我管理的原则,有利于对合作社工作情况的监督。[①] 但是这一做法看似强调自我管理,实则该项规定将合作社运营封闭化,管理层的人选只能从合作社内有限的人员中挑选,这就使许多专业性的职务由非专业性的人员担任,将会制约合作社的发展。养老合作社中,社员均为60岁以上老年人,是否有能力或有精力在理事会或监事会中任职难以确定。笔者认为,在坚持自我管理原则的同时,可以有例外,即在社内确有能力和经历均可胜任的社员,则理事应在社员中产生,但是无合适人选时则应当外聘专业人士任职。《日本农业协同组合法》第30条即规定理事会成员中保证有2/3的社员,其余可以为非社员。因养老合作社服务准公共产品的属性,管理人员可通过政府购买的方式从社会工作者中选任。

理事会作为合作社权力机关的执行机关,具有以下职权:(1)组织社员(代表)大会并汇报工作,执行社员(代表)大会的决议;(2)制定养老合作社的年度发展规划、内部管理制度,对收入或亏损制定对应方案;(3)组织开展社员培训或为聘任人员管理制定方案;(4)管理保障养老合作社的资产和财务安全;(5)决定养老合作社社员入社、退社、奖励、处分、除名等事务;(6)履行章程规定的其他职权。

养老合作社设理事长一名,理事长为该养老合作社的法定代表人。规模较小的养老合作社也可以不设理事会,仅设若干理事,理事长和理事会的职权由养老合作社的章程具体规定。一般理事长具有以下主要职权:(1)主持召开社员(代表)大会;(2)召集并主持理事会会议;(3)签署聘任养老合作社财务会计人员或专业技术人员的聘书;(4)检查养老合作社对社员(代表)大会和理事会决议的实施情况;(5)代表养老合作社对外签订合同;(6)履行章程规定的其他职权。

就理事会会议的表决制度,各国法律的规定大同小异。各国合作社法确立的原则为"一人一票"制。但是应否为了提高决策效率,增加理事长投票的决定力,是一个值得探讨的问题。《日本农业协同组合法》规定

---

① 参见国鲁来:《德国合作社制度的主要特点》,载《中国农村经济》1995年第6期。

理事长在投票时也只具有一个投票权，但是如果在决议结果出现同意或反对同数时，理事长的投票可以决定本次投票结果。[①] 这一做法既可提高决策效力，也不会损及合作社的民主管理原则，值得借鉴。

此外，理事会或理事长可以根据社员（代表）大会的决议，从养老合作社内部或者外部聘任经理和其他专业管理人员，在理事会的监督下，负责养老合作社的日常管理工作。

（三）执行监事或监事会

根据合作社通行的做法，养老合作社设执行监事或监事会，执行监事或者监事会是养老合作社的监督机构，设有执行监事的养老合作社不再设监事会。执行监事或监事会的职权由养老合作社的章程具体规定。理事长、理事等管理人员以及财务会计人员不得兼任监事。在监事会的组成上，同理事会组成人员一样，各国合作社法一般强调由社员担任监事（监事会成员），同样为了体现自我管理原则。笔者认为，同理事会成员可以是外聘专业人员一样，监事也可以是外聘人员，以弥补养老合作社社员精力或能力的不足。

执行监事或监事会具有以下职权：（1）监督理事会执行社员（代表）大会决议和养老合作社章程；（2）监督理事会对养老合作社资产的管理状况；（3）监督理事会成员等养老合作社管理人员对职务的履行，发现侵犯合作社利益的行为，有权要求予以纠正，对本社利益造成严重侵害的，可以提请社员（代表）大会或理事会，追究相关人员的责任，做出相应的处罚；（4）按年度向社员（代表）大会做工作汇报；（5）履行章程规定的其他职权。监事会会议的表决制度为“一人一票”制。

综上，我国养老合作社在内部治理制度的发展方向上，要坚持开放和民主管理的原则。在理事会、监事会或其他部门成员任职上，如有需要，则应当聘请专业技术人员担任，以此提高合作社的管理和决策质量。[②]

---

① 参见崔馥娟、田书芹：《日本农业协同组织与中国农民专业合作社比较研究》，载《新疆农垦经济》2009 年第 4 期。

② 参见王雷：《农民集体决议与乡村治理体系的健全》，载《中国法学》2019 年第 2 期。

三、养老合作社的养老合作小组

养老合作社中社员(代表)大会、理事会(理事)、监事会(执行监事)的主要职责是确立本合作社的发展方向、决策执行合作社重大事项并进行利益关系的协调,但由于养老合作社是提供养老服务的组织,除了与其他合作社一样设置合作社机关,同时还需要设立具体实施养老服务的组织。结合实践中的做法,设置养老合作小组负责养老工作的具体实施,真正体现养老合作社的互助性。

养老合作小组是养老合作社业务的执行部门,组成人员包括合作社组织内年龄较低并且较为健康的老年人、志愿者、政府购买服务的部分人员等。养老合作小组的成员有明确的分工,各司其职,由业务部门统一领导,每一小组3~5人,分别负责食、行、净、医、娱等方面的工作。城镇养老合作社养老服务小组工作的开展相对容易一些,小组成员的身份多为志愿者或政府购买服务的人员,比如上海市黄浦区的社区养老服务合作社,服务人员有偿上门为老年人提供衣食住行上的帮助,甚至仅“食”一个环节就细化到了买菜、烹饪、送餐等行为,不需要全方位服务,只需提供老年人选择的服务即可。在生活起居的范围以外,养老合作社应当重视医疗卫生安全,合作社要培养和吸纳医护人员,将其归入养老合作小组,在老年人患普通疾病时做到“及时医治”和“有效医治”,设施条件较好的城镇地区可以以社区为单位建立医疗保健机构,设施完善度较低的农村可以开展“村村联合”,距离较近的村落组织专人共同组建养老医疗合作小组,负责医疗业务的开展。① 就农村养老合作社而言,合作小组人员多为村集体组织内部人员,因为农村的环境因素决定了内部人员的服务工作更能满足老年人们的生活需要,这种内部养老方式也为时间银行的产生创造了条件。时间银行这一概念由西方国家传到我国,主要思想是“以老养老”“互助养老”,就是在养老聚集区内,发动年龄较低、身体健康的

① 参见张林:《上海黄浦区养老服务模式研究》,西北农林科技大学2015年硕士学位论文,第12页。

老年人去为年龄较大、身体较弱的老年人服务，他们的服务时间会被记录下来，今后可以获得相同时间的养老服务，就如同金钱在银行存入和取出，这种服务与被服务的向前递进式的关系，比较适合在内部的人员之间应用。时间银行适用于城乡养老合作社。下一节将重点作出论述。

第六节　养老合作社的时间银行服务储蓄制度

与其他类型合作社相比，养老合作社有一项具有特色的制度，即服务储蓄制度，服务储蓄通过时间银行进行。时间银行服务储蓄是养老服务体系中的辅助性组成部分，是养老服务领域志愿服务的一种激励机制。2019年国务院办公厅《关于推进养老服务发展的意见》（国办发〔2019〕5号）要求各地探索设立时间银行，培养志愿者队伍，这是积极应对人口老龄化挑战、缓解养老服务力量不足压力的举措。由于时间银行旨在实现养老服务的代际接力，提供服务者“存储”养老服务时间后，待未来自身需要时“提取”，即享受他人的服务，此间代际接力的周期长，因此必须靠制度才能保证时间银行的信用，鼓励志愿者参与，实现时间银行的可持续发展。同时，作为养老领域的志愿服务激励模式，要在全国范围内推行时间银行服务蓄储，就需要在各地实践的基础上，根据国务院《志愿服务条例》的规定，以志愿服务为支撑建立全国通行的时间银行制度，即总结各地时间银行试点的实践经验，制定出满足全国范围内养老服务时间“通存通兑”要求的制度。而养老合作社引入时间银行服务储蓄、建立相应的制度，需要在国家制度框架下加以具体化。

从前文中对养老合作社概念和属性的界定和分析可知，养老合作社是社员互助合作与社会合作的结合。互助合作是合作社内部的合作，时间银行服务储蓄制度旨在鼓励养老合作社的内部互助合作，其核心是在厘清时间银行与合作双方法律关系的基础上，促进政府担保激励下的养老合作社社员、志愿者间的互助合作，调整的是合作社的内部关系。与下一节将探讨的解决养老合作社与资源方的社会合作问题、调整外部关系的社会合作制度共同构成养老合作社特有的服务制度。

一、时间银行服务储蓄的含义和核心范畴

（一）时间银行服务储蓄的含义

服务储蓄借助的是时间银行这一形式。时间银行是20世纪80年代由美国人埃德加·卡恩提出，并首创时间货币概念，以时间货币记载社区的各种志愿服务时间，服务1小时，在系统中记载和存储1个虚拟的时间货币，当提供服务者需要他人服务时，可以存储的时间货币换取等长时间的服务。时间银行实质即时间储蓄。[①] 时间银行一经问世，即被世界各国效仿，目前主要运用于养老互助服务和志愿服务领域。在前述美国农村社区互助养老的"村庄养老"（与我国的养老合作社组织结构相同）中，"Community Connections"村庄即引入时间银行，鼓励志愿者和会员为村庄老年人提供服务。[②]

在世界范围内，出现较早并运行良好的时间银行主要在日本、美国、英国等国家。目前时间银行在各国发展程度存在较大差异，有些仅社区范围内由本社区居民参与，规模较小。有些则在全国范围内运行，有全国性的"总行"和专职雇员，[③]如英国的莱西格林时间银行（Rushey Green Time Bank，RGTB）、日本的积极生活俱乐部（Nippon Active Life Club，NALC）、美国的老年志愿者服务银行（Older Volunteer Service Bank，OVSB）等。

日本是世界上老龄化程度最高的国家，65岁以上的老龄人口占比27%，位列世界第一。20世纪70年代以来，随着老龄化加剧，福利国家模式难以为继，日本时间银行养老在此背景下产生。除NALC外，自愿

---

① See Gill Seyfang, *Working Outside the Box: Community Currencies, Time Banks and Social Inclusion*, Journal of Social Policy, Vol. 33, p. 49 – 71 (2004).

② 参见张彩华、熊春文：《美国农村社区互助养老"村庄"模式的发展及启示》，载《探索》2015年第6期。

③ 参见陈雪萍、郑生勇、唐浥云等：《互助养老服务理论与实践》，上海交通大学出版社2017年版，第63页。

义工网络(Volunteer Labour Network,VLN)也具有代表性。美国是最早建立时间银行的国家,[①]美国目前有200多个以时间银行为名的劳动积分服务组织,除OVSB外还有长老计划(Elder Plan,EP)是其中代表。美国的时间银行发育较为成熟,一般设有全国总行与各地区分行,总行与分行之间通过统一的管理平台对接,由总行进行统筹运营管理。在服务时间与时间货币计量换算方面,不区分服务类型和难易程度,将服务视为无价值差异的基于个人能力的奉献,1小时计1个时间货币。在制度建设方面,州法先行,1984年佛罗里达州和密苏里州制定时间银行立法,国家层面,美国国会也于1987年通过了“促进志愿服务联邦法案”,使代际内和代际间借助时间储蓄的互助获得了保障,发挥了立法对时间银行的规范和促进作用。[②] 英国政府同样对时间银行非常重视,采取措施激励其发展。在英国,时间银行可被免除缴税义务,同时政府鼓励各种公益组织及基金会支持时间银行。发展到今天,英国约有一百多家时间银行、两万多名参与者。[③] 除RGTB,斯通豪斯公平份额(Stonehouse Fair Shares)最具代表性。

这些国家的时间银行均初步形成了中央政府—地方政府—社区三级制度,时间银行发展具有连续性,在制度轨道中良性运行与健康发展。[④] 围绕时间银行,过程管理周密系统,法制保障较为有力,信息系统建设、资金支持均有相关政策作为后盾,而且对时间银行主体间的权利义务,在立法中有明确规定,此外对服务提供者的技能培训也严格而规范。[⑤]

---

① See S. Callison, *All You Need Is Love: Assessing Time Banks as a Tool for Sustainable Economic Deve-lopment*, Local Economy, Vol. 18, p. 264 – 267(2003).

② 参见任素娟、张奇:《中美互助养老“时间银行”模式对比研究》,载《医学与哲学》2020年第1期。

③ 参见邓志锋:《关于我国助老服务“时间银行”建设的思考》,载《南京人口管理干部学院学报》2012年第4期。

④ 参见李明、曹海军:《老龄化背景下国外时间银行的发展及其对我国互助养老的启示》,载《国外社会科学》2019年第1期。

⑤ 参见金宝华:《发达国家互助养老的典型模式与经验借鉴》,载《山东社会科学》2019年第2期。

与传统的志愿服务相比,时间银行服务储蓄具有以下特点。第一,双向性。传统的志愿者服务具有单向性,志愿者提供服务而不求任何回报。时间银行则是通过储蓄制度将志愿者的服务时间存储起来,换算成时间货币,志愿者在未来提取时间货币使自己或亲友获得等长时间的服务或奖励,即一方面提供帮助,另一方面获得帮助。因其双向性,更能激励志愿者主动地加入志愿服务当中,使志愿服务更可持续。与单向性的无偿志愿服务相比,时间银行具有与服务者获得物质报酬的有偿性实质相同的机制设计,有学者归纳其实质是以时间货币为表征的劳动成果的延期支付,①这一总结概括而精准。第二,互助性。时间银行的互助性体现为提供服务者与接受服务者身份的转换,既为他人服务,也接受他人服务,互助中实现利他和利己的高度统一。第三,多元性。时间银行作为一种新型互助养老模式或者志愿服务模式,具有多元主体参与的特点,政府主导,社区组织,社会组织和个人参与,是福利多元化的社会经济体和社会治理共同体,能够整合和动员社会分散的养老资源,无疑是养老服务社会化背景下重要的互助性养老服务组织形式。

(二)时间银行服务储蓄的核心范畴

1. 时间银行

我国学界从 20 世纪末开始对时间银行进行研究,学者们对时间银行的界定文虽有殊,但内涵大致相同。养老的实质是资源代际转移——代际间货币、服务与货币外资产的交换。代际转移包括经济转移(货币、实物等)和时间转移(家务劳动和生活照顾等)。② 传统社会以家庭养老为主要模式,代际转移主要在家庭内进行,但是随着家庭养老功能弱化、社会化养老的发展,代际转移开始在全社会进行。时间银行是在人口老龄化加剧、社会化养老滥觞背景下养老服务时间在全社会代际转移的一种新形式。我国最早研究时间银行的学者穆光宗提出,时间银行即一代代

① 参见夏辛萍:《时间银行社区养老服务模式初探》,载《人民论坛》2012 年第 17 期。

② 参见郑红、李英等:《引入社区货币对互助养老时间储蓄的作用机理——应对人口老龄化的金融创新》,载《财经研究》2019 年第 5 期。

低龄老年人为高龄老年人提供服务、储蓄时间并在需要时提取服务的一种养老模式。它体现着社会互助精神,能使老年人和社会都受益。[①] 此后很多学者的后续研究基本循此路径,作出了大同小异的概括。时间银行模式通过劳动报酬的延迟兑现实现代际内和代际间人与人的互助。[②] 从根本上说,时间银行提供的是一种信用服务,存储的是劳动价值,支取的是等价服务,目的是实现养老服务中的互助。[③] 从这些代表性观点可以总结出,时间银行作为服务储蓄的运作模式,是建立在互助合作的基础上,以单位时间为计量标准,将养老服务者提供的一定时间的养老服务记录并存储进时间银行,在提供服务者需要时"支取"(兑换)相同时间的服务,从而保证一定范围内代际间互助养老服务供给可持续的一种制度安排。时间银行的核心在于劳动成果的记录和兑换。[④] 目前,时间银行服务储蓄主要是纳入志愿者服务体系中,即提供服务者主要为志愿者,少数地方的养老合作社中引入了时间银行,适用于社员之间的互助服务。笔者调研的安徽省合肥市包河区芜湖路街道居家养老合作社目前也在探索引入时间银行服务储蓄机制。

2. 时间银行信息网络平台

时间银行需要借助信息网络平台组织养老服务各方主体参与,整合各种服务要素,平台是养老服务供需信息资源的交换场域,实现信息的即时可及性,信息技术使记载虚拟时间货币成为现实,助力养老服务在时间银行模式下展开。互联网技术下,可通过建立时间银行信息网络平台,按照统一的信息数据标准记载养老服务情况,实现数据互联互通。[⑤] 民政

---

① 参见穆光宗:《建立代际互助体系　走出传统养老困境》,载《市场与人口分析》1999 年第 6 期。

② 参见金华宝:《发达国家互助养老的典型模式与经验借鉴》,载《山东社会科学》2019 年第 2 期。

③ 参见致远:《公平收支乃时间银行生命线》,载《广西日报》2020 年 3 月 26 日,第 10 版。

④ 参见王笑寒:《社会法视域下"时间银行"互助养老机制中服务合同性质定位分析》,载《法学论坛》2020 年第 5 期。

⑤ 参见《民政部对"关于在全国推广'时间银行'的建议"的答复》(民函〔2018〕601 号),载中华人民共和国民政部网 2023 年 1 月 6 日,http://www.mca.gov.cn/article/gk/jytabljggk/rddbjy/201810/20181000011820.shtml。

部提出以全国志愿服务信息系统数据为依据，建立完善志愿者评价与激励回馈制度等方式，从技术上和法律上提供保障，这构成了对建立养老服务时间银行的支持。上海市时间银行信息平台建设也已初具规模。[①] 时间银行网络信息平台的功能主要包括提供服务者账户开设、时间存储、服务项目发布和抢单、服务者和服务对象实名审核认证、签约单位管理、诚信信息记录及互通等。

3. 时间货币（时间币）

如上所述，养老实质上是经济供养和生活照料等养老资源的代际转移，时间银行是实现养老资源社会化代际转移的一种方式，时间货币就是养老资源在全社会间代际转移的载体。时间货币具有交易媒介、价值尺度和贮藏养老服务能力的功能。[②] 作为交易媒介，时间货币将社区养老服务资源与老年人的生活照料服务需求联系起来，有效解决了人口老龄化、家庭养老功能弱化等带来的高龄、失能老年人的照护问题。作为价值尺度，时间货币用以衡量一定时长养老服务的价值，以便充当代际间养老服务交换的价值标准。同时时间货币还能贮藏提供服务者的服务和照护能力，以备年老丧失照顾自己的能力时，用储存的时间货币换取他人照护自己的服务，实现社会养老服务代际交换，使全社会的互助养老通过时间银行代代相传，实现可持续发展，助力社会化养老服务体系建设。

4. 时间银行服务储蓄的参与主体

时间银行服务储蓄是在时间银行、提供服务者和接受服务者之间借助信息网络平台发生的养老服务时间的“储存”和“提取”。当然，在时间

---

① 在全国范围内，上海是率先试点时间银行互助养老的地方之一，上海市民政局发布的《关于在虹口区、长宁区开展养老服务“时间银行”项目试点工作的指导意见》（沪民养老发〔2019〕3 号）关于“平台管理”作出如下规定：“各试点区可以社区综合为老服务中心为枢纽，作为提供服务者与服务对象的信息确认、签约服务等基础载体。各试点区应建设信息平台以支撑项目运营，也可依托区、街道现有养老服务信息系统，增加相应功能。信息平台应包括但不限于以下功能：提供服务者账户开设、时间存储、服务项目发布和抢单、服务者和服务对象实名审核认证、签约单位管理、诚信信息记录及互通等。该信息平台应同步开发手机软件或小程序，并实现签到、打卡、上传服务记录等功能。”

② 参见郑红：《互助养老与社区时间货币：应对人口老龄化的金融创新》，中国经济出版社 2019 年版，第 74 页。

银行代际互助养老模式下，提供服务者和接受服务者的身份会发生转换：提供服务者在年老需要他人提供养老服务时，通过支付储存的时间货币换取他人提供的养老服务，此时其身份就从提供服务者转换为接受服务者，通过代代接力，使这个身份转换的过程在代际间持续进行，由于参与主体是一定范围内的不特定社会成员，他们之间进行一种社会化的养老服务资源交换，因而形成了一个由三方主体参与的社会关系网络。这里提供服务者是作为自然人的低龄老年人和其他志愿者，接受服务者是高龄、失能需要照顾的老年人，而时间银行是服务储蓄的发起者，同时也是管理者和组织者，提供服务者和接受服务者需要接受时间银行的组织和管理，将自己的行为纳入时间银行的运行体系中。三方主体间关系如图4－1所示。

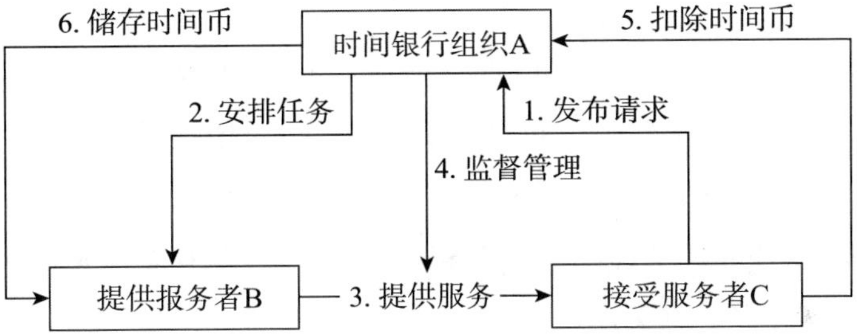

图4－1　时间银行主体关系和运行模式

5. 时间银行储蓄的服务内容

时间银行记载的主要是以劳动付出为内容的服务，其主要内容是经济供养外的生活照料和精神慰藉等。从实践中各地时间银行储蓄的养老服务内容看，主要涵盖非专业类和非家政类的情感慰藉（娱乐活动、聊天陪伴、开办各类学习班和兴趣小组、临终关怀）、协助服务（助餐、助洁、助浴、助医、助急）、出行陪伴等，具体服务内容可根据社区实际做有针对性个性化的安排。

二、养老合作社引入时间银行服务储蓄的必要性

合作社是弱者之间的联合，通过互助合作改变自身的弱势地位，满足

经济和社会需求,因此“互助”是合作社的组织基础。[①] 而时间银行服务储蓄能支持社员互助服务、吸引志愿者服务,与秉持“自助”与“互助”理念的养老合作社具有天然的契合性,服务储蓄制度则是承载养老合作社互助性的一个重要制度设计。养老合作社内时间银行服务储蓄的重要意义和必要性体现在以下几个方面。

第一,实现自我养老和积极老龄化。服务储蓄是在人口老龄化日益加剧的形势下,在政府养老保障不充分、家庭和子女难以承担全部养老责任、自我养老资金积累不足等诸多不利情况下社会养老的必然选择,是积极老龄化背景下老年人摆脱对外界的依赖,发挥自身潜能自我养老的一种模式。低龄老年人在为养老事业助力的同时,也为自己积累了未来可兑换服务的“财富”。同时通过参与养老服务,可以使老年人摆脱“老而无用”的悲观心理,以更加积极的心态度过老年生活,促进老年人的身心健康。同样,服务储蓄是通过“劳务养老”,借以实现劳动价值的自我积累,尤其是对低收入老年人,可缓解其未来养老的经济压力。[②] 服务储蓄作为自我养老的一种形式,无疑是养老社会保障和家庭保障的一种替代性资源,对填补养老资源缺口,缓解养老压力,完善养老保障体系及和谐代际关系具有重要意义。[③]

第二,激励互助服务。作为互助型养老模式,养老合作社本身体现“老年人照顾老年人”的互助合作理念,在我国多地的养老合作社中普遍存在低龄老年人照顾高龄老年人的实践,比如山东省邹城市近百所农村互助养老合作社中普遍实行老年人之间的互助。同时在社会化养老的大背景下,志愿者也会参与合作社的养老服务活动。如果将时间银行引入养老合作社,将会进一步提高互助合作和志愿服务的积极性,提高养老服务的效率和质量,使互助以制度化、可持续的方式进行,而且养老合作社的熟人“社会”特质尤其能保证养老服务的安全性,降低“兑换”风险及服

① 参见李锡勋:《合作社法论》(增订第4版),台北,三民书局1992年版,第40~41页。

② 参见陈芳、陈建兰:《我国“自我养老”模式研究述评》,载《学术论坛》2013年第1期。

③ 参见黄闯、李琳:《养老服务业发展的理想前景和实践困局——以我国人口老龄化背景为视角》,载《长白学刊》2015年第3期。

务过程中人际交往的成本。在我国养老合作社内部引入时间银行服务储蓄机制势在必行。[①]

第三,实现养老服务的代际接力。时间银行服务储蓄既能实现社员之间共时性互助合作,即老年人之间面对面相互帮助,也可以实现历时性互助,即不同时间点的人们之间的互助。当低龄老年人(志愿者)为高龄老年人提供服务后,并非即时获得金钱报酬给付或等量服务,而是将服务在时间银行储蓄起来,在提供服务者年老需要养老服务时,通过其他低龄老年人(志愿者)的服务"兑现"之前的储蓄,享受其他低龄老年人(志愿者)等量时间服务,延时"以服务换服务",因而实现了"闲时服务""需时提取",即低龄时提供服务,高龄时接受新一代低龄老年人(志愿者)的服务,实际上是"代际互助",这种代际接力是对传统互助模式的延伸和拓展,有助于形成"共时+历时"的新型互助模式,使互助合作和志愿服务进入良性循环,获得长远的可持续性,如图4-2所示。

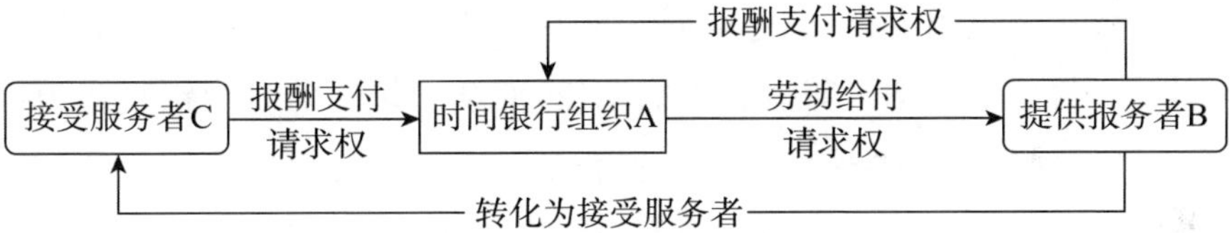

图4-2　时间银行服务储蓄的养老服务代际接力

第四,传承和弘扬中华民族互助养老文化。前文已经述及,我国互助养老的历史文化积淀深厚,在历史上的各个时期虽然表现形式不同,但都贯穿着"孝"文化,推己及人,全社会都倡导尊老敬老、和谐互助。时间银行互助养老是新的历史条件下传承和弘扬中华民族的互助养老文化的重要形式,从文化和民族心理层面为社区居家养老注入互助合作的认同感和自觉性,在老龄化加剧的情况下充分调动社区闲散的老年人服务资源,使时间银行互助养老成为社会化养老体系中的重要力量,推动互助养老

① 参见潘天鹏、胡敏华:《人口老龄化背景下我国农村老年互助保障合作社发展构想研究》,载《江西农业大学学报(社会科学版)》2011年第1期。

的可持续发展，满足日益增长的养老需求。

综上所述，为促使养老合作社尽快发展壮大，承担起更多的养老服务重任，有必要引入时间银行服务储蓄机制。未来立法，制定完善的服务储蓄制度是重要任务之一，也是激励服务提供、促进养老合作社可持续发展的重要制度保障。

三、养老合作社引入时间银行服务储蓄的机制

养老合作社社员之间的互助合作是养老合作社得以健康运行的一个重要机制，互助合作需要建立在互惠和制度化保障的基础上，时间银行是养老服务回馈机制，能体现互惠性，在养老合作社运行中引入时间银行，能够解决社员互助的可持续性和制度保障过程中存在的问题。

目前，时间银行在试点地区上海、南京等地为“市区街社”四级机构设置，都是在特定行政区域内的运行。从发展趋势看，我国时间银行的规模和数量在不断扩大，管理制度也趋标准化，信息技术也为覆盖全国的时间银行提供了技术支持，志愿服务体系也越来越完善，越来越多的志愿者尤其是年轻志愿者加入养老服务的队伍，使全国统一的时间银行成为可能。未来，时间银行要建立全国“通存通兑”的机制，须进行统一管理平台、统一兑换规则等制度设计，确立全国统一的服务价值衡量标准，机构设置也应与此相适应。因此有学者提出，建立全国统一的时间银行必要且可行。① 在这种趋势下，养老合作社时间银行通过纳入街道或镇乡的时间银行分行，成为其分支机构或服务网点，进而成为统一时间银行的有机组成部分，得到国家的兜底保障。具体而言，养老合作社引入时间银行，所涉及的关系分为两个层次。

第一个层次是养老合作社与时间银行之间的关系。可借鉴上海市和南京市时间银行的做法，城乡养老合作社可申请设立街道（镇乡）分行的服务网点，将养老合作社内部的互助服务纳入时间银行系统，通过时间银

---

① 参见郑红：《互助养老与社区时间货币：应对人口老龄化的金融创新》，中国经济出版社2019年版，第243～249页。

行记载和兑换。

第二个层次是时间银行(分行)与提供服务者即低龄老年人(志愿者)之间,以及与接受服务者的高龄、失能老年人之间的关系。如果将养老合作社的互助服务纳入当地的时间银行,就可享受政府托底担保,保障养老合作社的互助服务能得到兑换,防范运行过程中的风险。因此,提供和接受服务者须与时间银行(分行)签订服务协议,明确双方的权利和义务。明确以上三方主体之间的法律关系是时间银行内部关系建立的法理基础,后文会进一步对此问题进行深入探讨。

养老合作社的互助和志愿服务加入时间银行体系中,借助统一的信息网络平台记载服务时间,进行服务储蓄,使养老合作社内部开展的志愿服务纳入时间银行管理。笔者调研的安徽省合肥市包河区芜湖路街道居家养老合作社即与本行政区域的时间银行联合,在合作社内部引入了时间银行服务储蓄,记录养老合作社社员及志愿者的服务时间,这种模式尽管处于发展初期,但已经取得良好效果,鼓励了社区范围内养老志愿服务的开展。

四、养老合作社时间银行服务储蓄的制度背景:现状与问题

(一)我国代表性地区时间银行试点的运行情况

为缓解家庭养老的难题,我国 20 世纪末开始引进时间银行互助养老模式,北京、上海、广州、太原等地率先建立起时间银行,[①]之后南京也开

① 1998 年,上海市虹口区提篮桥街道晋阳居委会率先建立起了时间银行,组织低龄健康老年人担任志愿者,向高龄老年人提供生活照料服务,累积存档的服务时间可以用来换取自己今后需要的养老服务。同年,太原市也出现时间银行,而且还有 85 岁以上的高龄老年人可在无志愿服务存储的前提下获得一定数量的无偿服务的规定。1999 年,广州寿星大厦住宅区成立了一个类似“爱心时间银行”的机构,帮助健康老年人存储为他人服务的时间。参见梁丽娟、李菲菲:《时间银行:中国志愿服务模式优化的新路径》,载《理论界》2014 年第 3 期。2020 年 8 月 26 日,广州公益“时间银行”正式上线。2019 年年初上海市民政局发布《关于在虹口区、长宁区开展养老服务“时间银行”项目试点工作的指导意见》(沪民养老发〔2019〕3 号),推动两个区的时间银行项目试点工作。2020 年 7 月 21 日又发布《关于扩大养老服务时间银行项目试点工作的通知》,将试点扩展到徐汇、长宁、普陀、虹口、杨浦五区各街镇。

始探索实践。① 到目前为止,时间银行在我国多地出现,数量在不断增加,时间银行"服务换服务"机制能减轻养老支出压力,但时间银行在我国尚处于初级阶段,很多城市社区的互助养老中心开始开展时间银行的试点,如南京市多个街道社区居家综合护理中心开展时间银行志愿者管理模式,从2019年开始,这种模式使传统纯公益的志愿者服务转变为可储存时间货币以备年老之需的服务模式,更有利于鼓励低龄老年人和志愿者参与照顾高龄老年人的活动。2019年7月17日《南京市养老服务时间银行实施方案(试行)》出台后,在全市范围建立统一的养老服务时间银行体系,属国内首创。上海以区为单位开展养老服务时间银行,且试点范围呈扩大趋势。上海市从2019年开始在虹口、长宁两区开始试点,2020年将试点范围扩大到徐汇、普陀、杨浦、虹口、长宁五区各街镇,试点区设时间银行总行,街道设分行,总行负责服务项目选定、时长记录规则及积分兑换标准的制定等;分行负责动员低龄老年人,发展他们为会员并注册,此外包括申请审批、信息录入、服务协议签订、服务质量评估及服务投诉处理等,都由分行协助老年人进行。一些区还制定了发展时间银行的指导意见,如杨浦区民政局2020年制定《杨浦区养老服务时间银行指导意见(试行)》(杨民发〔2020〕26号),规范时间银行的运行。2021年,在五区试点的基础上,上海市民政局发出《关于本市推行"养老服务时间银行"项目的通知》(沪民养老发〔2021〕28号),利用全市统一的"上海养老服务时间银行"平台,建立市、区、街镇、服务网点四级服务网络,即"上海养老服务时间银行—区养老服务时间银行—街道(镇乡)分行—街道(镇乡)分行服务网点"的四级服务网络,其中服务网点是各分行因地制宜在居村委、养老服务设施或其他公共服务场所设立,服务网点可使用自由名,由"上海养老服务时间银行平台"统一编号。

笔者以上海和南京这两个时间银行运行良好的地区为调研重点地区,根据调研所获得的第一手资料,总结了时间银行的运行现状,具体情

---

① 参见陈际华:《"时间银行"互助养老模式发展难点及应对策略——基于积极老龄化的理论视角》,载《江苏社会科学》2020年第1期。

况参见表4－1。

表4－1　上海市和南京市时间银行运行现状

运行情况和制度内容	试点时间银行	
	上海市(全市各街镇)	南京市(全市各街镇)
时间银行设置	各区设总行,各街道设分行,各试点区以社区综合为老服务中心为枢纽	由政府主办,在全市层面建立统一的市区街社四级时间银行管理体系
服务项目	非专业类、非家政类;上门服务包括但不限于情感慰藉、协助服务、出行陪伴等	非专业的居家养老服务项目(助餐、助洁、助浴、助医、助急等)
提供服务者	身体健康、能自理且有服务意愿和能力的社会各界人士	个人志愿者/团体志愿者
服务对象(接受服务者)	主要为年满60周岁、居住在各区范围内的老年人。确定服务对象70周岁以上的低保低收入等困难老年人、对社会有特殊贡献的老年人、重点优抚对象、高龄独居老年人可予以优先考虑。	重点空巢独居老年人、存有时间的60周岁以上老年人(限定南京户籍)
服务时间计算和兑换	以时间币计入其时间银行个人账户,服务1小时计1个时间币(每日一般不超过2小时);兑换限量服务或相同时长的养老服务	1小时60个时间币("鼓楼时间银行");全市通存通兑
管理方式	服务对象二维码身份认证和核验;服务机构和提供服务者按服务协议和服务需求提供服务(杨浦区)	按照统一管理、统一标准、统一平台的要求对时间银行运行全过程进行规范管理
经费保障和信用担保	财政托底担保;通过财政支持和社会捐赠依托社区基金会设立时间银行专项基金	设立时间银行基金,经费纳入财政预算
信息管理系统	以区为单位建立时间银行管理信息平台	建立全市统一的信息管理平台
风险防控	时间银行为提供服务者和服务对象购买人身意外保险	鼓励各区为老年人或时间银行志愿者购买意外伤害保险

从两市时间银行试点的运行和制度关注点看,政府支持和托底担保是时间银行运行的保障。上表中带有共性的制度规定对时间银行的健康可持续运行至关重要,但是这些制度仅规定在政府规范性文件中,还未成熟定型并在地方立法中全面充分体现。同时两市的制度在一些关键点上并不一致,体现出较强的地方特色,要建立统一的时间银行制度以在未来实现全国范围内的养老服务时间的"通存通兑",需要在保留地方特色的前提下,抽象出一般性、普适性的制度,是未来立法应重点考虑的,下文将进一步讨论。

(二)我国时间银行服务储蓄制度现状

我国的时间银行服务储蓄尚处于试点阶段,上文所述部分试点地区通过制定规范性文件的方式规范本地时间银行服务储蓄,立法层面缺乏相应的规范,中央层面也仅止于政策性文件的倡导。这导致了养老合作社的时间银行服务储蓄制度建设既缺乏明确的上位法依据,又没有地方立法可借鉴。因而必须从普遍性意义上探讨我国时间银行服务储蓄制度的现状与问题,并就核心制度进行探讨,为养老合作社时间银行服务储蓄制度的设计提供理论依据。

目前,中央层面没有关于时间银行互助养老的立法,如前所述,仅在政策层面提出了互助养老的建设目标,关于时间银行互助养老,民政部提出了将时间银行纳入全国社区居家养老服务改革试点范围,[①]国务院办公厅《关于推进养老服务发展的意见》(国办发〔2019〕5 号)要求各地探索设立时间银行,培养志愿者队伍。民政部要求在 2017 年国务院发布的《志愿服务条例》的制度框架下,在指定的志愿服务信息系统中记录志愿者个人及提供服务等信息和情况,按照统一的信息数据标准录入,实现数据互联互通。[②] 因此,要以全国志愿服务信息系统数据为依据建立完善志愿者评价与激励回馈制度,以此作为建立养老服务时间银行基础性的法律和技术保障。2020 年 12 月 2 日,民政部网站发布《志愿服务记录与

---

① 参见民政部《对"关于在全国推广'时间银行'的建议"的答复》(民函〔2018〕601 号)。

② 参见民政部《志愿服务记录与证明出具办法(试行)》。

证明出具办法(试行)》[1],初步建立了志愿服务记录制度,旨在为社会大众老年后享受相关志愿服务奠定制度基础。该办法第 26 条第 2 款规定了相关团体记录志愿服务信息的要求。[2] 由此可见,时间银行是政府倡导的在养老领域的志愿服务模式,仅体现在政策性文件中,规范性不足,在中央层面没有针对时间银行系统完善的立法。从地方立法来看,省级和设区的市级人大制定的养老服务综合立法和居家养老服务专门立法中,均鼓励志愿者参加为老年人的服务,绝大多数的地方性法规规定要建立志愿服务登记、奖励制度及志愿服务时间记录、储蓄、回馈等激励机制。[3]

而针对时间银行,多地在地方立法和政府部门发布的规范性文件中对时间银行互助养老作了直接规范和保障。代表性制度如表 4－2 所示。

表 4－2　时间银行互助养老服务储蓄推进方面的典型地方政策法规

发布主体	名称	相关内容
南京市人民政府办公厅	《南京市养老服务时间银行实施方案(试行)》(2019 年)	建立全市“通存通兑”的时间银行
北京市人大常委会	《北京市志愿服务促进条例》(2020 年)	志愿服务组织可通过服务积分、时间储蓄以及会员互助等方式,激励本组织志愿者开展志愿服务
杭州市人民政府办公厅	《深化农村居家养老服务实施办法的通知》(杭政办函〔2014〕89 号)	以村(社区)为单位,积极探索时间银行等志愿者服务记录制度,对互助养老服务时间进行累计和兑换服务
上海市人大常委会	《上海市养老服务条例》(2020 年)	鼓励和支持老年人开展社区邻里互助性养老服务,探索建立互助性养老服务时间储蓄、兑换等激励、保障机制

---

① 中华人民共和国民政部令第 67 号,自 2021 年 2 月 1 日起施行。

② 《志愿服务记录与证明出具办法(试行)》第 26 条第 2 款规定:“在城乡社区、单位内部成立的开展志愿服务活动的团体,应当在对其实施管理的基层群众性自治组织或者单位指导下,记录志愿者的志愿服务信息。”

③ 广东、河北、宁夏回族自治区、北京、江苏、浙江、天津、铜陵市、青岛市、成都市、宁波市、威海市、合肥市、乌鲁木齐市、苏州市等省市目前均制定了养老服务综合立法或居家养老服务专门立法。

续表

发布主体	名称	相关内容
江苏省人大常委会	《江苏省志愿服务条例》(2021年)	志愿服务组织可建立志愿服务时间储蓄制度,累计服务时间和兑换服务,并出台方案,在市一级层面建立统一的养老服务时间银行
成都市委市政府	《关于深入推进城乡社区发展治理建设高品质和谐宜居生活社区的意见》(2017年)	将居民参与社区治理、维护公共利益等情况存入时间银行,纳入社会信用体系

(三)时间银行服务储蓄制度存在的问题

完善的制度是时间银行运行的保障。目前,我国的时间银行互助养老服务未形成成熟的运作模式和制度规范,存在发展的多重制度困境。

1. 立法和政策多为原则性、倡导性规定且缺乏体系化

从对现行立法和政策的梳理看,中央层面多为国务院及其所属部门以"通知""决定"等形式发布的具有明显政策性特点的文件,从内容上来看,多为原则性、倡导性规定,如"鼓励老年人参加社区邻里互助养老""鼓励时间银行、爱心银行等多种互助养老模式""积极探索互助养老服务"等,缺乏以相关主体法律上的权利和义务及政府主体责任为核心的制度构建。

地方层面,北京市、江苏省、上海市、杭州市、成都市、青岛市等省市已经出台了与时间银行相关的地方性法规、政府规范性文件等,但这些法规、文件同中央层面的制度一样,对时间银行互助养老的规范都是以政府相关部门制定的规范性文件为主,同样缺乏对责任主体和权利义务内容的明确规定。当养老服务过程中发生争议和纠纷,在寻求司法救济时这些规范性文件可操作性不足,不利于老年人及养老服务参与主体权益的保障。并且因"法"出多门,相关法规和规范性文件之间难免出现冲突,不利于制度体系的构建。有学者评价,现阶段时间银行互助养老服务立法明显是为了应对和解决当前的养老问题的应急之举,缺乏前瞻性,且各地条块分割,各自为政,制度之间缺乏衔接,相关规范的明确性和可操作

性也存在不足。[①]

2. 时间银行参与各方的法律关系性质和权利义务不明

从法理上厘清主体间的法律关系是进一步完善相关法律制度的逻辑起点，是时间银行制度化和规范化的基础。而目前时间银行试点地方的运作实践中这一法律关系的性质并不清晰，理论界也存在争议，未达成共识。在现有的制度中，时间银行三方主体的法律地位、他们之间关系的法律性质、各方的权利义务都未明确。

(1) 法律关系性质不清

究其实质，时间银行是以时间货币为等价物的劳动报酬的延期支付，更强调了“劳动服务的可衡量性和可回报性”，[②]有别于传统无偿的志愿服务。时间银行围绕养老服务运行，因而对时间银行运行机制中所涉及的法律关系属于服务合同（签订服务协议）范畴不存在争议，但对服务合同的性质学界持有不同的观点。以劳动或者服务作为标的的合同，主要有劳动合同与劳务合同。[③] 二者的合同标的均为劳动，均为合同，两类合同的主体双方互为权利和义务主体，都涉及劳动行为和劳动报酬。但就法律关系性质而言，劳务合同是民事法律关系，而劳动合同是社会法上的法律关系，二者从法理上来说意义决然不同，涉及主体的权利、义务和责任，事关时间银行的运行质量和效果。时间银行机制中的养老服务合同性质应当定位于劳动合同还是劳务合同，我国现行法律对此并未作出明确规定，因此，对时间银行互助养老服务法律关系的性质明确界定很有必要。

目前对时间银行服务合同的性质有两种代表性的观点：劳务关系说和劳动关系说。劳务关系说认为，时间银行互助养老模式下的服务合同为联立合同，包含两层法律关系：接受服务者、时间银行（同为雇佣方）与

---

① 参见张岩松：《养老服务业发展与个案研究》，清华大学出版社 2015 年版，第 56 页。

② 王笑寒：《社会法视域下“时间银行”互助养老机制中服务合同性质定位分析》，载《法学论坛》2020 年第 5 期。

③ 民法上的广义的劳务合同包括一切以劳务为客体的合同，包括加工承揽合同、运输合同、委托合同、保管合同等。

提供服务者之间的雇佣合同关系，而接受服务者与时间银行之间是带有居间性质的委托合同关系。[①] 该观点事实上将时间银行服务合同涉及的两组关系定位为民事关系，应由民法调整而形成民事法律关系。劳动关系说则认为，时间银行与提供服务者和接受服务者之间形成劳动关系，时间银行居于用人单位的地位，提供和接受服务者在时间银行模式下存在身份相互转化的关系，因而其地位具有同一性，与时间银行之间均为劳动关系，以此确定各方的权利和义务，可为该种机制下解决纠纷的法律适用提供理论支持。[②] 时间银行模式下的提供服务者与时间银行的服务合同带有劳动合同的从属关系属性，这种从属关系表现为劳动者提供劳动服务，获得劳动报酬，同时要服从用人单位的管理，后者处于管理地位，用人单位以经营者的身份接受劳动服务并支付报酬。在时间银行机制下，提供服务者在一定程度上接受时间银行组织的控制和管理，彼此之间存在从属关系。[③] 两种观点各执一词，相持不下。究竟如何界定该法律关系的性质，为相关立法提供充分的理论支撑，是亟待解决的问题。

与时间银行法律关系的性质不清相关，时间银行参与主体的法律地位也难以明确。三方主体以何种身份参与时间银行、各自发挥什么作用如果不明确，将直接影响主体准入的条件和权利和义务的设定。

(2)时间银行互助养老法律关系的内容未明确

法律关系内容未明确即法律关系主体的权利和义务在目前的制度中不明确。实践中，时间银行互助养老服务平台涉及多方主体，在主体间的权利义务规定或约定不明确的情况下，时间银行互助养老主体间发生纠纷更难以解决。上述提供服务者、时间银行、接受服务者等主体的权利和义务规定模糊，如果出现纠纷将会造成相关主体责任难以确定。此外，作为受害人可以向哪个主体请求赔偿，相关主体又将如何分配赔偿责任等，

---

① 参见侯丽琴：《“时间银行”模式下互助养老服务合同法律关系研究》，天津商业大学2014年硕士学位论文。

② 参见王笑寒、郑尚元：《“时间银行”公益互助养老服务机制之法律关系界定与构造》，载《山东大学学报(哲学社会科学版)》2020年第6期。

③ 参见王笑寒：《社会法视域下“时间银行”互助养老机制中服务合同性质定位分析》，载《法学论坛》2020年第5期。

因规定缺失,如何解决无据可循。明确规定时间银行各方主体的权利和义务,对于预防和解决纠纷,保障各主体的合法权益具有重要意义。

3. 时间银行服务储蓄核心制度缺失或不完善

(1)时间银行信用担保制度规定不清晰

如果缺乏信用担保,作为代际接力的时间银行“延期支付”方式不易得到认同和推动。时间银行中“延期支付”的服务时间带有“信用产品”的性质,存在运行风险,在缺乏完善、统一的信用担保制度的情况下,因担心未来不能兑换到服务而影响主体参与的积极性。时间银行风险之一就是随着某一地区低生育率和低死亡率趋势加剧,需要服务的老年人数量逐渐高于提供养老服务的低龄老年人和志愿者的数量,如果服务需求远大于供给,时间银行将难以为继。养老服务“延期支付”既是时间银行的特色和优势,同时也可能是制约其发展的阻力。目前时间银行中时间货币作为一种信用产品,由于没有明确的发行人,因而没有人承担时间货币到期兑现的责任,也就缺乏应有的、有效的信用担保,导致时间银行发展受阻,甚至难以为继。① 同时,以何种方式担保也缺乏明确规定。

(2)时间货币缺乏统一规范的计量标准和兑换制度

目前各地的时间银行多以“小时”为时间计量单位,但各试点地方时间银行单位时间可换算的时间币不统一,比如上海市《杨浦区养老服务时间银行指导意见(试行)》规定服务1小时计1个时间币,而南京“鼓楼时间银行”则是1小时计60个时间币,而且在换算过程中,有的地方不考虑服务的难易程度而仅依据服务时长换算时间币,有些地方则依据服务的种类和难易程度来换算时间币。对此学界的态度不一。有学者认为,未精细区分单位时间内养老服务的服务类型、劳动强度、技术含量以及被服务对象的满意度等,管理粗放,会导致后期评估难以开展,不利于服务专业化水平和服务质量的提高。② 而有学者则认为,时间银行出现时间较

① 参见郑红、李英等:《引入社区货币对互助养老时间储蓄的作用机理——应对人口老龄化的金融创新》,载《财经研究》2019年第5期。

② 参见陈际华:《“时间银行”互助养老模式发展难点及应对策略——基于积极老龄化的理论视角》,载《江苏社会科学》2020年第1期。

短,如果采用复杂的时间币计算方法,会因服务内容多难以量化衡量而缺乏可操作性,可行的办法是单纯以服务时间计算时间币的数量。[①]

从时间货币可兑换对象看,各地同样存在差异,在兑换服务、物资或现金奖励方面没有统一尺度。例如,南京市栖霞区尧化街道志愿服务70%时间存款可以兑换相应的志愿服务时间,20%可以兑换生活物品,10%可以兑换现金补助;而上海市《关于在虹口区、长宁区开展养老服务"时间银行"项目试点工作的指导意见》指出,"各试点区可明确,在一定服务时间(如200小时)内,服务提供者存储的服务时间等值兑换相同时长的服务,不兑换为实物奖励;达到一定数额(如200小时)后,可给予提供服务者一定非物质性的激励和优待措施;超过最高限额后,可将其服务时间超出的部分转换为积分,并可兑换物质性奖励"。由于时间银行的价值在于养老服务报酬的"延期支付",对服务时间兑换物资和现金应有严格限制,而限制的尺度如果没有科学的标准,时间银行运行风险防范和可持续发展就难以实现。如何在鼓励提供养老服务和防范运行风险之间寻求平衡,时间货币兑换规则的确立至关重要。

(3)时间货币的转让、通存通兑和继承制度未建立

时间货币的转让、继承和通存通兑的实现存在障碍。在人口流动频繁,尤其是"候鸟"式异地养老大量存在的情况下,要使时间银行具有活力和吸引力,时间货币就应当实现转让、继承和通存通兑。但是由于缺乏相应的制度保障,时间货币的转让、继承和通存通兑无法可依,实现起来必定存在一定障碍,同样影响时间银行的可持续发展。

(4)时间银行志愿者的激励与惩戒机制不健全

志愿者提供服务需要激励与惩戒的双重规制,前提是对其服务有客观的评价。但是各地时间银行针对提供服务者的评价考核以及奖励和惩戒退出机制如何设计,均缺乏具体的制度规范。因此对服务对象满意度高、服务质量高的提供服务者进行奖励以激励其参与服务,而对服务对象

---

① 参见王笑寒、郑尚元:《"时间银行"公益互助养老服务机制之法律关系界定与构造》,载《山东大学学报(哲学社会科学版)》2020年第6期。

满意度低、服务质量差的提供服务者进行惩戒，形成有效的外部制约，是使时间银行服务储蓄可持续的重要环节。

五、养老合作社时间银行服务储蓄制度的建构

时间银行服务储蓄制度作为互助养老服务的重要载体，其完善程度直接影响互助养老服务的发展。上述时间银行面临发展困境，一个重要原因是缺乏制度保障。从制度层面为时间银行发展排除障碍、提供助力是当下养老服务立法之急。养老合作社的时间银行服务储蓄制度应与国家宏观制度完善相结合，同时立足自身特点，着力从以下几个方面构建。

（一）相关法律关系梳理

前文已经阐述，要建立时间银行法律制度，逻辑前提是厘清各方参与主体之间的法律关系，以分配权利和义务。社员和志愿者通过在养老合作社设立的时间银行服务网点发布服务需求、记载服务时间，就会在时间银行与作为服务提供者的社员和志愿者，以及接受服务的社员之间产生了特定的法律关系。这一法律关系的性质如何？各方之间存在何种权利和义务关系？这些问题的回答事关养老合作社具体服务储蓄制度的建立。

1. 法律关系性质。如前所述，与普通的志愿服务相比，时间银行这种以时间货币记载服务并延迟支付“报酬”的养老模式，服务事实上是“有偿”的，主体在提供劳动和服务后会形成合同关系。因提供的是服务和劳动，是劳动合同还是劳务合同在实践中不容易区分。时间银行互助养老模式中的法律关系是复杂的，该模式下服务合同的性质关系到法律制度的可操作性。笔者认为，由于在时间银行模式下，服务合同兼具公法与私法性质，将其界定为劳动合同，从而促进时间银行可持续发展，有其合理性。理由如下。

第一，双方主体地位的不平等性。时间银行的性质和地位决定了其并非私法主体，在由政府主导设立并由政府提供信用担保的情况下，时间银行对加入时间银行的志愿者具有管理、监督、培训等职能，类似于劳动法上的用人单位。前述时间银行试点多是在政府主导下由市、区、街道、

社区设立时间银行机构,选择养老机构、社区养老服务中心等作为时间银行服务机构时,具有资格和条件限制。而从其提供的服务看,也具有准公共产品的属性,旨在解决老年人的养老问题,事关老年人的生存和发展,以及老年群体生活水平提升这一公共目标,有维护公共利益的价值取向,因此志愿者一旦加入时间银行,就要服从其管理。我国《志愿服务条例》第 22 条规定:"志愿者接受志愿服务组织安排参与志愿服务活动的,应当服从管理,接受必要的培训。"作为志愿服务在互助养老领域的实践,志愿者与时间银行之间同样存在服从和管理的隶属关系,志愿者在一定程度上受时间银行的支配和管理,显然有别于作为私法关系的平等主体之间的劳务关系。

第二,法律关系内容的法定性。尽管时间银行相关主体间可以通过协商的方式确立相互之间的法律关系,但该法律关系的内容同时受管理性法律规范的约束,不完全等同于意思自治原则下确立主体双方权利和义务内容的私法关系。时间银行中,以养老服务换得时间币,服务和时间币之间的量化对应关系往往由时间银行管理性法规规定,并非由主体间自由协商,否则会影响时间银行一体化运行。此外,时间币可以兑换的服务或者物质性奖励也往往是统一规定而非主体间自由协商,在此意义上法律关系的内容具有法定性,而不是由当事人协商确定。这与劳动合同中有强制性规定事项具有类似性。①

第三,服务行为和合同关系的持续性。如果将时间银行互助服务合同界定为劳务合同,由民法调整,则提供服务者短期内完成服务后,就可根据意思自治原则,决定是否继续提供服务,不受时间银行的管理与监督,服务提供会有随意性,进而会影响时间银行的可持续性。总体而言,为培育和促进时间银行健康、可持续发展,不宜用私法自治的原则调整相关主体之间的关系,而是要认识到时间银行互助养老服务中服务合同关系的持续性要求,突破民事关系的框架,兼顾公法与私法的双重调整,从

① 在劳动合同中必须具备社会保险、劳动报酬、劳动保护和劳动条件、劳动合同终止的条件等条款。

逻辑上厘清时间银行服务合同法律关系的性质。目前我国虽然有地方层面的时间银行立法和政策，但对时间银行的法律地位及参与主体的权利义务无明确界定，未来要规范时间银行的发展，立法要分配相关主体的权利和义务，就应有理论上的清醒，正确认识法律关系性质和各方主体的法律地位，为立法奠定坚实的理论基础。

值得一提的是，对时间银行互助养老服务法律关系的分析，并不需要像前述劳务关系说提出的要分两个层次，即区分时间银行与提供服务者和接受服务者的关系，事实上，这两种关系具有同质性，因而只存在一种法律关系即劳动关系。原因在于，在登记加入时间银行后，低龄老年人及志愿者作为养老服务提供者，由时间银行安排其提供养老服务，存储时间币，处于劳动者地位，待其年老需要他人提供养老服务时，其身份转化为接受服务者，可以基于存储的时间币而要求时间银行提供其所需养老服务，是当初劳动服务报酬的兑现。在劳动关系模式下，时间银行与提供服务者和接受服务者的关系因时间币与服务的连接而具有同质性，都是服务和时间币之间的换算，都以时间银行为中介，向时间银行行使请求权。

2. 法律关系主体法律地位。在将时间银行互助养老服务合同界定为劳动关系的前提下，各方主体的法律地位也迎刃而解。其中时间银行是发起者和核心，处于用人单位的地位，承担着管理与组织的责任，对提供服务者和接受服务者起到管理与统筹安排的作用。提供服务者和接受服务者只是同一主体在不同时间点的身份转换，同为劳动者。基于此，法律关系内容即各方的权利和义务也可顺理成章地被界定。

3. 法律关系内容。在实践中，由于合同重要条款的缺失和主体权利和义务不明确，主体之间容易发生纠纷。而明确规定时间银行互助养老主体的权利和义务，有利于预防和解决纠纷，保障各方主体的合法权益。

(1)时间银行的主要权利义务

时间银行的权利即提供服务请求权。时间银行作为组织方，有要求加入时间银行并作为服务提供者的低龄老年人和志愿者提供服务地权利，这也是其最核心的权利。当接收到需要服务的老年人的服务请求后，时间银行就要匹配相应的服务提供者，并要求其提供服务。

时间银行的义务分三个层面。第一，核心义务，即向提供服务者支付时间币。由于服务合同是服务提供者与时间银行签订的，当服务提供者提供服务后，就可要求时间银行支付时间币，记载于其在时间银行开设的账户。第二，附随义务，即为服务提供者顺利提供服务创造前提和条件的义务，这也是作为组织方应尽的义务。其中包括忠实于接受服务者意愿的义务，合理匹配提供者服务的义务，以及通知义务。需要养老服务的老年人其需求是什么、对服务有何具体要求，时间银行组织必须事先了解清楚，并忠实于需求者的真实意愿，在此基础上合理匹配提供服务者。因养老服务的范围较广，很多服务具有专业性或专属性，只有匹配得当，才能保证服务质量，满足需求者的要求。告知义务则是指当服务涉及给付利益的事项，时间银行应如实告知提供服务者或接受服务者，同时为其提供针对性服务，时间银行应将接受服务者的信息全面、充分、及时告知提供服务者。第三，安全保障义务。作为组织者，对提供服务者提供服务的环境和条件，时间银行应负必要的安全保障义务，以避免提供服务者因提供服务而遭受人身或财产损害。时间银行主体的主要义务如图 4－3 所示。

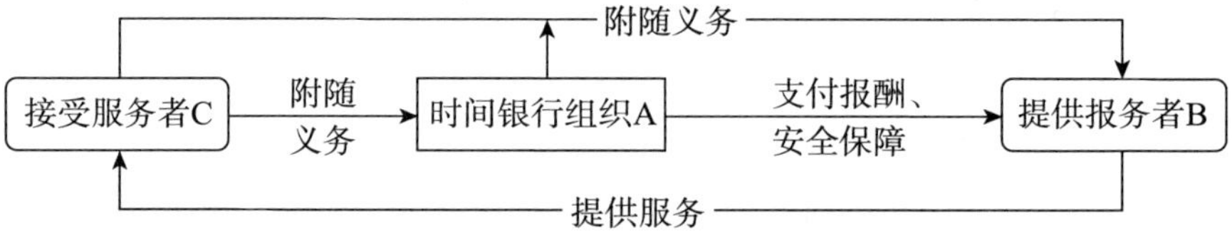

图 4－3 时间银行主体的主要义务

（2）提供服务者的主要权利和义务

提供服务者的权利主要为时间币支付请求权。在提供养老服务后，其有权要求时间银行支付作为服务报酬的时间币，而时间银行应当将记载在接受服务一方的时间银行账户中的时间币拨付给提供服务一方。服务时间与时间币的换算依约定或时间银行兑换制度中规定的办法进行。

在享有权利的同时，提供服务一方的主要义务为提供养老服务，即给付服务于经时间银行中介的接受服务一方。具体而言，此项义务为服务供给的人身专属性保证义务、特种技能保证义务以及安全注意义务等方面。经时间银行匹配的特定的提供服务者,往往具有提供特定服务的优势或优越条件,尤其是对有较高专业要求的服务,非经时间银行和接受服务者同意,不得转委托他人代为提供服务。与此类似,如果服务需要专门技能如驾车、心理咨询、按摩等,提供服务者应有相应的资质才能提供服务。同时由于服务对象为老年人,因此他们在服务过程中应尽足够的安全注意义务。

(3)接受服务者的主要权利和义务

接受服务者的主要权利是服务给付请求权。当需要特定养老服务时,服务接收一方通过时间银行平台发布服务请求,时间银行即应启动匹配提供服务者的工作,接受服务一方有权请求时间银行提供所需服务。

相对应地,接受服务者的义务主要是付出时间币,同时应尽协助和配合义务,这也是接受服务者基于合同的附随义务,以便帮助提供服务者完成服务。具体而言,包括告知义务、帮助义务、安全保障义务以及保密义务。接受服务一方需要告知服务提供一方完成服务需要借助的信息,同时为提供服务一方提供必要的帮助,如费用地提供、服务评定完成后的签字确认等。接受服务一方还应对服务提供过程中所要借助的工具、环境等安全性负有基本的保障义务,目的是保证提供服务者的人身安全。此外服务如果涉及个人隐私,双方都应保守秘密。

(二)主要制度设计

1. 完善信用担保制度

首先,要坚持政府担保原则。由于时间银行运行中时间货币兑换的延时性,在提供服务者自愿提供服务、没有强制性义务约束的情况下,如果时间银行运转不良,提供服务者在自己需要服务时兑换不到所需服务,作为民生工程,政府应当负起担保者的责任,可用政府设立的基金或财政拨款在市场上购买同类服务以满足其需要。换言之,政府应当担保时间银行的信用。政府是具有公信力的权威机构,可以通过立法为时间银行提供制度保障,同时还可以组织人力、物力和技术资源支持时间银行发展,凭借政府担保,时间银行更容易取得利益相关者的支持,加快自身发展。政府如果制定支持时间银行的政策,并且引导用户参加时间银行,能促使其消除疑虑、建立起对时间银行机构的信任,从而提升时间银行发展的效率,使时间银行得以普及。①

其次,在政府担保的原则下,如何制定完善时间银行的信用担保制度,目前,学界观点不一,实践中各试点的做法也不统一。前文所述上海市时间银行各试点采取的是由政府财政部门设立托底性担保资金,或设立时间银行担保专户,明确由政府进行担保;或由财政支持,依托公益基金会设立时间银行专项基金。上海市的具体担保方式是各区可设立托底性的担保专项资金,在特殊情况下通过购买市场同类服务等方式确保提供服务者的时间币得到兑换,各区可结合时间存储总额制定启用担保资金的条件及相关办法。而南京市仅概括规定用时间银行基金化解时间银行运行风险。南京市目前是设立市时间银行专项基金,资金由福彩公益金保障,鼓励社会捐助,专项基金委托市慈善总会设立,但是具体的担保方式缺乏如上海市的明确规定。在学界,有学者提出,发行政府担保的社区货币,作为金钱货币之外的非主流货币,用于在社区为实现某种社会目标而采用的支付手段,②目的是克服当前时间货币自发生成,缺乏信用担保的局限。这种思路的合理性在于,由于利率的不确定性和货币贬值的预期,以金钱货币作为媒介的养老服务储蓄模式不利于激发提供服务者的积极性,但是如果有政府担保的社区货币作为媒介,势必会提升提供服务者储蓄养老服务时间的意愿和积极性,进一步扩大互助养老服务供给,实现互助养老服务的可持续发展。③ 政府向当地老年人发行以小时为计量单位的社区货币,中高龄老年人达到一定年龄可以免费得到一定数量的社区货币,低龄老年人和志愿者提供养老服务后可得到社区货币作为"报酬",以此为媒介实现社会养老的代际传承和交换。

---

① 参见李海舰、李文杰、李然:《中国未来养老模式研究——基于时间银行的拓展路径》,载《管理世界》2020 年第 3 期。

② 参见刘金山:《补充货币的实践与启示》,载《经济学动态》2007 年第 5 期。

③ 参见郑红、李英等:《引入社区货币对互助养老时间储蓄的作用机理——应对人口老龄化的金融创新》,载《财经研究》2019 年第 5 期。

因此，建立时间银行，发行有政府信用担保的社区货币作为媒介进行互助养老服务储蓄，是势在必行之举。此外，启动时应设立托底性担保资金，在时间银行不能正常运转，无法向提供服务者兑换存储的服务时，由项目启动时设立的托底性担保资金向市场购买同类服务，确保提供服务者可兑换的服务、需求得到满足。目前上海市虹口区、长宁区时间银行即采用此做法。

2. 统一时间货币的计量标准和兑换方式

制定时间货币统一的计量标准和兑换细则，确定时间银行服务内容、服务时间的记录方式、储蓄时间的兑换标准等，是时间银行得以运行的基础。前述美国时间银行在记录时间时将等长的服务时间视为无价值差异的贡献，这简化了服务时间记录，也符合志愿服务的本质；而区分服务类型如知识型服务、劳务型服务、综合性服务等，根据不同服务类型采用不同的服务时间计量和记录，会增加评价的难度，且标准很难设计，同时背离志愿服务的初衷。因此宜采用简便的、可操作性强的、以单纯的时长计算和记录服务时间的做法。

就兑换方式，时间银行运行中，应坚持“服务换服务”的原则，服务换金钱除外。如前文分析，时间银行的价值就在于服务时间的延迟兑换，从政府的角度看，发挥志愿服务的公益性和无偿性优势，用较少的资金投入运用杠杆效应撬动更大价值的服务，因此，服务时间不能过多即时兑换成金钱报酬，以免增加财政负担；从时间银行运行机制看，储蓄服务时间以在年老时换取等量时间的养老服务，实现养老服务的代际接力，同时也避免年老后创造价值能力下降带来的购买力降低的“老无所养”，具有利益长远的效应。如果打破“服务换服务”的原则，将会丧失时间银行的制度优势，影响其作用的发挥。尤其是在养老合作社内部，由于没有经营性收入，以服务换金钱报酬尤其难以支持。当然，为了鼓励服务储蓄，在兑换方面可以适当考虑奖励服务时间多的志愿者，可借鉴上海市时间银行的经验：在一定的服务时间内如 200 小时，只能以服务换服务，而超过一定时长如 200 小时的服务，可给予非物质奖励和优待措施，超过规定的服务时间最高限额的可给予物质性奖励。

3. 制定时间货币通存通兑、转让、继承规则

第一，时间货币通存通兑规则。随着数字信息技术的发展，建立全国统一的管理系统，以及跨区域结算的统一运行平台成为可能。各地时间银行信息管理平台与省、市乃至全国志愿服务信息系统数据对接，在统一平台的技术支持下，规定提供服务者的服务时间可以在全国不同的地区通存通兑。实现全国范围内的通存通兑，会打消有地域流动的提供服务者担心时间货币未来不能在异地兑现服务的顾虑，激发其提供养老服务的积极性，还可节省政府对户籍迁离本地的志愿者进行服务时间奖励的即时支出，也是时间银行在全国范围内发展并可持续运行的又一制度保障。政府可通过各地时间银行签订协议的方式，逐步推进时间货币通存通兑的范围，直至推向全国。

第二，时间货币的转让。规定服务时间可无偿或低偿在不同主体之间转让。让时间货币流转，能使权利人实现自身权利的灵活性，赋予权利人更大的处分自由，从而激发其服务的积极性。当然，由于时间货币的虚拟性，并且记载于权利人的时间银行账户，因此转让只有在变更记载后才能生效。养老合作社社员或志愿者转让时间货币时，为体现养老合作社的互助性，同社的其他社员有优先受让权。

第三，时间货币的继承。由于服务时间是在网络环境下的时间银行账户中记载，时间货币没有物质载体，其虚拟性显而易见。那么时间货币是否可以作为遗产被继承？从现行法律的规定看，《民法典》第 124 条“自然人合法的私有财产，可以依法继承”，第 1122 条“遗产是自然人死亡时遗留的个人合法财产”等规定，都表明了对遗产范围的规定，已经从原《继承法》的“列举 + 兜底规定”的模式转变为《民法典》的概括式规范，即遗产范围变得开放。这一变化，源于现代社会民事财产权利体系的开放性，随着社会经济的发展其范围不断扩大，纯粹列举式的立法模式显然无法穷尽所有的财产权利，不可避免地会出现漏洞。[①] 因此，相比原《继

① 参见李珊珊、黄忠：《〈民法典〉下虚拟财产的法律属性及其可继承性辨识》，载《上海政法学院学报（法治论丛）》2021 年第 1 期。

承法》第3条的规定,《民法典》第124条、第1122条为将虚拟财产纳入遗产客体范围提供了更大的支持。进一步看,《民法典》第127条“法律对数据、网络虚拟财产的保护有规定的,依照其规定”更是为法律将虚拟财产纳入遗产范围留下了操作空间,排除了虚拟财产能够作为自然人死亡时遗留的个人合法财产而被继承的障碍。有学者更是旗帜鲜明地提出,在现行法制度框架下,“网络虚拟财产可以依法流转与继承”,围绕网络虚拟财产继承发生争议而起诉到法院的案件也应凡诉必理,保护继承人对被继承人虚拟财产的继承权。[①]

就时间货币而言,在《民法典》的制度框架下,通过时间银行专门立法以及养老合作社法确立其可继承性,将时间货币纳入自然人遗产的范围,并依《民法典》关于遗产继承的规定具体实现。时间货币可继承能进一步鼓励社员和志愿者更积极地投入养老服务中。

4. 建立志愿者的奖励和惩戒机制

由于各地的时间银行多由政府主导运行,因此可规定由各级政府部门负责对时间银行的设立运行进行监管,对时间银行机构和提供服务者行为进行监督。对志愿者提供的服务可采取服务对象评价、电话回访、抽查抽检等方式加强事中、事后监管。对于其中服务质量高的提供服务者,可规定由政府直接予以物质奖励,或者奖励一定数量的服务时间(时间货币),计入个人时间银行账户。对服务质量不高或怠于服务者,减少或取消服务时间记录,并计入个人的诚信档案,进而影响其今后承接服务的机会以及服务时间(时间货币)的获取。

第七节　养老合作社的社会合作制度

社会合作制度,是养老合作社立法中体现养老合作社制度特殊性的

---

① 参见刘俊海:《网络虚拟财产可以依法流转与继承》,载《检察日报》2019年12月25日,第7版。

另一个重要方面，用以规范养老合作社与资源方的社会合作，调整的是外部关系。明确社会合作中服务主体和内容，厘清其中的法律关系性质及各方的权利和义务，是相关法律规范设计的法理基础。本部分重点研究养老合作社引入资源方的医养结合以及其他市场服务、公益服务等方面的制度，规定资源方的准入条件，界定养老合作社与资源方之间的法律关系，明确双方的权利和义务，确定服务标准等。

一、社会合作的内涵

养老合作社的社会合作的核心是“服务”，主要是服务主体和服务内容两个方面。从服务主体看，作为社会化养老服务的组成部分，社会合作中服务主体是社员之外的社会主体，即与养老合作社合作、为社员提供各类养老服务的社会组织、企事业单位、个体工商户等资源方。从服务内容看，社会合作有别于简单的社员之间的互助服务，是由资源方在生活服务、精神慰藉、医疗保健、康复护理等方面为社员提供的社会化养老服务。社会合作是由外部力量为社员提供其自身无法提供的养老服务，最大限度实现“社员受益”，使养老合作社的服务项目和内容能满足社员养老需求，包括与医疗机构的对接以实现医养结合，整合其他的养老服务资源等。需要强调的是，互助合作依然是养老合作社运行的基石，而社会合作是建立在合作社管理者、社员和志愿者作为内部力量自我服务的基础上的。

二、社会合作资源方范围与服务领域

养老合作社集社员互助合作和社会合作为一体，在社会合作中，主要对接提供养老服务的资源方，由其提供社员互助合作所不能提供的各方面的养老服务。一般而言，在医养结合的社会化养老模式中，养老服务涵盖的范围主要包括基本生活照料如助餐、助浴、助洁等，基本医疗护理如上门诊疗、健康体检、注射用药、健康教育等，文化娱乐和精神慰藉，以及特色服务如上门维修、心理咨询、法律咨询、临终关怀、康复服务等，牵涉多方养老服务资源方，多方面的服务机构，既有公益服务主体，也有市场

主体。要为入社老年人提供全方位的养老服务,就需要联系各方面的资源方与养老合作社进行合作。实践中,资源方主要涉及以下几类。

1. 医疗机构。

由于人口出生率低、预期寿命延长等因素,我国人口老龄化不断加剧,高龄老年人快速增加。随着年龄增长,老年人患慢性病的概率升高,老年人的卫生服务需求和生活照料需求呈叠加趋势,[①]养老过程中迫切需要医疗资源的方便可及,医养结合就成为养老模式的发展方向,也成为我国养老服务体系建设的重要方面。医养结合就是把生活照料和医疗康复融为一体的新型养老服务模式,旨在实现医疗资源和养老资源的整合以及医疗服务和养老服务的融合。养老合作社为入社老年人提供养老服务,要整合社会养老资源、实现养老过程中的多元合作,首先须拓展医疗资源。目前我国医养结合的模式主要包括整合照料式(养老机构增设医疗机构提供“医”+“养”服务或者医疗机构增设养老机构提供“医”+“养”服务)、联合运营式(养老机构与医疗机构签订合作协议,实行“双向转诊”)以及支撑辐射式(建立“医助”制度,社区卫生服务站及其他医疗机构定点联系需要医疗保健服务的机构和居家老年人,提供“上门服务”)。[②] 这三种模式中,联合运营式和支撑辐射式医养结合较为适合养老合作社,加强与社区卫生站及周边其他医疗机构的协作,在基层政府的促进下,养老合作社与社区卫生服务和医疗机构通过签订合作协议的方式开展合作,为入社老年人提供医疗健康服务,是实现养老合作社内医养结合的主要途径。

2. 日常生活服务提供者。

养老合作社的老年人除家庭成员照料外,获得社会化日常生活服务的途径主要有两个:一个是社内低龄老年人和志愿者,这是合作社内部的服务力量,在引入时间银行互助服务模式下,实现养老服务的代际传递;

---

① 参见张占平、吕洁:《多元化养老方式背景下家庭养老的衰退与承续》,中国社会科学出版社2020年版,第132页。

② 参见张占平、吕洁:《多元化养老方式背景下家庭养老的衰退与承续》,中国社会科学出版社2020年版,第152~153页。

另一个是社外提供养老服务的资源方，由于社内服务力量有限，不仅在日常生活中的餐饮、保洁、购物等方面的服务需求难以自我满足，同时一些专业性较强的服务如家电和其他家庭设施维修、专业咨询等服务社员和志愿者常常难以提供，因此引入资源方的服务是必然选择。安徽省合肥市包河区多个街道成立的养老合作社即引入社会合作机制，与多家服务单位签约，为社内老年人提供全方位的服务。

在提供日常生活服务的资源方中，主要是超市、餐馆、理发馆、家用设施维修、家政卫生保洁等，可通过社会工作者联系具有爱心、公益心和责任心的周边组织，为社内老年人日常生活提供日用品供应、理发、家用设施维修、保洁等方面的日常生活服务。

3. 文化娱乐服务者。

随着生活水平提高，老年人的养老需求不仅限于物质供养，更重要的是精神生活富足。通过继续学习不断充实自己、参与各种文化活动愉悦身心，从而以更加积极的态度参与社会生活，已成为很多老年人的追求，这就对国家和社会提出文化养老的要求。但是，与需求形成巨大反差的是，文化养老是我国养老公共服务体系中的短板，这种巨大反差从发展的角度应成为“十四五”时期“加强养老服务领域供给侧结构性改革”的一个重要内容。[①] 在此背景下，包括公共图书馆在内的文化机构要承担起文化养老的任务，满足世界卫生组织提出的积极老龄化背景下老年人“独立、参与、尊严、照料和自我实现”的要求。其中公共图书馆由于覆盖面广，能就近为老年人提供终身学习的场所和资源，同时由于其公益性，在提供作为公共产品的文化养老服务、满足老年人精神需求方面具有先天优势。此外还有音乐、舞蹈、园艺等培训机构也是文化养老服务的重要提供者。

三、养老合作社与社会合作资源方之间的法律关系

从立法和制度规范的角度，厘清合作社与资源方的法律关系，明确双

---

① 覃志红：《民生导向的文化养老服务发展：难题与破解》，载《经济论坛》2020 年第 9 期。

方的权利和义务，是进行具体制度设计的关键。那么资源方和养老合作社的法律关系性质如何？双方的权利义务界限如何划定？

（一）法律关系的性质——服务合同中的委托合同

养老合作社和资源方建立合作关系，是通过签订协议的方式明确双方的权利义务的。笔者调研的安徽省合肥市包河区芜湖路街道和西园区街道养老合作社即是通过社工联系和遴选资源方，并通过签订协议的方式，明确双方在养老服务中的权利义务等。由于双方的合作模式处于探索中，相关协议的内容也比较简单，对一些重要的合同内容如违约责任、争议解决方式等未作约定，不足以为双方关系的调整提供充分依据，需要在理论上进一步研究。

由于养老合作社与资源方都是独立的民事主体，双方的法律地位是平等的，因此双方签订的合同为民事合同，应由《民法典》调整；从养老合作社和资源方合作的主要内容看，主要是由资源方为入社老年人提供养老服务，显然双方存在服务合同关系。但是在服务合同关系下，为进一步明确双方的权利义务以及合同解除、违约救济等具体规则，仍需先明确服务合同的具体类型。

所谓服务合同，通常是指以劳务为标的的合同，又称提供劳务的合同。[①] 此类合同中劳务的范围比较宽泛，由于服务合同标的的非特定性和宽泛性，因此服务合同跨越数个典型合同。同时随着社会生活中新的服务类型的出现，又有非典型的服务合同。因此从《合同法》到《民法典》都未对服务合同做统一规定，而是将其中一些社会生活中经常发生的带有典型意义的合同以典型合同的方式加以专门规定。养老服务合同作为适应老龄化社会发展而出现的新型服务合同，未列入典型合同，养老服务合同的性质和类型尤其需要探讨。

在养老服务合同非典型化的情况下，如何适用法律，《民法典》第467条的规定提供了指引：对法律没有规定的合同，适用合同编通则的规定，

---

① 参见周江洪：《服务合同在我国民法典中的定位及其制度构建》，载《法学》2008年第1期。

并可参照法律中最相类似的合同的规定。养老合作社与资源方间的养老服务合同基于其性质除适用《民法典》合同编通则的规定外，如何确定可参照适用的最相类似合同的规定，学界关于社区养老服务合同的探讨可供参考。此类合同一般分为政府购买社区养老服务和社区自主的养老服务合同，区别在于是政府出资还是社区养老服务中心自己直接提供服务。养老合作社与资源方之间的养老服务合同与政府购买式社区养老服务合同类似，都是购买资源方的养老服务，而老年人则都是合同当事人之外的利益第三人。概括而言，关于此类养老服务合同的性质，学界有以下两种观点。一是内容决定说。此种观点认为社区养老服务合同乃是以支付金钱报酬为对价获得终身或一定期间的养老服务的合同，服务的内容涉及特定居住空间的专有使用权以及伙食、医疗、护理等服务，因此合同性质应随合同内容来确定。二是委托合同说。该种学说认为，委托合同是约定由受托人处理委托人事务的合同，养老服务合同即是资源方受委托向老年人提供生活的场所，并对其帮助照顾等，带有强烈的委托色彩，且无论是提供居住空间，还是提供餐饮、医疗保健、康复护理等，都具有受委托提供服务的性质，因此符合委托合同中受托人为完成委托人的委托任务而为法律行为的特点。[①] 笔者认同后一种观点，认为委托合同说更可取。从性质上说，委托合同本身具有服务合同基本类型的地位，[②]二者具有相同的属性。从养老合作社与资源方的养老服务合同所涉及的主体及相关权益方来看，养老合作社和资源方是合同关系主体，双方通过签订合同，由养老合作社委托资源方为社内老年人提供养老服务，构成委托关系，为委托人和受托人；而老年人是实际接受服务者，尽管从合同相对性看，老年人不是合同法律关系的主体，但却是合同的实际受益人，即利益第三人。因此此类委托合同同时还属于《民法典》第 522 条规定的利他合同，即利益第三人合同，该类合同还属于真正利益第三人合同。需要说明的是，对合同双方当事人以及老年人作为利益第三人应享有的权利和应承

① 参见杨晓宇：《社区养老服务合同法律问题研究》，西南政法大学 2019 年硕士学位论文。
② 参见王丽颖：《非典型服务合同法律适用研究》，吉林大学 2021 年博士学位论文。

担的义务，后文将进一步论述。

（二）养老合作社的权利和义务

在确定养老服务合同为委托合同的前提下，作为养老服务合同的当事人一方，养老合作社的主要权利和义务如下。一是服务提供请求权。作为委托人，购买资源方的养老服务后，有权要求资源方按照合同约定提供养老服务，并且了解服务的具体内容，对存在与合同约定不符的服务内容有提出异议并要求改正的权利。二是有限制的合同解除权。一般委托合同的当事人有随时解除合同的权利，当然也有义务赔偿对方因此而造成的损失。那么养老合作社是否有随时解除合同的权利？前文所述作为养老合作社社员的老年人，是委托合同的利益第三人，在此情况下，养老合作社是否享有合同解除权建立在合同继续履行是否有损老年人利益的基础上。如果资源方不能提供满足老年人需要的服务，则养老合作社可以解除合同，但如果解除合同会影响老年人获得服务，此时，养老合作社如果没有征得多数老年人的同意，无权解除合同，老年人有权对此种情形下合同解除提出抗辩，后文将进一步阐释。

养老合作社的主要义务是支付服务费用。养老合作社的资金由政府财政拨款、慈善资金、社会捐赠、社员出资等构成，由合作社与资源方签订服务合同并且支付费用，老年人接受服务。此外，养老合作社还有协助资源方提供养老服务的附随义务，向资源方提供社内老年人的详细情况，以便资源方提供针对性的养老服务。

（三）资源方的权利和义务

资源方作为受托人，其主要权利是收取服务费用，主要义务是根据合同约定为社员提供服务，由于为老服务中很多项目对服务方的资质有特定要求，因此，资源方本着亲自履行的原则，禁止转委托他人履行合同。同时，资源方在提供服务时，要符合民政、国家标准化管理委员会等制定的养老服务标准，如果是强制性标准，未达标准则构成违约；如果是推荐性标准，则在合同中约定，未充分履行合同约定义务的视为违约。有关养老服务标准在后文有专门论述。

（四）老年人作为利益第三人的权利和义务

《民法典》第522条规定了涉他的利益第三人合同，并且在第2款规定了真正的利益第三人合同，在法律规定或当事人约定第三人可以直接请求债务人向其履行债务时，赋予利益第三人直接请求债务人向其履行债务的权利，以及要求债务人承担违约责任的请求权。根据《民法典》第522条第2款，在没有法律规定的情况下，利益第三人的地位和权利与合同当事人的约定有关：如果当事人约定第三人对债务人的独立请求权，则当债务人不履行债务时，应对第三人承担债务不履行的责任。相应地，债务人也同时获得了对第三人行使原本对债权人行使的所有抗辩的权利；而在没有约定第三人的独立请求权的情况下，则债务人仅是向第三人履行，但不履行的违约责任仅向债权人承担，第三人不得直接向债务人主张权利。在养老服务合同中，老年人虽然不是合同当事人一方，但是却应当有权利选择接受服务，也有权拒绝接受服务，应赋予老年人债务履行的请求权，即老年人享有直接请求资源方提供服务的权利，具有类似债权人的地位，只有设立真正的利益第三人合同，才能有助于老年人需要的满足和利益的保护。因此，首先，应赋予老年人独立的债务履行请求权，即直接给付请求权。其次，在债务人对债务不履行或履行不符合约定的，老年人可直接请求债务人承担违约责任，享有损害赔偿请求权。与老年人有直接的债务履行请求权相适应，如果服务提供不当损害了其权利，老年人有权以自己的名义请求资源方继续履行合同或承担违约责任以弥补自己的损失。最后，老年人还享有合同当事人变更、解除合同的抗辩权，如果合同的变更、解除影响老年人享受应有的服务，可通过抗辩权的行使维护自己的权益。对利他合同解除权和变更权，我国《民法典》第522条未做具体规定，解除权和变更权如何行使依然需要进一步澄清，[①]对此有比较法上的规定可以参照。根据《德国民法典》第328条的规定，如果债权人和债务人没有保留不经第三人同意就解除或者变更合同的权利，则对合同

---

① 参见李永军：《〈民法典〉涉他合同中第三人利益的实现途径》，载《苏州大学学报（法学版）》2021年第1期。

的变更或解除，对第三人不产生效力。根据该规定，债权人在未与第三人协商前，不得擅自解除合同。虽然从根本上来说，合同的变更、解除权应当归合同当事人，这是当事人专属的权利，但是当涉及第三人利益时，应征得其同意，否则应赋予后者抗辩权。日本民法的规定即反映了这一取向：一旦第三人权利确定发生，在债务人不履行债务之时，债权人未征得利益第三人同意不得解除契约，否则会导致利益第三人的履行请求权被债权人剥夺。[①] 这种制度设计，对作为弱势群体的老年人来说，无疑是重要的，能够最大限度保护其权益，实现社会民生领域的公平正义。因此，在养老服务合同中，作为利益第三人的老年人，应当享有合同变更、解除的抗辩权。

同时作为利益第三人，老年人有履行告知的义务以及协助服务的义务。

四、养老合作社与社会合作资源方的合作制度

（一）合作的原则

一是毗邻就近原则。养老合作社是为不离开社区、居住在养老合作社或居家的老年人提供服务的，与社会上资源方的社会合作，应从老年人行动不便、希望就近获得便捷服务的实际出发，对资源方的选择本着毗邻就近原则进行。无论是生活服务类还是文化教育类乃至健康医疗类，都应具有方便可及性。二是低偿微利原则。由于养老合作社是非营利法人，为社内老年人提供的养老服务带有准公共产品性质，因此资源方应是有公益心、社会责任感强的企业以及其他组织，在提供服务时应在保本微利的前提下进行。当然这些资源方可以享受国家针对提供养老服务的企业和非企业单位的优惠政策。三是服务基本原则。如前所述，养老合作社是社区居家养老的参与力量，是对家庭养老的补充，同时具有克服政府

① 民法債権法改正検討委員会編『債権法改正の基本方針』（商事法務 2009 年）415 頁，转引自陈景善、郜俊辉：《利他合同之法定解除权行使规则研究》，载《社会科学研究》2020 年第 6 期。

和市场双重失灵的功能，但是，其与资源方合作提供养老服务仅具有保障基本服务的性质，尤其是健康医疗服务，以社区医疗机构为主要力量，不包括提供高端医疗服务。

(二)特殊资源方的准入

由于资源方提供服务的专业化程度不同，因此在准入标准和条件上应设置不同要求。专业化程度低而市场化程度高的服务如理发、日用品提供等资源方的准入条件可放宽，在不违背上述原则的情况下均可准入。而对一些专业化程度高的服务如医疗和文化教育服务等，需要服务方具有提供相应服务的资质、能力和条件，更重要的是本着毗邻就近和服务基本的原则，应设置一定的准入条件，建立准入制度。本书重点探讨医疗机构和文化服务机构——图书馆的准入制度。

1. 医疗机构

(1)“医疗”的范围

目前，养老合作社提供的医养结合服务范围极为有限，如安徽省合肥市芜湖路街道居家养老合作社的服务项目中，“健康服务”类的服务项目主要有血糖检测、血压测量、上门心电图、组织健康健走以及举办健康讲座(主要涉及“三高”预防、脑梗、呼吸系统疾病、骨科疾病、皮肤病、心脑血管病、帕金森综合征、阿尔兹海默症知识的讲解)，即提供少量基本的医疗服务和健康知识宣传，处于非常初级的医疗服务层次。从应然的角度看，我国的一系列政策文件对社区“医养结合”服务的广度和深度有指导性规定，[①]国家对社区医养结合的能力提升非常重视，鼓励和支持社区扩大医养结合的范围。首先是建好健康档案，为社内老年人提供健康管理。其次是做好健康教育和健康生活以及慢性病日常管理等知识的宣传。最

---

① 包括国务院《中国老龄事业发展“十二五”规划》(国发〔2011〕28号)到国务院办公厅发《全国医疗卫生服务体系规划纲要(2015－2020年)》(国办发〔2015〕14号)，再到中共中央、国务院《“健康中国”2030规划纲要》以及国务院办公厅发《关于推进医疗卫生与养老服务相结合的指导意见》(国办发〔2015〕84号)、国务院办公厅《关于推进养老服务发展的意见》(国办发〔2019〕5号)、国家卫生健康委等《关于深入推进医养结合发展的若干意见》(国卫老龄发〔2019〕60号)等文件中均有规定。

后是加强康复和护理的能力。社区基层医疗机构包括社区卫生服务机构、乡镇卫生院等应利用现有资源,改扩建医养结合服务设施,为社区老年人提供医养结合服务。此外要增强社区中医药医养结合服务能力。

(2)医疗机构的准入

医疗机构的准入条件:一是能提供社区范围内就近、方便可及的服务。前文已经论及,联合运营式和支撑辐射式医养结合较为适合养老合作社,即养老合作社与社区(乡镇)卫生服务和医疗机构通过签订合作协议的方式开展合作,为入社老年人提供包括上门服务在内的医疗健康服务。第四次全国城乡老年人生活状况抽样调查显示,城镇老年人选择基层医疗卫生机构看病的比例为56%,多数老年人会选择到熟悉的医院就近看病。尤其是随着分级诊疗制度改革的推进,基层医疗机构不断得到加强,也为养老合作社就近获得医疗资源、逐步提高医养结合的程度提供了条件。2015 国务院办公厅发布了《关于推进分级诊疗制度建设的指导意见》(国办发〔2015〕70 号)指导各地以强基层为重点完善分级诊疗服务体系,随后多地开始试点。以上海为例,试点社区的居民采用签约"1+1+1"模式(1 家社区卫生服务中心、1 家区级医院、1 家市级医院),其中60 岁以上老年人占绝大多数,且在签约社区卫生服务中心就诊占60%以上。因此,养老合作社选择资源方,无疑应选就近的社区(乡镇)卫生医疗机构。二是能提供达到养老服务规范标准的服务。在与医疗机构合作过程中,应严格执行医疗卫生和养老服务的相关法规、规范和标准,同时健全内部制度。就养老服务的规范标准,下文将专门分析。三是履行签约程序。养老合作社与医疗机构合作,应具体通过签订委托合同的方式,明确双方合作内容、方式、费用标准以及双方责任,尤其是提供上门医疗服务的内容、标准和规范。关于合同的签订,2020 年 12 月,国家卫生健康委办公厅等印发《医疗卫生机构与养老服务机构签约合作服务指南(试行)》(国卫办老龄发〔2020〕23 号),用以指导医疗卫生机构和具有民事主体资格的养老服务机构(包含养老机构、社区居家养老服务机构)签约合作,该指南详细规定了对机构和人员的基本要求,列举了服务内容,明确了双方的责任、合作经费来源、争议解决方式以及保密条款等,为养老合作社和医疗机构签约合作提供了借鉴，有助于规范双方的签约合作服务行为，助推医养签约服务质量的提高，应当参照执行。

2. 图书馆的准入

图书馆作为文化服务的提供者，与提供准公共产品的养老合作社结合，准入条件需要考虑以下两方面：

首先，需要考虑的是公共性，即以公共图书馆为主要合作对象。

在多种文化机构中，公共图书馆提供的文化养老服务具有专业性，而随着老龄人口比重越来越高，公共图书馆服务的重点人群之一无疑是老年人，其养老服务的价值体现在以下几个方面。第一，有助于实现老年人文化权益保护的实质平等。公共图书馆有丰富的馆藏资源，同时由于其公益性，能够免费提供图书馆各项服务，使作为经济上弱势群体的老年人能免费享受图书馆文化资源，促进社会的实质平等。第二，有助于实现公共文化资源面向老年人的普惠性。根据《中华人民共和国公共图书馆法》，县级以上人民政府应当设立公共图书馆，且须覆盖城乡、服务城乡居民，尤其是应当考虑老年人群体的特点，以保障老年人"均等享有基本公共文化服务"，提高可及性。第三，促进积极老龄化。通过公共图书馆服务，满足老年人的精神文化需求，提供积极老龄化需要的终身教育的场所和资源，树立他们终身发展的理念，持续提升老年人参与社会事务的能力，促进他们积极参与社会建设，做出新的贡献。因此，全国老年人协会把加强公共图书馆的老年人服务建设作为落实文化养老的具体路径。[①]在发达国家中，从21世纪初开始，美国公共图书馆即开始探索为50岁以上活跃老年人服务的新框架，提高服务意识和技能。通过服务支持老年人"健康、独立、参与和自我充实"，鼓励老年人"继续学习、创造、获得和贡献"，[②]充分挖掘老年人的潜力，激发他们的创造性。

从服务的内容看，公共图书馆利用其馆藏资源和不断创新的服务方

---

① 参见夏力苗：《新时期图书馆助力"文化养老"的优势、基本逻辑与创新实践思考》，载《赤峰学院学报》2019年第3期。

② 参见肖雪、苗美娟：《美国公共图书馆老年服务：历史与启示》，载《中国图书馆学报》2019年第1期。

式，为老年人提供图书阅读服务、文化交流、社会教育、文娱活动等愉悦身心、终身学习、提高能力的场所。在文化养老中，公共图书馆既是教育者，同时还是服务者和管理者，①其文化养老服务主要涵盖为老年人提供文献信息查询、借阅，举办公益性讲座，进行阅读推广，举办技能培训、书画展览等，丰富老年人的精神文化生活，因此是重要的提供文化养老服务的资源方。

其次，公共图书馆应具备社区性。

随着老龄化社会发展和服务理念的改进，公共图书馆在文化养老服务中也日益彰显融入社区的便利化服务理念，社区内公共图书馆就成为养老合作社的首选合作对象。由于老年人行动不便，近年来一些国家将公共图书馆的老年服务与社区服务相结合。2018 年 6 月，美国公共图书馆协会（Public Library Association，PLA）发布《2018－2022 年战略规划》，战略规划的愿景表述为“让公共图书馆成为每个社区的核心”，“以图书馆为中心”的服务逐渐被“以社区为中心”的服务所取代。公共图书馆到社区中，向老年人作社会生活能力和技能的培训，②美国的规划体现了一种发展趋势，未来公共图书馆与社区的结合是服务场域扩展的一个方向，立法应促进二者的结合。我国 2011 年发布的《公共图书馆服务规范》（GB/T 282202011）已提出“将文献外借服务和其他图书馆服务向社区、村镇等延伸”，相关立法尤其是地方立法应充分体现社区服务理念。在这一点，作为“图书馆之城”的广州市已经走在全国前列，其实践可以为相关立法提供支撑。《广州市公共图书馆条例》第 38 条规定了区域总馆应当“根据村、社区居民的年龄结构”等，相应地配置村、社区图书室的文献信息资源，以提高服务水平。《广州市“图书馆之城”建设规划（2015－2020）》则提出为解决镇（街道）图书馆和村（社区）“图书室藏书少、专业人员短缺、基本服务无法保障”的问题，加强总分馆之外村（社区）图书室

---

① 参见张敏：《公共图书馆文化养老服务工作探究——以西平县图书馆为例》，载《河南图书馆学刊》2020 年第 5 期。

② 参见韩卫红、杨秋宇、于成杰：《美国公共图书馆协会〈2018－2022 年战略规划〉解读与思考》，载《图书馆工作与研究》2020 年第 5 期。

等服务点延伸，并针对性提出完善社区老年人阅读场所设施，可依托老年人活动场所开设阅览专区，以及设置数字阅览设施设备，更好地服务社区老年人。[①] 从建设情况看，2015 年到 2018 年，广州市公共图书馆街道覆盖率从 47% 增加到了 65%，[②]到 2019 年年底，免费开放的公共图书馆 246 个，其中社区级分馆 38 个，面向特定群体（含老年人）开放的分馆、服务点、自助图书馆 134 个。[③] 在此背景下，养老合作社本身以社区为依托，与社区内公共图书馆合作，为入社老年人提供文化养老服务。

（三）服务标准

资源方为养老合作社的入社老年人提供服务，应当符合国家或地方制定的养老服务标准。这也是服务合同中约定双方权利和义务的依据之一。2017 年民政部、国家标准委制定《养老服务标准体系建设指南》（民发〔2017〕145 号），搭建起了养老服务标准体系框架，涵盖三大子体系 78 类基本标准，其中"服务提供标准"这一子体系主要包括生活照料、精神慰藉、健康管理、医疗护理、安宁服务、社会工作、休闲娱乐、文化教育、权益保障标准等方面。目前在国家层面，已经制定的行业标准包括《老年社会工作服务指南》（MZ/T 064 - 2016）、《老年人能力评估》（MZ/T 001 - 2013）；正在制定的包括国家质量技术监督局的国家标准《社区居家养老服务基本规范》（20090119 - T - 314）和行业标准《老年人助浴服务规范》（MZ2017 - T - 014）、《居家老年人康复服务规范》（MZ2017 - T - 015），其他方面的服务规范待制定。有些地方的民政部门制定了本地方的标准，如江苏泰州市市场监督管理局《老年人助浴服务规范》（DB3212/T 1002 2019）、山西省市场监督管理局《居家老年人康复服务规范》（DB14/T 2137 - 2020）、宁夏回族自治区质量技术监督局《社区居家养老服务基

① 参见《广州市"图书馆之城"建设规划（2015 - 2020）》，载广州市人民政府网 2018 年 11 月 20 日，http://www.gz.gov.cn/zwgk/ghjh/zxgh/content/post_3089506.html。

② 参见《广州市"图书馆之城"建设 2018 年度报告》，载广州图书馆网 2019 年 7 月 5 日，http://www.gzlib.gov.org.cn/ndbg/169820.jhtml。

③ 参见《广州去年增 55 个公共图书馆》，载广州市人民政府网 2020 年 4 月 22 日，http://www.gz.gov.cn/xw/jrgz/content/mpost_5800735.html。

本规范》(DB64/T1495 –2017)等。

根据《标准化法》的规定，行业标准和地方标准为推荐性标准，国家鼓励这些标准的制定。推荐性标准也是养老服务行业标准的主体。在养老服务中，围绕社区和居家养老服务的标准目前均为推荐性标准，①随着各类标准逐步制定和完善，将形成一个社区居家养老服务标准的体系。养老合作社作为整合社区养老服务资源、提供居家养老服务的主体，在选择社会合作方提供养老服务时，尽可能采取行业标准和地方标准，为老年人提供安全优质的养老服务，维护老年人的权益。

第八节　养老合作社的监管制度

一、监管制度的内涵及其意义

养老合作社承载着提供养老服务的重任，其能否健康发展，保持非营利性和互益性，维护老年人的权益，要依赖于有效的监管制度。监管分为内部监管和外部监管。内部监管是合作社及其内部设立的监督机关对合作社执行国家政策、法律、社章和社员(代表)大会决议的情况，以及合作社的财务执行情况等进行监督，合作社还对依法登记、备案承诺、履约服务、质量安全、应急管理、消防安全等承担主体责任。外部监管则是政府职能部门监督、行业自律以及社会监督等，对合作社运行过程合法性和合规性进行全面监管。

养老合作社监管制度的确立对养老合作社的健康发展具有重要意义，尤其是外部监管，具有监察作用，能“防范不正当行为于未然，矫正不正当行为于事后”。② 通过监管制度，规定养老合作社设立、运行、解散全过程的管理措施，保证合作社依法运行。监管制度首先可以预防合作社

---

① 2019 年 12 月，国家市场监督管理总局、国家标准化管理委员会正式批准《养老机构服务安全基本规范》(GB 38600 –2019)强制性国家标准，该标准经过两年过渡期，自 2022 年 1 月 1 日起实施，仅适用于养老机构的服务安全管理。

② 参见李锡勋:《合作社法论》(增订第 4 版)，台北，三民书局 1992 年版，第 203 页。

违法和不当行为的发生。如养老合作社在设立时,通过登记机关对法定登记事项的审核,可以使合作社在成立伊始即有完备的主体资格。其次可以通过处分或责任追究纠正已经发生的不法或不当行为。若发现合作社有不法或不当行为发生,可责令其限期改正,逾期不改正的,可责令其停业整顿,等等。通过监管,防止合作社发生背离合作社目的、损害社员利益的情形。

二、养老合作社的监管

就养老服务机构和组织的监管,需要重点解决的是监管主体和责任(谁来管)、监管重点(管什么)以及监管方式(怎么管)三个方面的问题。根据国务院办公厅《关于建立健全养老服务综合监管制度促进养老服务高质量发展的意见》(国办发〔2020〕48号),第一次以国家政策的形式明确了要建立养老服务综合监管体系,针对养老机构、居家养老社区服务机构的监管要从以许可为中心的事前监管到行政管理"放管服"改革取向下的事中、事后监管为主,建立养老服务新型监管模式。就监管重点而言,以质量安全、从业人员、涉及资金、运营秩序、突发事件应对五个方面的监管构建起全流程、全方位监管;在监督主体及其责任方面,则是对政府、机构、行业和社会作为监督主体的主导、主体、自律、监督的责任作了分配,构建政府主导、机构自治、行业自律、社会监督"四位一体"的大监管格局;而在监管方式方面,政府部门协同监管、信用监管、信息共享、标准规范引领并重,行业监管与综合监管协调配合。养老合作社监管制度也应在养老服务综合监管体系之下构建。基于养老合作社作为互助性养老服务组织的特殊性,值得进一步探讨的主要是以下两方面的制度。

首先,监管主体。一是政府监管主体。前文通过对现有相关制度体系的分析,提出养老合作社的登记机关应为民政部门,由民政部门进行监管具有体制上的自洽性,《老年人权益保障法》第44条关于养老"社会服务"中规定县级以上人民政府民政部门是公益性和经营性的养老机构的监管部门。[①] 国务院办公厅《关于建立健全养老服务综合监管制度促进养老服务高质量发展的意见》(国办发〔2020〕48 号)也明确“谁审批谁监管、谁主管谁监管”原则,民政部门作为牵头部门和主要力量负责养老服务综合监管,此外在养老服务综合监管制度框架下,除了民政部门,其他相关政府部门均在各自的职能范围内负有相应的监管职责。民政部门在监督检查中发现安全隐患,除要求养老合作社采取措施消除隐患,还应通知相关职能部门处置,或申请人民法院依法处理。由于外部监管涉及范围广,后文重点探讨在养老合作社外部监管中比较重要的民政部门作为主管机关的监管。二是内部监管主体。作为合作社的一种类型,养老合作社应有完善的法人治理结构,设有内部的监督机构,因而合作社的自律是重要的监管力量。明确监事会(监事)的内部监管职责是养老合作社监管制度的任务之一。关于监事会(监事)的职责,前文已有论述,此处不赘述。

其次,监管内容。在对养老合作社的监管中,有两个监管重心。一是对资金使用情况的监管。因为养老合作社提供的养老服务具有实现政策目标的功能,政府财政支持力度大,涉及的财政资金使用情况事关社内老年人与养老需求相关的各种利益及其实现程度,也关系到国家养老服务供给质量,因此对资金使用的监管是监管内容的一个重要方面。而审计,包括政府审计和社会审计是必须倚重的监督手段。后文将进一步探讨养老合作社资金使用的审计监督。二是对养老合作社执行养老服务标准情况的监督。养老服务标准事关养老合作社养老服务的质量和安全,无论是提供服务的低龄老年人、志愿者,还是社会合作的资源方,都应当在养老服务标准的规范指引下提供服务。前文已经提及,我国围绕居家养老服务的标准在不断制定和完善,标准体系已经建立。政府部门和行业组织应当将服务标准的落实作为监管的一个重要方面。

---

① 《老年人权益保障法》所称的“养老机构”是一个广义概念,涵盖公益性和经营性的养老机构。

三、养老合作社主管部门——民政部门的监管

民政部门作为合作社的登记机关,当然负有监管职责。养老合作社的设立和运行过程中行为的合法性需要民政部门监督管理。从各国的监管制度看,主管部门监督是全过程的。在设立登记阶段,主管部门的监管内容主要是对登记事项中应具备的条件的审核。例如,《德国合作社法》第 10 条和第 11 条即对合作社申请登记时需要提交的材料和法院作为登记机关可拒绝登记的几种情形进行了规定,法院审核后如果存在未依法设立或申报、合作社社员或债权人的利益遭受损害的危险以及社章中某项规定缺失或无效,将拒绝登记。《日本农业协同组合法》第 82 条规定的作为管理机关的“地方法律事务处”或“区域法律事务处”,或者其分支机构或分支办公室在合作社成立、变更、解散时都要履行监管者的职责,审查其是否符合法定条件。该法第 5 章更是对“监督”进行专章规定,监督内容包括:审查合作社经营过程中是否遵守了法律和法令的报告,对业务或账目的检查,如果发现不法行为存在,则限期纠正,如果在规定期限内未纠正的,行政管理当局就可以命令暂停其全部或部分业务,直至解散合作社。

未来我国养老合作社立法时,应建立完善的主管部门监管制度,具体而言:在设立阶段,即市场准入阶段,在取消设立许可,实行设立登记制的背景下,主管机关的监管职责主要是对登记事项的严格审查。前文已经对养老合作社设立的人的要件、物的要件、行为要件做了初步设计,作为监管机关,应当审核这些要件是否具备,从而准予登记或拒绝登记。

在运行和终止阶段,首先,登记监管。民政部门作为监管机关应当对养老合作社的事项变更、分立与合并以及终止等环节进行审核,符合条件的办理相应的登记,包括变更和注销登记。其次,也更为重要的是,民政部门可以对养老合作社的运行过程进行监督,发现问题即行使监管者的处分权。根据《老年人权益保障法》第 45 条的规定,对提供养老服务的社会服务机构,民政部门可以采取多种措施实施监管。就对养老合作社监管而言,可依照《老年人权益保障法》的原则性规定在养老合作社立法

中进一步具体化,使民政部门的监管职责法定化。具体而言,民政部门可以采取的监管措施有如下主要方面:(1)向养老合作社和个社员了解情况;(2)现场检查涉嫌违法的养老合作社;(3)查阅或者复制有关合同、票据、账簿等资料;(4)发现养老合作社存在可能危及人身健康和生命财产安全风险的,责令其限期改正,逾期不改正的,责令其停业整顿。

四、审计监督

在养老合作社的监管制度中,值得特别关注的是审计制度。养老合作社有政府拨款(含政府购买服务)、社会捐赠及社员出资等形成的合作社财产,同时合作社的目的事业是组织提供养老服务,为确认合作社的资金使用及业务执行的规范性,有必要对其进行审计监督。

作为一项经济监督活动,审计是由国家授权或接受委托的专业机构和人员对被审计单位的财务收支和经营管理活动及相关资料的真实性、合法性、效益性等进行的审查和监督,是维护财经法纪的重要手段。从审计主体看审计可以分为三种类型:政府审计(国家审计)、内部审计和社会审计。政府审计是政府审计部门进行的审计。内部审计是指由单位内部相对独立的审计机构和人员对本单位财务收支和有关经济活动进行的审核、评价。社会审计是具有经营性质的社会审计机构进行的审计,主要是会计师事务所的审计。审计人员运用专业知识,独立、客观地审查相关数据,作出公正的判断。①

从国内合作社的立法看,《农民专业合作社法》第 45 条规定了审计监督制度,包括内部和外部审计。根据该条第 1 款规定,执行监事或监事会负责对合作社财务进行内部审计,同时该条第 2 款规定,成员大会可以委托审计机构对合作社的财务进行审计。从以上规定看,合作社的审计监督制度包含了内部审计和社会审计两种法定监督制度。农民专业合作社作为市场主体,从事经营活动,对其财务采用两种审计监督相结合的模式,已经建立起较为完整的审计制度。农民专业合作社的审计模式是否

---

① 参见罗杰主编:《审计学》,清华大学出版社 2006 年版,第 10 页。

可以被包括养老合作社在内的其他类型合作社的审计制度所借鉴？对养老合作社应采取何种审计模式？

由于养老合作社从事的是养老服务，本身不从事经营活动，其经费来源除社员出资和社会捐赠，政府财政补贴是其资金的重要来源，如中央专项彩票公益金就是社区居家养老项目的支持资金。国家为支持养老服务业发展，通过安排养老补助专项资金、养老机构运营补助资金等支持包括以合作社形式存在的农村幸福院等养老服务组织的建设运营。对这部分资金的申领、使用是否合规，资金使用是否达到了预期的目的和效益，政府审计部门的审计不可或缺。因此，对养老合作社而言，应该采取三类审计相结合的模式，即在内部审计和社会审计之外引入政府审计，发挥审计部门的作用。

首先，政府审计部门的审计。从内容看，政府审计部门的审计主要是以下三个方面。一是对养老合作社涉及的各项财政资金审批程序是否合规，资金拨付是否及时、足额，有无冒领、骗取补助资金的问题进行审计；二是对资金是否按规定用途使用，有无擅自改变资金用途等问题进行审计；三是资金的使用是否达到了预期的目的和效益进行审计。

其次，内部审计和社会审计。《农民专业合作社法》规定的审计制度可以为养老合作社提供借鉴。但是该法规定的审计制度仍不健全，主要体现为：一是，审计及审计周期缺乏强制性规定。《农民专业合作社法》第 45 条第 1 款只概括规定了内部审计，未明确规定多长时间审计一次，这样审计活动的周期缺乏明确法律依据，不利于审计活动的开展；另该条第 2 款规定，成员大会也“可以”委托社会中介机构对本社的财务进行审计，因而社会审计对合作社而言带有任意性，完全取决于成员大会的意愿，且没有规定社会审计结果的报告制度。审计及审计周期规定缺乏强制性使得审计可能流于形式。二是，审计监督范围不全面。《农民专业合作社法》仅规定财务方面的审计。但是，从审计学理论上来讲，除财务方面，还应对合作社的所有经营活动进行全面审计，如此才能公正评判合作社的经营情况及经营者的业务执行情况。

现有相关立法为我国养老合作社审计制度的设计提供了经验，同时存在的局限也是未来立法应当克服的。首先,未来立法应明确规定审计周期。对此问题,《德国合作社法》的规定值得借鉴,该法第 4 章专门规定了审计监督,该法第 53 条规定了强制审计制度,明确至少每两个营业年度要对合作社进行一次全面审计,对资产负债总额超过 200 万欧元的合作社,则是每个营业年度审查一次。这一规定使合作社的审计工作能如期开展,确保审计监督的效力。其次,扩大审计监督的范围。将审计监督的范围扩大到合作社财务之外的经营管理活动,确保合作社的规范高效合目的运行。最后,建立强制社会审计制度。从法律上规定合作社必须接受社会审计机构的审计。德国合作社治理中突出的特色就是强制审计制度。《德国合作社法》第 54 条规定合作社必须参加审计协会。该法第 54 条进一步规定,如果合作社退出原来所属的审计协会,必须另外参加一个审计协会,否则将面临被解散的危险。强制审计制度确保合作社接受审计协会的监督。同时德国合作社实行分级审计。具体操作办法是:(1)一般性的合作社由地区性的合作社审计协会负责审核;(2)专业性的合作社由全国性的专业合作社审计协会负责审核;(3)各个合作社的合作中心由最高层合作社审计协会负责审核;(4)合作社的审计是全方位的,管理制度、经济效益以及对社员利益的增进等均在审计范围。审计结果向全体社员(代表)大会报告,以便社员判断和选择。[①] 强制审计制度的建立,为德国合作社的发展提供强有力的外部监督,值得我国养老合作社立法借鉴。

① 参见张满林:《我国农民专业合作社治理问题研究》,北京林业大学 2009 年博士学位论文。

第五章　养老合作社的政府扶持

政府扶持是养老合作社健康可持续发展的重要保障。本章在梳理养老合作社政府扶持政策和制度现状的基础上,重点分析其中养老合作社发展的局限性,为政府扶持养老合作社的政策和制度的完善提出可行性建议。

第一节　养老合作社政府扶持的必要性

目前,养老合作社在我国城乡多地已有发展。如前文所分析的,作为一种依托社区的互助性养老组织,其在我国前述既定的社会化养老服务体系建设中能够整合政府、社区、家庭的养老力量,克服政府失灵和市场失灵,提供互益互助的养老服务,是居家和社区养老服务多元供给格局中的重要社会力量和养老组织形式,尤其是在农村地区。政府通过扶持政策促进合作社发展,是作为弱势群体联合的合作社能满足其社员需求的外部保障。

一、政府扶持养老合作社的理论依据

之所以需要政府扶持，是基于市场经济和法治环境下养老合作社与政府的关系，即政府所提供的制度环境对养老合作社发展的促进意义。

（一）新制度经济学理论

20 世纪 70 年代兴起的新制度经济学理论揭示了法律制度作为市场主体发展的外部环境的积极意义，强调实际的人是在由现实制度所赋予的制约条件中活动。[①] 新制度经济学关注交易成本，按照新制度经济学理论，制度环境及制度创新对市场主体的利润存在空间具有决定作用，市场主体由体制和外部环境不利造成的运行成本，只有政府才能消除。[②] 这一理论可用于解释政府制定政策以营造外部环境对市场主体发展的意义。

养老合作社作为提供养老服务的组织，其设立、运行、发展都离不开政府通过制度供给提供的支持和保护。在我国农村，联产承包责任制改革的推进，在给农民带来增收的同时，也带来一系列新问题：单个的农户在市场竞争中处于劣势，参与市场竞争的成本高企，与此同时，原来由农村集体经济组织承担的农村集体经济组织成员的社会保障也趋于瓦解。弱势的农民组建合作社以实现经济上的联合，合力抵御市场竞争中的风险，分担运行成本。在 20 世纪初老龄化快速发展的背景下，合作社越来越多地被施加社会保障的功能，包括养老的功能，养老合作社首先在农村发展起来也是基于上述原因。但是，老年人是体质能力上的弱者，同时也是经济上的弱者，作为弱势群体的老年人的联合体，养老合作社要完成对入社老年人的生活照料、医疗保健等，靠合作社或者社员个人很难承担高昂的成本。实践中合作社会出现局部性、不稳定性、异质性和滞后性特征，无法满足社会对这一新型组织的要求。因此，要使养老合作社向更高

---

① 参见［美］罗纳德·哈里·科斯：《企业、市场与法律》，盛洪、陈郁译，格致出版社、上海三联书店、上海人民出版社 2009 年版，第 132 页。

② 参见徐旭初：《农民合作社发展中政府行为逻辑：基于赋权理论视角的讨论》，载《农业经济问题》2014 年第 1 期。

层次、更大范围发展，就必须由多个主体参与分担成本，要将合作社自身的创造和政府推动相结合。创造一个良好的政策与制度环境，提供资金支持及制度保障无疑是政府的责任。

（二）公共产品理论

公共产品理论起源于西方，该理论主要致力于政府和市场关系的处理，是构建公共财政支出和公共服务市场化的基础理论。根据该理论，公共产品如果由私人通过市场机制提供，则不可避免"搭便车"问题，导致寻求自身利益最大化的行为人不会采取集体行动来实现他们的共同利益，出现所谓的"集体行动困境"，①从而导致休谟所说的"公共的悲剧"，这与公共利益最大化是背道而驰的。因此，政府应解决靠市场机制无法解决的问题，由政府来提供公共产品，而从某种意义上说，"制度"和"政策"也是公共产品。我国改革开放后，理论界引入公共产品理论，用以解释中国的改革实践，并借鉴该理论，解决市场经济条件下政府应该管什么，以及如何管好的问题。

同其他类型的合作社如农民专业合作社一样，养老合作社所提供的服务具有准公共产品的性质。互助合作是养老合作社的重要属性，尽管合作社秉持"入社自愿"的原则，但把有合作意愿的个体组织起来成立合作社，靠个人的力量往往很难实现，因为作为"理性"的个人，很难避免"搭便车"问题而不愿为成立合作社付出成本。在此情况下，如果没有政府的公共政策扶持，化解个体和集体之间的张力，合作社很难自发产生，甚至出现异化。此外，前文已经论及，养老合作社提供的养老服务，具有准公共产品的性质，在养老服务提供主体多元化的背景下，养老合作社部分地履行了政府应当承担的养老责任，成为社会福利的提供者之一，履行了一定社会责任。因此，作为提供公共产品的责任主体，政府在养老合作社成立的过程中要发挥推动者的作用，并创造条件促使合作社设立，同时在其发展过程中对其提供倾斜性保护和扶持。国际劳工组织建议书就对

---

① 参见李冬梅：《中国新型农民专业合作社财税支持政策研究》，中国财经出版传媒集团、经济科学出版社 2017 年版，第 43 页。

各国政府就促进合作社发展提出建议,认为合作社是一个平衡的社会中除公共部门和私人部门之外的重要部门,政府应该提供符合合作社的性质、功能与价值原则的支持性政策,尤其是在合作社开展的活动对公共福利的增加有重要推动作用,比如促进就业,或者帮助弱势群体和弱势地区改善状况,政府更应该采取支持措施,包括税收优惠、贷款、赠款、获得公共工程项目的机会等。

二、政府扶持养老合作社的现实必要性

(一)养老合作社的弱质性需要政府扶持

如前所述,虽然养老合作社在城乡多地发展,尤其是在农村,互助性的养老合作社一直是政府鼓励发展的,但是,养老合作社的实际发展状况与其应当具有的地位之间存在很大差距,不仅在数量上是有限的,更值得关注的是已有的合作社都处于弱小状态,城乡养老合作社发展举步维艰,在绝大多数城市社区没有开展。究其原因,这与养老合作社的弱质性有很大关联。

首先,养老合作社资金来源没有足够的保障,发展的经济基础薄弱。政府拨款、社会捐赠、慈善基金及社员个人出资是养老合作社的主要资金来源。而受各地经济发展水平差异影响,发达地区如北京、上海、广州、南京等地财政支持互助养老的力度较大,但欠发达地区政府财政拨款与实际需要的差距过大。社会捐赠和慈善基金缺乏稳定性和保障性,在农村,部分资金由农民专业合作社输送的养老合作社,受专业合作社运营状况影响,社员的养老保障也存在一定的风险。① 这些因素叠加,决定了养老合作社经济上的弱质性。以上海市社区养老服务合作社为例,由于财力所限,合作社的服务对象为居家养老的失智失能、高龄独居老年人,限制了服务范围和受益对象的进一步扩大。

其次,养老服务的公共性也决定了需要动员社会力量和志愿服务,合

① 参见《河北省肃宁县益源种植专业合作社 寻找社会化养老与传统习俗的平衡点》,载《中国合作经济》2017 年第 4 期。

作社内部社员之间的互助也需要动员，在民众公益观念、服务意识和互助精神不足的情况下，服务力量同样薄弱。

最后，自发组织力量不足。从城乡养老合作社发展的实际情况看，农村互助性的养老合作社多由有社会责任感的本村能人或有担当的村集体经济组织和村民委员会领办，城市的养老合作社则靠基层政府和社区牵头，缺乏自下而上的自发组织，在养老合作社发育的初级阶段，自发动力同样不足。现阶段养老合作社的"先天不足"和弱质性决定了其对政府的依赖，因而亟待政府发挥主导作用，扶持其发展。

（二）合作社社会治理功能发挥需要政策引导

中华人民共和国成立后，农民合作社成为政府实现其公共职能和政策目标的工具，合作社在农村经济社会生活中扮演着日益重要的角色。农民合作社始终有各级政府及其相关部门的支持，而且随着合作社的发展，合作社的类型不断增加，向社会各个领域延伸，在推进国家治理体系和治理能力现代化过程中，合作社成为社会治理的重要参与主体。合作社承担着私人部门和公共部门之外的"第三部门"的角色职能，成为政府引导经济社会发展的"第三条道路"，[①]在生产、消费、信用、金融、住房保障、养老服务等多领域均承担起重要服务和保障功能。在政策文件中，合作社经济功能之外的社会文化功能被不断赋予。2013 年中央一号文件将合作社定位为"创新农村社会管理的有效载体"；2019 年中共中央办公厅、国务院办公厅印发的《关于加强和改进乡村治理的指导意见》肯定农民合作组织是村级组织体系的重要纽带，要依照国家法律和章程充分行使职权；2019 年中央农村工作领导小组办公室等 11 部门联合下发的《关于开展农民合作社规范提升行动的若干意见》鼓励农民合作社参与乡村建设，要求发展改革委、供销合作总社等 6 部委采取措施鼓励农民合作社参与乡村基础设施及乡村文化建设。在合作社成为重要社会治理主体的背景下，为推动合作社社会治理作用的发挥，提升合作社提供社会服务包

---

① 参见夏英：《政府扶持农民合作社的理论依据与政策要点》，载《农村经营管理》2004 年第 6 期。

括养老服务的能力,政府扶持必不可少。

(三)社会化养老服务体系建设需要养老合作社参与

前文已经阐明,社区居家养老服务是我国社会化养老服务体系中的重要组成部分,而养老合作社是提供居家养老服务的重要主体。养老合作社建立在社员互助合作的基础上,同时在社会化养老的大背景下,实践中养老合作社又引入了多种服务主体参与的社会合作,其中不乏社会责任感的资源方提供带有公益性的服务。其能够极大地减轻政府的养老负担,减少养老的财政支出,因此是家庭和养老机构之外整合社区居家养老资源的重要的"第三方力量"。在社会化养老服务体系建设过程中,中央的政策文件反复强调引导社会力量参与,促进政府和社会主体的合作。养老合作社所具有的整合互助合作和社会合作的优势,与国家的政策目标具有高度的契合性,有必要通过政府扶持壮大其力量。尤其是在农村,经历了联产承包责任制及税费改革之后,由于没有足够的经济来源和激励机制,村民自治组织已无法独立实现农村公共服务的有效供给,与村民的联系日益松散;而合作社由于其内生于农村社会,与村民有更紧密的利益联结,加之自身经济实力不断增强,成为弥补农村公共部门和私人部门不足的有效组织形式,在农村社会治理、环保、扶贫等领域承担越来越重要的职能,近几年更是发展出专门提供养老服务的养老合作社,成为有潜力的养老服务供给者。①

第二节　养老合作社政府扶持体系的建立

一、现行社会化养老服务扶持政策和制度概况

由于养老合作社处于发展初期,专门针对养老合作社的扶持政策和措施尚未出台。但是,由于养老合作社兼有社区养老、居家养老以及互助

① 参见李俏、孙泽南:《合作社融入农村养老供给的逻辑、模式与效应》,载《西北农林科技大学学报(社会科学版)》2021 年第 1 期。

养老的因素,在社区居家养老中是重要的互助服务的参与力量,针对社区居家养老和互助养老,中央和地方的政策和制度中已有一系列的扶持措施。

从2008年开始,国家即通过政策扶持和推进居家养老服务及城乡的互助养老服务。2008年全国老龄工作委员会办公室等10部门发布《关于全面推进居家养老服务工作的意见》,从坚持政府主导和社会参与、制定居家养老服务发展规划、加大政府投入力度、落实税收优惠政策、建立完善服务网络、加强服务队伍建设、培育市场化的居家养老服务组织等方面提出了对居家养老服务的扶持措施。2013年国务院《关于加快发展养老服务业的若干意见》(国发〔2013〕35号)更是从完善投融资政策、土地供应政策、税费优惠政策、补贴支持政策,人才培养和就业政策、鼓励公益慈善组织支持养老服务等方面提出了扶持养老服务业发展的政策措施,对居家养老服务和农村互助养老服务的扶持是其中的重要方面。之后相关政府职能部门每年都出台政策性文件,从财政、金融、用地、人才培养等方面扶持养老服务业的发展,其中农村互助养老服务是扶持的重点之一,相关文件数量达30多件。2019年,国务院办公厅发布《关于推进养老服务发展的意见》(国办发〔2019〕5号),重点从减轻养老服务税费负担、加大民政部本级和地方各级政府用于社会福利事业的彩票公益金用于支持发展养老服务的比例(到2022年要不低于55%)、建立完善养老护理员职业技能等级认定和教育培训制度、完善养老服务设施供地政策(其中涉及非营利性养老服务机构在登记后可依法申请划拨用地,自然资源、民政部门要积极协调落实划拨用地政策)等方面明确了对养老服务机构的扶持措施。其间,如前文所列举的,多地针对居家养老服务开展地方立法,其中也规定了扶持措施。

2016年,为全面贯彻党的十八届五中全会决定提出的"建设以居家为基础、社区为依托、机构为补充的多层次养老服务体系"的精神,落实2016年政府工作报告中提出的"开展养老服务业综合改革试点"的要求,民政部、财政部发布《关于中央财政支持开展居家和社区养老服务改革试点工作的通知》(民函〔2016〕200号),中央财政决定安排中央专项彩票公益金，通过以奖代补方式，选择一批地区进行居家和社区养老服务改革试点，进一步推动养老服务体系完善。专项公益金重点支持的领域覆盖政府购买养老服务、养老护理人员队伍建设、养老服务互助幸福院等农村养老服务设施建设等。到2020年，前后有5批试点得到中央专项彩票公益金支持。2021年，根据财政部、民政部《关于下达2021年中央专项彩票公益金支持居家和社区基本养老服务提升行动项目资金预算的通知》（财社〔2021〕55号），中央专项彩票公益金支持居家和社区基本养老服务提升行动项目资金已经下达，将继续支持居家和社区养老服务。此外，国务院《"十四五"国家老龄事业发展和养老服务体系规划》进一步强调，民政部本级和地方各级政府用于包括养老服务在内的社会福利事业的彩票公益金要加大倾斜力度，同样强调自2022年起将不低于55%的资金用于支持发展养老服务。

综上所述，目前针对社区居家养老和互助养老的政府扶持政策和措施涵盖养老服务机构的准入条件放宽、政府财政的直接支持、税费优惠、金融机构支持、用地优先保障和宽置条件、用水用电用气用热价格优惠以及对养老服务人才培养和提高其待遇的制度设计。总体而言，扶持政策的涉及面已经涵盖包括居家养老服务在内的社会化养老服务所需外部保障的主要方面，发挥了重要的促进作用。

从立法情况看，目前中央层面的立法除了《老年人权益保障法》明确规定对养老服务机构的扶持制度，其他专门立法尤其是针对居家和社区养老服务的立法尚付阙如。地方层面，截至2021年8月，已有33个省、自治区、直辖市和设区的市制定了针对包括居家和社区养老服务在内的社会化养老服务的地方性法规，其中关于居家和社区养老服务的政府扶持措施均有具体规定。概括起来，这些扶持措施是国家层面扶持政策的法律化，上文中各方面扶持政策也散见于地方性法规中。

二、现行养老服务扶持政策和制度存在的问题

中央的养老服务扶持政策明确了政府扶持的主要领域和方向，搭建了较为完善的扶持措施框架，具有指导意义，也为从事养老服务的机构和

组织提供了发展的外部保障。虽然中央层面尚未制定居家养老服务法律,但各地在立法中均在一定程度上将国家的政策法律化,从现行地方性法规的内容看,都包含了扶持措施。但是,现行政策和制度仍存在问题。

(一)针对包括养老合作社在内的城乡互助养老组织的扶持政策有限

在中央的政策文件中,鼓励农村发展互助性养老设施,[①]鼓励健康老年人参与社区志愿互助服务,倡导社区内互助养老,[②]重视发展农村互助式养老服务,[③]构建农村互助式养老服务网络。[④] 在地方居家养老服务立法中,普遍倡导互助养老,如《沈阳市居家养老服务条例》第18条第4款规定,鼓励发展农村幸福院、养老大院等互助式农村养老服务模式。但是,直接规定财政扶持措施的仅为上述民政部、财政部2016年的通知,该通知将农村养老服务互助幸福院建设列为重点支持对象。此后财政部、民政部于2017年印发的《中央财政支持居家和社区养老服务改革试点补助资金管理办法》中规定,中央财政下达的补助资金由试点地区统筹其他渠道的政府补助及社会资源,用于支持包括农村养老服务互助幸福院在内的农村养老服务设施。如前文所分析的,在社会化养老服务体系建设中,互助式养老作用重大,养老合作社是互助式养老的重要组织形式,也是社区居家养老服务的重要提供者。实践中其在城乡多地发展,但是制度层面对其缺乏关注,遑论针对性的扶持措施。这极不利于养老合作社的发展,有必要建立完善的针对性的扶持措施。

(二)地方立法未将中央政策全面法律化

各地的立法各有侧重,一些重要的扶持措施在有些立法中未能体现,比如对中央政策性文件中规定的地方各级人民政府须将50%以上的用于社会福利事业的彩票公益金,用于支持养老服务业发展,"其中支持民

---

① 参见国务院《关于加快发展养老服务业的若干意见》(国发〔2013〕35号),国务院办公厅《关于全面放开养老服务市场提升养老服务质量的若干意见》(国办发〔2016〕91号)。

② 参见商务部《关于推动养老服务产业发展的指导意见》(商服贸函〔2014〕899号),国务院办公厅《关于全面放开养老服务市场提升养老服务质量的若干意见》(国办发〔2016〕91号)。

③ 参见民政部《关于进一步扩大养老服务供给 促进养老服务消费的实施意见》(民发〔2019〕88号)。

④ 参见《"十四五"国家老龄事业发展和养老服务体系规划》(国发〔2021〕35号)。

办养老服务发展的资金不得低于30%”的规定在多数现行地方性法规中并没有体现。其他扶持措施也被各地方选择性规定在法规中，导致政府扶持和保障很不全面。这一现状也呼唤中央的统一立法。

（三）政府购买养老服务的规定失于粗陋

财政支持养老服务的重要方式之一就是政府购买养老服务。政府购买养老服务涉及购买主体、承接主体、购买范围等，但涉及政府购买养老服务规定的地方性法规的规定都比较概括，如《沈阳市居家养老服务条例》仅概括提及“购买服务”是扶持政策之一，未涉及具体的主体及范围。有些虽做了购买范围的规定，但也存在范围过窄的问题。例如，《长沙市居家养老服务条例》第31条规定，政府购买养老服务的范围包括困难老年人居家养老服务、失能老年人家庭成员照护培训、养老护理员培训和养老服务评估等；《杭州市居家养老服务条例》第30条规定，重点安排与居家老年人生活照料、康复护理、医疗保健等密切相关项目，优先保障高龄、特殊困难老年人服务需求。它们对承接主体均缺乏规定。值得强调的是，在政府购买养老服务的范围中，均没有涉及购买社会工作者的服务。实践中，社区居家养老服务中社会工作者发挥着重要作用。社会工作者在养老服务设施的设立运行、社区老年人情况调查、服务人员的组织动员等方面均发挥重要的作用。2019年中共中央办公厅、国务院办公厅《关于加强和改进乡村治理的指导意见》指出，要充实农村社会工作人才队伍，培养和选拔专业化和职业化程度高的人才，扩宽吸引农村社工的渠道，重点服务包括老年人在内的弱势群体。同时要重视对农村社会工作和志愿服务的财政支持，可尝试采取政府购买服务的方式。从政策导向和社会工作者的作用看，政府购买社会工作者的养老服务应当入法。

通过对现行居家养老服务机构扶持措施的全面梳理分析，在中央宏观政策框架内，如何克服现有扶持措施的局限性，针对养老合作社这一互助合作养老组织制定切实可行的扶持措施，成为养老合作立法中迫切需要解决的问题。

三、养老合作社政府扶持措施的体系架构

政府扶持养老合作社发展,从形式上看,主要是通过制定相关法律、法规和政策,以规范和保障其发展;而从内容看,主要是相关制度中促进和保障其发展的具体优惠措施。本书旨在探讨未来立法中应体现的促进和保障养老合作社发展的优惠措施。作为承担社会养老功能的非营利的组织、居家养老服务的重要参与者,养老合作社的健康可持续发展离不开政府的扶持,相关优惠措施是养老合作社发展的外部保障。养老合作社立法应在国家针对合作社及养老服务机构扶持政策的宏观框架内,基于养老合作社的特点,制定出针对性的扶持措施。

目前,国家对养老服务尤其是居家养老服务的扶持政策的类型与《农民专业合作社法》第八章的扶持政策基本相同。一般性的扶持措施主要包括以下几个方面:一是政府财政支持。作为非营利法人,其普遍享受的首要扶持措施就是政府财政直接拨款支持。二是税费减免措施。对于养老合作社而言,税收和行政事业性收费的减免也是重要的扶持政策。三是金融保险服务支持。在对非营利法人的金融扶持中,政策性银行应该发挥重要作用;而为预防养老服务中可能发生的人身财产风险,考虑保险是必要的保障,可开发适合养老服务的新险种,投保的养老合作社享受相关的保费补贴,这都是必要的外部保障。四是用地保障。养老设施建设用地保障是养老合作社得以发展的重要物质基础。五是用水用电用气用热等方面的价格优惠。这同样是由养老合作社的非营利性决定的。

此外,养老合作社因其提供养老服务的特殊性,在获得前述共性扶持的同时,还有针对它的特有扶持措施。结合养老合作社的存在价值及发展目标,政府扶持的重点在于资金投入和人才培养。因此,需要着重探讨的政府特有扶持措施主要是两个方面:一是政府购买养老服务;二是专业性的人才培养培训。就政府购买养老服务而言,政府购买养老服务是财政支持养老合作社的一个具体化措施。由于养老服务的特殊性,需要制定针对性扶持措施。就养老服务人才培养培训而言,养老服务具有专业化特征,只有具备相应的技能才能做好养老服务,因此养老服务专业知识

学习和职业技能培训极为重要。其同样需要专门的培养培训手段和方法。

下文将对以上一般性扶持措施和两类特有扶持措施分别加以探讨。

第三节　养老合作社的一般政府扶持措施

如前所述,目前,无论是国家政策还是正式立法,都没有明确针对养老合作社的扶持措施。但关于社区居家养老服务,已有相关的政策和立法。在社会化养老服务体系中,与社区居家养老紧密结合的养老合作社,其应享受的扶持措施应置于社会化养老服务尤其是社区居家养老服务扶持政策和制度背景下来讨论。申言之,相关扶持措施须在国家社区居家养老、互助养老以及针对合作社的扶持政策框架内进行分析和具体化。本部分主要探讨政府在财政、金融、保险、税费减免、用地保障和用水用电用气用热价格优惠等方面如何具体对养老合作社进行扶持。

一、政府财政扶持措施

就包含社区居家养老服务在内的社会化养老服务的财政支持而言,现行政策和立法中有一系列规定,这是制定养老合作社财政支持措施的宏观制度框架;同时农民专业合作社为合作社的一种形式,针对它的财政支持路径也可资借鉴。在此基础上,针对性地确立对养老合作社的财政支持措施。

目前,我国唯一一部针对合作社的立法《农民专业合作社法》第 65 条明确规定了中央和地方财政应当分别安排资金支持农民专业合作社开展各类服务。同为非营利的合作组织,养老合作社也离不开政府的财政支持。

如前所述,自 2014 年开始,政府相关部门连续制定了一系列针对社会化养老服务的扶持政策。其中,政府财政扶持措施集中规定在下列政策性文件中:财政部等《关于做好政府购买养老服务工作的通知》(财社

〔2014〕105 号）中提出，在现有养老支出预算中，对政府购买养老服务资金作统筹安排，并对购买范围进行了框定。民政部等《关于鼓励民间资本参与养老服务业发展的实施意见》（民发〔2015〕33 号）、国家发展改革委办公厅等《关于进一步做好养老服务业发展有关工作的通知》（发改办社会〔2015〕992 号）均明确要求将 50% 以上的民政部本级彩票公益金和地方各级政府用于社会福利事业的彩票公益金用于支持发展养老服务业，这一比例还要在老年人口增加的情况下相应地提升。前述民政部、财政部 2016 年的《关于中央财政支持开展居家和社区养老服务改革试点工作的通知》也原则性规定中央专项彩票公益金支持居家和社区养老服务改革，包括农村养老服务互助幸福院建设。目前，地方立法中也已有相关的规定，如《长沙市居家养老服务条例》等地方性法规中规定，居家养老服务经费列入本级财政预算或设立养老服务专项资金、各类养老服务补助资金、养老服务业发展引导基金，一定比例（如不低于 55%）的社会福利彩票公益金用于支持养老服务的发展，政府还应当在制度建设上为政府购买养老服务提供保障，制度中要清楚规定购买范围、购买主体和承接主体以及服务的种类和标准。从以上规定可知，财政扶持养老服务是我国既定的政策。在宏观政策指导下，应在养老合作社立法中将上述政策法律化和具体化。

具体来看，未来支持养老合作社的财政资金来源主要有两方面：一方面是彩票公益基金。民政部本级和地方各级政府的彩票公益金中除中央专项彩票公益金扶持之外，地方各级政府用于社会福利事业的彩票公益金也应用于支持养老合作社。另一方面是各级政府财政专项资金支持。县级以上人民政府应从专门设立的养老服务专项资金、各类养老服务补助资金或者养老服务业发展引导基金中安排用于养老合作社的资金，列入每年的财政预算，专款专用，保持与人口老龄化和本地经济社会发展水平相适应的投入规模，并随着经济发展水平的提高而逐步增加。从财政支持方式看，可通过政府购买养老服务、直接发放补贴等方式，支持养老合作社开展针对低龄老年人和志愿者的培训和奖励、养老设施基础建设等。关于政府购买养老服务的相关制度设计，将在下文中专门探讨。

二、金融保险扶持措施

我国现行立法中对农民专业合作社进行金融保险方面扶持的规定可为养老合作社相关扶持制度的制定提供借鉴。《农民专业合作社法》第66条规定了国家政策性金融机构应为农民专业合作社提供资金支持，这是强制性规定。而对于商业性金融机构提供金融服务、保险机构提供农业保险服务则采取鼓励的态度，同时鼓励农民专业合作社依法开展互助保险。但与从事生产经营活动的农民专业合作社更多获得的是商业性金融机构的服务不同，养老合作社不适合从具有营利性的商业银行获得贷款支持，而应该更多寻求政策性银行的扶持。关于金融扶持，民政部、国家开发银行《关于贯彻落实〈支持社会养老服务体系建设规划合作协议〉共同推进社会养老服务体系建设的意见》（民发〔2012〕209号）提出，开发性金融重点支持政府和社会力量兴办各类养老机构和社区日间照料场所、对社会养老服务体系建设提供全面优惠的信贷政策支持和综合金融服务。民政部、国家开发银行《关于开发性金融支持社会养老服务体系建设的实施意见》（民发〔2015〕78号）提出，国家开发银行贷款支持民政部门推荐或认可的养老项目，居家养老服务设施项目、网络建设项目等可以申请国家开发银行贷款支持。

从上述政策性文件的规定可以看出，开发性金融是社会养老服务体系建设的重要支持力量。作为社会化养老服务的提供主体，非营利性的养老合作社同样应该得到开发性金融的扶持保障。上述政策和措施可以具体化为法律规定，以便为养老合作社提供切实保障。开发性金融应为养老合作社提供全面优惠的信贷政策支持和综合金融服务，或者支持民政部推荐或认可的养老合作社项目。

在保险方面，目前政府给予投保机构综合险（雇主责任险、养老责任险）的养老服务机构保费补贴，开发长期护理险等。《杭州市居家养老服务条例》等规定，政府给予投保机构综合险（雇主责任险、养老责任险）的养老服务机构保费补贴。这些措施同样可针对养老合作社的特点有选择地适用，在未来立法中加以明确。

三、税费减免措施

税收和行政事业性收费的减免也是重要的扶持政策。在现有的合作社立法中，针对农民专业合作社的税费减免措施规定较为明确。《农民专业合作社法》第 67 条规定，农民专业合作社享受与各类涉农经济活动相应的税收优惠。2008 年，财政部、国家税务总局制定《关于农民专业合作社有关税收政策的通知》（财税〔2008〕81 号，现已失效），规定了对合作社免征增值税、印花税的情形。养老合作社由于不开展生产经营活动，主要提供养老服务，在税费减免优惠方面需要考虑其服务的特殊性，需要结合国家关于养老服务机构的税费优惠措施来具体确定其可享受的优惠措施。2008 年全国老龄工作委员会办公室等 10 部门联合发布的《关于全面推进居家养老服务工作的意见》提出，对各类非营利性养老服务机构免征自用房产、土地的房产税、城镇土地使用税等。之后一系列中央政策性文件中规定，对非营利性养老服务机构视不同情况给予免征营业税、增值税、所得税、房产税、城镇土地使用税、耕地占用税等优惠，对向养老服务机构捐赠的企事业单位、社会团体以及个人准予税前扣除捐赠额，对养老服务机构以减免有关行政事业性收费等方式进行扶持。这些税收减免和抵扣以及减征有关行政事业性收费的措施也体现在民政部等《关于鼓励民间资本参与养老服务业发展的实施意见》（民发〔2015〕33 号）规定中。

借鉴以上措施，根据养老合作社的特点，针对性地制定税费减免措施。养老合作社不从事生产经营活动，但需要接受社员出资和社会捐赠，需要建设养老设施和场所，因此侧重资源税的减免，主要是房产税、城镇土地使用税、耕地占用税等的减免。

四、用地保障措施

养老设施建设用地是养老合作社得以发展的重要物质基础。民政部等《关于鼓励民间资本参与养老服务业发展的实施意见》（民发〔2015〕33 号）规定，“民间资本投资养老服务设施所需建设用地，适用国家规定的养老服务设施用地供应和开发利用政策，国土资源管理部门应按照《国土资源部办公厅关于印发〈养老服务设施用地指导意见〉的通知》(国土资厅发〔2014〕11 号,现已失效)相关规定”,提供用地服务。国务院办公厅《关于全面放开养老服务市场提升养老服务质量的若干意见》(国办发〔2016〕91 号)规定,改造利用城镇土地上公用房办养老服务机构,进行非营利性养老服务且连续经营 1 年以上的,5 年内土地使用性质可暂不作变更;同时还规定了民间资本举办的非营利性养老机构与政府举办的养老机构可依法使用农民集体所有的土地。国务院办公厅转发卫生计生委等部门《关于推进医疗卫生与养老服务相结合指导意见的通知》(国办发〔2015〕84 号)提出,对非营利性医养结合机构,可采取划拨方式,优先保障用地。自然资源部《关于加强规划和用地保障支持养老服务发展的指导意见》(自然资规〔2019〕3 号)规定,依法保障非营利性养老服务机构用地。市、县自然资源主管部门应结合养老服务设施用地规划布局和建设用地供应计划统筹安排,充分保障非营利性养老服务机构划拨用地需求。当然,对于非营利性养老服务机构,政府鼓励可以通过租赁、出让等有偿方式取得国有建设用地使用权。此外,政府还可以与社会资本共同合作投资建设养老服务项目,土地可以作价作为出资或入股。国务院办公厅《关于推进养老服务发展的意见》(国办发〔2019〕5 号)提出,要将社区居家养老服务设施建设纳入城乡社区配套用房建设范围。对于空置的公租房,可探索允许免费提供给社会力量用于养老服务设施建设。从现有针对居家养老的用地保障措施看,采用划拨或租赁、出让等方式取得,尤其是优先保障医养结合养老服务机构的用地,主要以划拨的方式保障,并且优先保障。由于养老合作社的非营利性,且有社会合作的因素,医养结合,因此养老合作社的用地应采取划拨的方式来保障,才能满足其用地需求。

五、用水用电用气用热价格优惠

除上述扶持措施外,养老合作社还应享受国家规定的养老服务机构适用居民生活类用水用电用气用热价格的优惠,具体实施按照各级人民政府的有关规定进行。作为非营利组织,养老合作社不以营利为目的,如果运行成本过高,不利于其发展,因此应通过降低费用以降低其运行成本。从现有居家养老服务在用水用电用气用热等方面的优惠政策看,一般按居民生活类价格执行,实行阶梯收费的按最低标准,电话、宽带等免收或减半收取初装费、按成本价收取安装费。民政部等《关于推进城镇养老服务设施建设工作的通知》(民发〔2014〕116号)规定,城镇养老服务设施用水用电用气用热按居民生活类价格执行。在地方立法中,《合肥市居家养老服务条例》指出,符合条件的居家养老服务机构用水用电用气用热价格应当按居民生活类价格执行;有线电视基本收视费、电话费、宽带网络使用费应当减半收取,有线电视、电表、水表安装应当按成本价收取。《苏州市居家养老服务条例》《河北省居家养老服务条例》等都有类似明确规定。应参照现行制度,将价格优惠在养老合作社法中加以具体规定,即养老合作社的用水用电用气用热等价格按居民生活类价格执行。

第四节 政府购买养老合作社服务

构建服务型政府是我国政府体制改革的重要方面。随着改革的推进,加之我国人口老龄化进程加快,为充分动员社会服务力量、更好更有效率地提供养老服务,政府购买养老服务日益成为政府财政支持养老服务业的措施和方式之一,这也是政府提供公共服务方式的一大创新。早在2014年8月,财政部等《关于做好政府购买养老服务工作的通知》(财社〔2014〕105号)对购买服务的原则、主体、内容、方式、监管、考核评估等进行了规范,提出要建立完善的政府购买养老服务制度。从构成上看,政府购买养老服务涵盖居家养老、社区养老和机构养老三方面的服务,而以购买居家养老服务为主。而能够弥补传统养老模式的不足、满足多元化养老需求的农村互助养老合作社,以及高于居家养老、类似机构养老、实现医养结合的城市社区养老服务合作社,也应得到政府购买服务的支持。

政府购买养老合作社养老服务具有重要意义。第一,履行了对特殊人群的保障责任。养老合作社是老年人的互助组织,集中了养老需求得不到家庭满足、需要得到社会养老服务支持的社区内的老年人，尤其是“三无”、孤寡、失能、失智等特殊困难老年人，包含应由政府财政支付的服务项目，同时由于其非营利性，亟需政府资金支持。政府购买服务，能最大限度承担起对特殊老年群体的保障责任。第二，有助于政府转变职能，创新社会管理方式。通过购买养老合作社的服务，财政资金的使用效率得以提高，实现有限资源利用效益的最大化。第三，壮大了养老合作社的发展。前文已经讨论养老合作社在社会化养老服务体系中的重要性，互助型养老应该取得养老服务领域的基础性地位。而受诸多因素制约，包括政府扶持不足，养老合作社没有发挥其应有作用，实践中步履维艰。政府购买养老合作社服务，无疑能为其发展注入强而有力的支撑。

一、政府购买养老服务的概念及特征

养老服务本身是公共服务的组成部分，在界定政府购买养老服务之前，有必要明确何为政府购买公共服务。

（一）政府购买公共服务的概念

何为政府购买公共服务？学者的归纳虽不尽相同，但核心含义是一致的，即政府将一些公共服务事项委托给有资质的机构去做并为此支付费用。[①] 我国的政策性文件中也有类似界定。[②] 2020 年财政部《政府购买服务管理办法》第 2 条的规定与之基本相同，即服务事项原本应属于政府职责，但适合用市场化方式、按政府采购方式和程序，由服务供应商提供，政府向其支付费用。具体操作中，政府可通过直接拨款、公开招标、授权或资助等形式，与社会组织、企事业单位等签订合同，约定由后者提供公共服务，政府向其支付费用。其本质是政府由公共服务的直接提供者转变为将具体操作环节交由具有相应资质的社会服务机构等市场主体来完成的出资者和幕后监督者。

---

① 参见王浦劬、[美]莱斯特·萨拉蒙：《政府向社会组织购买公共服务研究：中国与全球经验分析》，北京大学出版社 2010 年版，第 6 页。

② 国务院办公厅《关于政府向社会力量购买服务的指导意见》（国发办〔2013〕96 号），2013 年 9 月 26 日发布并实施。

根据其本质属性，政府购买公共服务的规定性包括购买资金的公共性、购买主体和承接主体的特定性、购买程序的法定性以及购买服务的竞争性。《政府采购法》《政府购买服务管理办法》等对此均有规定，也体现了以上特性。第一，购买资金具有公共性。政府购买公共服务的资金主要源于财政性资金，应由财政部门编制预算投入资金。在公共财政预算安排中，应当划拨政府购买服务的专项经费。[①] 此外，福利彩票公益金也是另一个资金来源。第二，购买主体和承接主体具有特定性。购买主体当然是各级国家机关，承接主体包括企事业单位、组织以及个人等。[②] 第三，购买程序具有法定性。除了上述两部法律，还有《招标投标法》也对政府购买公共服务的程序进行了细致的规定，公共服务的购买要遵行程序性规范，应严格遵守而不能违反和打破。第四，购买服务的竞争性。上述几部法律均规定了购买服务的竞争性：通过公平竞争择优确定承接主体。

（二）政府购买养老服务的内涵

《中国老龄事业发展“十二五”规划》首次提出政府购买养老服务，在这之后，一系列政策法规都对政府购买养老服务进行了支持和规范。政府购买服务是多元主体参与养老服务供给的创新形式，[③]是当前社会化养老服务体系中体现公私合作的重要形式，也是支柱性的养老服务提供方式。购买公共服务的分支之一——政府购买养老服务，顾名思义，就是承担养老服务职能的有关行政机关依法将本应该由自己直接提供给公众的养老服务，靠市场机制，按政府采购方式和程序，交由有资质的养老服务组织及个人承担，并由政府付费的行为。[④]

由于存在概念上的种属关系，政府购买公共服务的大多数特征也符

---

① 参见冯晶：《我国政府购买养老服务的资金管理体系研究》，中国海洋大学 2014 年硕士学位论文。

② 参见《政府购买服务管理办法》第 5 条、第 6 条。

③ 参见王阳亮：《责任与合作：政府购买养老服务研究》，中国社会科学出版社 2017 年版，第 60 页。

④ 参见于新循：《政府购买养老服务规制研究》，经济管理出版社 2020 年版，第 30 页。

合于购买养老服务，包括购买资金源于财政资金及福利彩票公益金等，具有公共性，由承担养老服务供给责任的国家机关作为购买主体，也需要遵循政府购买公共服务的一般程序。需要重点说明的是，购买服务的资金来源，按照财政部等部门要求，要在各级政府养老支出预算中统筹，新增的服务内容，同样应根据服务项目和补助标准，科学测算后，列入同级财政预算。① 前述居家养老服务政策法规也明确了用中央和地方的彩票公益金支持居家养老服务。养老合作社作为提供社区居家养老服务的组织，也应有资格得到福利彩票公益金支持。其次在购买程序上，财政部等《关于做好政府购买养老服务工作的通知》（财社〔2014〕105 号）要求建立以项目申报、项目评审、资质审核、组织采购、合同签订、项目监管、绩效评估等为主要内容的规范化购买流程。此外，承担养老服务的企业、社会组织等具备法定条件和服务能力的主体均可成为承接主体。

目前，政府购买的主要是居家养老服务组织、社区以及养老机构的养老服务。服务内容主要集中在日常康养服务、养老服务人员培养以及养老评估等方面。②

二、政府购买合作社养老服务的制度困境

养老合作社作为提供养老服务的组织，也应得到政府购买服务的财政支持。建立在互助合作和社会合作基础上的养老合作社，由于其非营利性，要获得可持续发展，为入社老年人提供养老服务，离不开政府支持。购买服务可提升养老合作社的服务能力和质量。但是从实践情况看，养老合作社获得政府购买养老服务，建立在当地财政实力基础和政策取向上，因而获得支持的力度在各地之间差异较大。在经济发达地区，政策力度较大，如上海黄浦区的居家养老合作社即获得政府的大量购买服务支持，但是在经济欠发达地区，尤其是在农村，获得支持的力度较小。除了

① 参见《财政部、国家发展和改革委员会、民政部、全国老龄工作委员会办公室关于做好政府购买养老服务工作的通知》（财社〔2014〕105 号），2014 年 8 月 26 日发布并实施。

② 具体内容参见《财政部、国家发展和改革委员会、民政部、全国老龄工作委员会办公室关于做好政府购买养老服务工作的通知》（财社〔2014〕105 号），2014 年 8 月 26 日发布并实施。

经济发达程度的影响，还有一个重要因素是现行法律存在制约政府购买养老合作社服务的因素，即存在制度困境。

养老合作社虽然在实践中有一定发展，但是由于制度滞后，如前所述，养老合作社法律地位不明，未建立起针对养老合作社的登记管理制度，而根据财政部《政府购买服务管理办法》第 6 条的规定，作为政府购买服务的承接主体，须“依法成立”，在没有制度规范的情况下，大量未经登记未取得法人资格的养老合作社要成为承接主体存在明显的制度障碍。在农村，一些地区已成立的农民专业合作社也开始提供养老服务，政府会以补贴或者项目的形式提供财政支持，但是范围非常有限。因为缺乏专门法律加以规范，提供养老服务的合作社到民政部门备案的制度也未明确，其提供养老服务的资格和资质没有在制度上得以明确，因此也并非当然适格的政府购买养老服务的承接主体。

从各地互助型社会养老项目运行的情况看，其发展资金其中的一个重要来源是政府购买服务，不过在这个过程中政府购买存在的问题也很多：一是项目不稳定。政府购买养老项目一般周期为 1～2 年，项目周期完成，在培育孵化出互助组织、建立起互助志愿者队伍及组织内部的规章制度后，进入服务提供阶段，但政府有可能不再继续购买，导致政府资金支持中断。二是供需脱节。政府购买服务项目所提供的养老服务，往往与老年人的实际需求脱节，没有体现需求导向。其原因是社区基层力量有限，难以进入每一户居民家了解老年人的养老需求。三是随意性大。政府购买养老服务往往通过商谈的方式进行，导致占主导地位的政府的主观随意性比较大，合作社需要单独与政府沟通，达成合作意向后才能获得政府补贴或项目支持，具有个案解决的性质，①加剧了政府购买服务资金投入的不稳定性。这些问题都与相关专门制度的缺乏有关。

---

① 如吉林松原兴源种植农民专业合作社，以土地入股的形式创办了合作社，建立了老年公寓。针对社员不收费，只要年满 70 周岁均可以免费入住；而非社员入住则需要按标准缴纳费用。该合作社与县政府达成合作，将周边 11 个乡镇的敬老院“五保”老年人集中到老年人公寓进行集中供养，这部分“五保”老年人的养老费用由政府直接补贴给合作社。河北肃宁的益源种植专业合作社建立“幸福院”项目，通过对外宣传扩大影响得到了当地政府对“幸福院”每张床位每年 8000 元补贴的财政支持。

由于缺乏政府资金的支持，实践中养老合作社的数量和规模都极为有限，导致合作社养老服务水平较低且覆盖面有限。养老服务需要大量的财力和人力投入，如果单靠合作社社员出资或捐赠，一旦合作社遇到经济困难，养老服务将难以为继，不利于养老服务的长期有效供给。因此，通过正式的法律制度设计，破除政府购买合作社养老服务的障碍，是亟待解决的问题，也从侧面反映了养老合作社立法的迫切性。

三、政府购买养老合作社服务制度的主要维度

近年来，国内很多地方顺应现实需要，对政府购买居家养老服务进行了大力宣传与实施，取得了良好的成效。以宁波市曙光区政府为例，其积极转变政府职能，率先为高龄、独居且生活困难的老年人购买各种形式的养老服务。[①] 但是，国内养老合作社发展相对较为缓慢，制度建设滞后，在政府购买养老合作社服务方面，尤其没有形成成熟的制度。尽管有相关政策可参照，但规范性不足；各地也有制度建设，但条块分割，极不统一。因此，完善制度、进行必要的制度衔接显得尤为重要。应在借鉴政府购买其他养老服务相关制度的基础上，明确政府购买合作社养老服务的性质、主体资格及纠纷解决机制，总结出一套符合合作社本质、可操作性强的购买模式。

（一）政府购买养老合作社服务的原则

1. 需求导向原则

党的十九大报告指出，我国社会主要矛盾已经转化为人民日益增长的美好生活需要和不平衡不充分的发展之间的矛盾。因此，为满足人民对美好生活的需求，在国家大政方针的指引下，各项工作应紧紧围绕需求导向进行。具体到政府购买养老服务领域，要坚持政府购买合作社养老服务与满足老年人基本养老需求相结合，重点加强生活照料、情感慰藉、康复护理等相关项目的安排，优先保障失能、高龄老年人的养老需求。例

---

① 参见王小丽：《政府公共服务外包在养老服务中的应用研究》，湘潭大学 2014 年硕士学位论文。

如,签约家庭医生就是适应医养结合项目开展,满足老年人养老需求的重大举措。

2. 政府引导原则

政府将一部分公共服务供给职能转交给社会主体来运作,是充分动员社会服务力量参与养老服务的有效方式,但是由于政府是公共服务的根本责任主体,对社会主体提供的公共服务须坚持政府引导原则。政府在购买合作社服务中,要鼓励、支持和引导合作社的服务趋向多元化、高质量、规范化发展。

3. 规范操作原则

前述社区居家养老服务标准正在陆续制定中,反映了养老服务向标准化的方向发展。政府购买合作社的养老服务涉及“政府—合作社—具体提供服务的第三方—老年人”多方主体,因而须明确各方责任、权利和义务,规范购买养老服务流程,建立服务绩效评估机制、对承接主体进行动态调整的机制,以完善的规则激励优质资源,提高服务效率。

(二)政府购买合作社养老服务的主体制度

主体制度是划定购买服务付费者和承担者的重要制度,在政府与服务对象之间介入服务提供方、经历从“二元主体”到“三元主体”的演变,是适应政府职能转变,提高执政效率的要求。《政府采购法》第 14 条规定了政府采购当事人的概念,即在政府采购活动中享有权利和承担义务的各类主体,包括采购人、供应商和采购代理机构等。由于养老服务涉及老年人利益,政府购买合作社养老服务的主体具有特殊性,所涉及的当事人主要包括购买主体、承接主体及受益主体(符合条件的老年人)。

1. 购买主体

财政部《政府购买服务管理办法》规定,购买公共服务的主体是各级政府,考虑养老服务的特殊性,购买养老服务中,各级政府、民政部门以及隶属民政部门的老龄办等机关部门都可以成为购买主体。实践中,不同模式的政府购买养老服务其购买主体会有所不同。

2. 承接主体

国务院办公厅于 2013 年发布的《关于政府向社会力量购买服务的指

导意见》(国办发〔2013〕96 号)中明确提出承接主体的概念,包括社会组织、企业、机构等社会力量,其中社会组织应经民政部门登记,也可经国务院批准免于登记,企业、机构等则在市场监管部门或主管部门登记。财政部《政府购买服务管理办法》赋予了依法成立的企业、社会组织承接主体的资格。养老合作社作为一种能够有效提高资源整合度的非营利组织,具有"正外部效应",关注公共利益和老年人的福祉,应当成为承接政府购买服务的社会力量之一。目前,需要加快立法,确定养老合作社的登记制度和备案制度,理顺主体关系。

需要特别提及的是,在政府购买养老合作社服务中,购买社会工作者的服务是一个特殊的方面,作为培育养老服务组织的引导和推动力量。目前,政策文件均未包含政府购买社会工作者这一内容,忽视了社会工作者在养老服务中的重要组织和动员作用,也与政府培育社会力量和专业化养老服务者的目标不相适应。实践中社会工作者能深入社区,动员和推动包括养老合作社在内的养老服务组织设立发展,是重要的养老服务社会力量,购买社会工作者服务应纳入政府购买养老服务中。在笔者调研的安徽省合肥市芜湖路社区养老合作社,社会工作者是推动其设立运行的重要力量,社会工作者动员社区老年人加入合作社,寻找和联络提供社会服务的企业、个体经营者、医疗机构等社会服务主体,联系政府和慈善基金,为合作社的成立做资金、人员、服务等各方面资源的准备,而社会工作者是通过政府购买参与到合作社的运行中的。前文也论及合作社设立过程中的"搭便车"行为所带来的"公共的悲剧",动员社员并组织社会力量参与合作社的养老服务,需要外部尤其是政府的支持,社会工作者的介入无疑是一个切实可行的路径。安徽的经验值得各地借鉴,也成为政府购买合作社养老服务的一个特殊方面,需要在制度中体现。

3. 受益主体

政府购买服务一方面是为更好地履行公共服务职能,另一方面是为满足社会公众某一方面需求、使其受益,因而具有利他性,这也是更为重要的一方面。从一般意义上说,政府购买养老服务的受益主体应为 60 岁以上老年人。但由于政府购买养老服务的范围较宽,就生活照料类的服务而言,受益主体的范围是需要做限定的,如上海黄浦区养老服务合作社的服务对象是经评估为半失智、半失能老年人和高龄独居老年人,只有这部分老年人享受合作社提供的生活照料类养老服务。这与养老合作社作为互助型养老服务组织的宗旨是相适应的。在合作社内部,低龄老年人照顾高龄、失能、失智老年人,在无法通过互助满足这些老年人养老服务需求的情况下,借助社会合作由社会服务主体提供相应服务,所需资金可通过政府购买由政府承担。

(三)政府购买合作社养老服务的模式

目前,政府购买养老服务的模式多样,学者从不同的角度根据不同的标准对购买模式进行了分类,形成了名称有异、实质相同或接近的分类结果。概括而言,购买模式解决的是购买机制问题,即以何种方式、向谁购买养老服务。因此,共识性的分类标准是购买过程中的承接主体间竞争性程度和承接主体对政府的依赖程度作为模式划分的两个重要纬度。依据上述标准,结合各地实践,政府购买养老服务的模式基本可以分为四种,即形式购买模式、定向委托模式、竞标购买模式及凭单购买模式。① 每种模式都有其特点和适用条件,也随着政府购买养老服务这一政策工具的实践推进而接受有效性的检验。就政府购买养老合作社服务而言,哪种模式更适合且能促进养老服务提供的多元主体协同、切实提高养老服务质量,事关养老合作社的政府资金注入、合作社发展和社员福祉。

上述四种购买模式既体现了政府购买养老服务发展的阶段性,也反映了不同模式对不同承接主体的适用性。比较四种模式的差异,厘清其适用条件,有助于购买模式的选择和运用,具体比较如表 5 - 1 中的内容。

---

① 参见李双全、张航空:《政府购买社会组织居家养老服务:典型模式、适用条件及潜在风险》,载《江淮论坛》2019 年第 6 期。

表 5－1　四种典型的政府购买养老服务模式比较

购买模式	比较项					
	竞争性	主体关系	购买程序	服务供给	主要风险	服务监管
形式购买	非竞争	依附性	项目经费拨付或单一来源采购	供给与生产形式分离但实质合一	政府包揽政社不分服务低效	政府监管
定向委托	非竞争	独立性	单一来源采购或竞争性谈判	生产与供给分离	服务方垄断和竞争提质缺乏	政府监管和第三方专业评估
竞标购买	竞争	独立性	竞争购买择优选择合同约束	生产与供给分离	非有效竞争市场下服务方择优困难	第三方专业评估
凭单购买	竞争	独立性	竞争购买择优选择合同约束	生产与供给分离	购买成本高和多服务主体监管困难	第三方专业评估

通过对四种典型购买模式的比较，可以看出每种模式都有其适用的条件，也都有存在的合理性。形式购买出现在政府购买养老服务政策推行初期，由于无先例和经验可循，政府培育社会组织作为政策执行的工具，二者之间有强烈的依附性，但是可以避免市场发育不充分的情况下选择不到合适服务主体的困难。定向委托模式则是在政府资源难以满足养老服务需求的情况下，引入独立的专业化程度高的服务组织，且双方信任关系良好，有利于服务项目的落实。竞标购买被学界认为是最理想的购买模式，通过充分的公开公平竞争，可以选择能够提供质优价廉服务的承接主体。而凭单购买结合了市场竞争和消费者选择，在政府选定的具有一定覆盖面的多个承接主体中，作为消费者的老年人可以获得政府直接发放的服务券并选择能满足其需要的承接主体，承接主体通过结算获得政府补贴。这可以促进服务机构提高服务质量和效率，也实现了由前三类“补供方”购买逻辑向“补需方”购买逻辑的转变。[①] 这四种模式各有所

① 参见李双全、张航空：《政府购买社会组织居家养老服务：典型模式、适用条件及潜在风险》，载《江淮论坛》2019 年第 6 期。

长,我国各地市场发育程度不同、供需关系各异,只有因地制宜才能建立起符合地方实际的购买模式。而社会组织的多元化发展,也使政府在选择时考虑不同组织的特点,从而选择合适的购买模式。

对于养老合作社而言,其更适合定向委托的购买模式,原因如下:

第一,定性委托的方式具有非竞争性。政府购买养老服务尤其是合作社的养老服务有其特殊性,需要特殊对待。针对一般政府购买公共服务的竞争性要求,对于养老合作社这一组织形式并不完全适合。目前,我国养老模式面临家庭养老功能弱化、机构养老有效供给不足、社区养老资源整合力量有限等困境,养老风险日益加剧。而养老合作社秉承服务社员和互助合作的宗旨,能够搭建平台整合养老资源,向合作社购买养老服务,有利于提高财政资金的使用效率。由于养老合作社与社区联系密切,且以居家养老服务为主、社内集中住宿服务为辅,在分布上以社区为依托,因此采用竞争性原则会使发展水平低、亟须扶持的合作社因其缺乏竞争能力而被排挤出局。服务供给体系建构中,需要政府协调并与众多的合作社保持合作,充分发挥合作社互助优势。此外,养老服务的持续性和非一次性也决定了相比于竞争机制,合作机制对此类服务供给更为合适。① 基于与社区和基层政府的紧密联系,政府和合作社之间的信任关系使双方合作基础良好,具有采用定向委托购买模式的条件。

第二,养老合作社具有独立性。养老合作社经登记取得法人资格,具有独立的主体地位,符合采用定向委托购买模式的又一条件,可使政府和合作社在养老服务供给和生产过程中的权利义务关系相对明确,还可避免形式购买模式下政府包揽过多、政社不分、服务低效的风险。

第三,符合政府购买养老服务的政策目标。推进政府购买养老服务,除坚持提高财政资金使用效率、提升服务效果的政策取向外,更重要的是以深化行政体制改革、促进社会服务机构发育发展进而改善服

---

① See Salamon L. M. & Elliott O. V., *The Tools of Government: A Guide to the New Govermence*, Oxford University Press, 2002, p. 325.

务供给结构，推动社会化养老服务体系构建为政策目标，其间社会服务机构还要承担社会治理的任务。我国养老合作社发展的实践也表明其在社会治理尤其是农村社会治理中发挥了重要作用。因此，通过单一来源采购或竞争性谈判购买服务，倾斜性扶持养老合作社发展，保持资金扶持的稳定性，有助于实现上述政策目标。从这一角度看，同样应当采取定向委托模式。

此外，采用定向委托模式，符合养老服务自身的规律。养老服务是一项长期性工程，需要服务的连续性，服务人员的培养和培训也须长期持续进行，相对固定和集中地扶持社区内的养老合作社，能够保持这种持续性和稳定性，也有利于服务人员的培养。频繁更换承接主体，则可能会因为信息不对称、短视行为而诱发风险。[①]

当然，对于定向委托模式中可能出现的服务方垄断和缺乏充分竞争导致的改善服务动力不足的问题，可以通过第三方专业评估，建立服务质量差的合作社的惩戒退出机制来解决，促使养老合作社必须下沉到每一户老年人家庭，摸清服务需求，对接有针对性服务。

政府购买养老合作社服务的模式和运行机制概括而言就是：除人才培养、养老服务评估等方面的政府购买服务外，养老合作社根据政府购买养老服务受益主体的条件，将符合条件的老年人上报社区，由乡镇街道民政部门或老龄机构审核，政府委托养老合作社提供服务，并由街道和社区对服务进行监督。这一过程如图 5 - 1 所示。

四、政府购买合作社养老服务中的法律关系

学界对政府购买养老服务中的法律关系的认识，有共识的是购买主体和承接主体间存在合同关系。但对于合同的性质则有不同的观点。有观点认为该类合同为行政私法合同，[②]即行政主体和相对人作为平等主

---

① 参见季璐、范炜烽、刘红光：《政府向社会力量购买养老服务的绩效评估研究——基于长三角地区的调查》，载《阅江学刊》2020 年第 4 期。

② 参见乌兰图雅：《政府购买居家养老服务合同相关法律问题研究》，载《内蒙古财经大学学报》2016 年第 1 期。

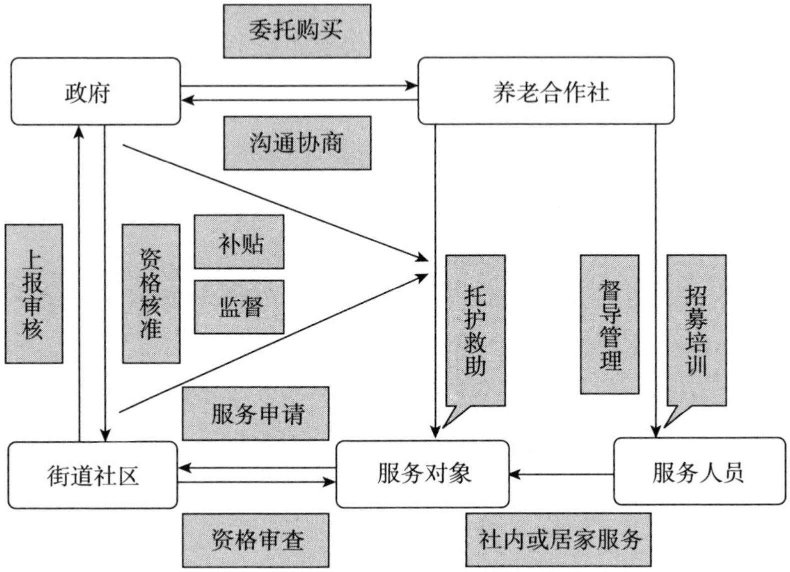

图 5-1　政府购买养老合作社服务运行机制

体为实现公共行政目标而签订的协议,具有公法和私法权利义务混合性质。有观点认为此类合同是带有委托代理关系性质的民事合同。[①] 另有学者认为从该种合同的本质属性看,尽管实施方式是私法性质的,但其目的却是履行政府公法义务、实现公法职能,因此属于行政合同。[②] 这些观点从不同角度界定了政府购买养老服务合同的性质,哪种观点更符合此类合同的本质属性?笔者认为,此类合同是政府和承接主体以平等主体的身份约定双方的权利义务,是从管理型政府向服务型政府转变过程中提供公共服务的创新方式,因此本质上是民事合同。根据财政部《政府购买服务管理办法》第 22 条的规定,此类合同应当受合同法规范,也在立法上明确了合同性质。具体而言,其具有买卖合同关系的特征。

基于上述分析,政府与作为承接主体的养老合作社之间的法律关系,同样是民事合同关系。政府和合作社在这一契约关系中是地位平等的主

① 参见陶威滨:《我国政府购买养老服务合同研究》,大连理工大学 2019 年硕士学位论文。
② 参见江钦辉:《政府购买居家养老服务合同若干问题思考》,载《温州大学学报(社会科学版)》2018 年第 6 期。

体，理应遵行《民法典》中关于合同履行的一系列规定。双方需要在合同中约定购买养老服务的内容、期限、数量、质量、价格，资金结算方式，各方权利义务和违约责任等。根据养老服务购买的特点及合同目的，双方的权利义务内容如下：首先，作为“买方”的政府一方，其享有的权利应该包括知情权、监管权、评估权、合同解除权、赔偿损失和不当得利返还请求权等，同时承担给付报酬的义务，即支付服务费用。其次，作为“卖方”的养老合作社则享有服务费用获取权、赔偿损失请求权、合同解除权等权利，同时按合同约定承担向社内老年人提供养老服务的义务，包括配备设施和人员。此外，合作社还应尽安全注意义务，因其过错而造成老年人人身或财产损害的，应承担侵权责任。这里需要注意的是政府的补充责任。在服务提供过程中一旦发生侵权事件，政府的补充责任应该得到明确的落实，作为过错责任的补充。

值得注意的是，政府购买养老服务中，老年人作为受益主体，也享有合同附随的权利、承担相应义务。除享有直接请求承接主体向其提供养老服务的给付请求权外，还有对服务的知情权、监督权、评价权等权利。同时为了顺利实现合同目的，老年人须担负合理配合的义务，以及重要信息告知等义务。

五、政府购买合作社养老服务制度的内容

（一）明确政府购买养老服务的范围

根据前述政府购买服务的概念界定，政府可以购买的服务首先必须是在政府的公共职能范围内，应由政府承担的，其次可以用市场化方式实现，由社会力量提供，具体范围要与财政部《政府购买服务管理办法》的相关规定相衔接。面对日益多元化养老需求，政府依照职权将原本由其直接提供的一部分养老服务，交给包括合作社在内的主体承接。购买的服务范围就是划清哪些服务可由市场主体供给，哪些内容适合政府直接提供。对于不属于政府职责范围内的事项以及必须由政府直接履职的事项不得转交给社会主体承担。概括而言，要根据养老服务的性质、对象、特点和地方实际情况，重点选取日常康养服务和养老服务人员培养等方

面由政府购买。

(二)具体规定政府购买养老服务的项目

政府购买养老服务的内容要体现区域普惠性,按照符合当地实际情况、促进可持续发展的宗旨来厘定。具体项目要与当地经济社会发展水平、政府财力和老年人服务需求等相适应,制定政府购买养老服务的指导性目录,对服务种类、性质和内容要规定明晰,服务清单要细致完备,并进行动态调整。

就购买服务的清单而言,具体规定可借鉴上海黄浦区养老服务合作社的做法,优化服务清单,制定出服务清单的标准版、精简版和精品版。标准版涵盖生活照料、医疗护理、紧急救助三大类;精简版则按单位服务时间为入社老年人提供服务;精品版涵盖特殊生活照料、特殊医疗护理等其他特色服务。政府购买合作社的养老服务,一般应定位于标准版、精简版,仅为符合条件需要政府救助的病残老年人购买精品版的养老服务。此外,养老服务人才培养和培训也是政府购买养老服务的重要方面。在农民进城务工潮背景下,农村留守的多是老年人和儿童,合作社提供的养老服务尤为必要,地方政府部门购买合作社的养老服务在一定程度上缓解了社会和家庭的养老负担,也增强了地方政府的公信力。在未来制度制定过程中,在国家层面法律的原则性规定之下,各地需要从实际出发探索制定政府购买养老服务的清单。

六、购买合作社养老服务的绩效评价制度

要实现预期的购买服务的效果,为符合条件的老年人提供满足其需要的养老服务,对承接主体进行考核评价是关键一环,因为当无法对其服务作出科学评价时,无法激发其提供优质养老服务的动机。[①] 相应的绩效评价制度也应体现在养老合作社立法中。

目前,关于政府向社会力量购买养老服务的绩效评价,中央相关部门

---

① 参见王成、丁社教:《政府购买居家养老服务质量评价——多维内涵、指标构建与实例应用》,载《人口与经济》2018 年第 4 期。

已经制定了一系列政策性文件。前述财政部等《关于做好政府购买养老服务工作的通知》(财社〔2014〕105 号)对养老服务项目绩效评价作了要求,强调建构由购买主体、养老服务对象以及第三方组成的综合评审机制,侧重于强调受益对象满意度评价的绩效评价体系构建,以及绩效评价结果的社会公开和对后期选择承接主体的应用价值。财政部《关于推进政府购买服务第三方绩效评价工作的指导意见》(财综〔2018〕42 号)对绩效评价的指导思想和原则、评价机构的选择、绩效评价指标体系、评价结果应用等方面作了指导性规定。地方层面,个别省市也制定了相关政策文件,如《河南省政府购买服务绩效评价暂行办法》(豫财综〔2017〕14 号)、《厦门市政府购买社会工作服务项目评估实施办法(试行)》(厦民〔2014〕172 号)等,对包含各类政府购买服务绩效评价的评价主体、评价内容和评价指标体系、评价程序、承接主体自评、评价结果的应用等方面做了原则性规定。以上文件为政府购买养老合作社服务考核评价制度建构提供了重要借鉴。同时,学界围绕这一主题已形成一系列研究成果。现有研究主要集中在质量评估体系的构建,具体而言包括考核评价的评价主体、评价标准及其体系以及评价结果的使用等几个方面。笔者在现行制度框架和学界研究成果的基础上,兼顾政府购买养老合作社服务的特殊性,对绩效评估体系建构中的以下几个方面的制度设计进行重点探讨。

(一)评价主体

目前,无论是中央和地方的规范性文件,还是学界的观点,有共识的是由购买主体组织,建立第三方评估机构、购买主体、承接主体和养老服务对象参与的综合评价机制,强调多元主体参与。[①] 但实践中多元评估主体的作用未能充分发挥也是绩效评价中普遍存在的问题。因此,明确各方主体在评估中的职责作用,建立高效有公信力的多元主体评价机制至关重要。

① 参见季璐、范炜烽、刘红光:《政府向社会力量购买养老服务的绩效评估研究——基于长三角地区的调查》,载《阅江学刊》2020 年第 4 期。

就政府购买养老合作社服务而言,政府作为购买主体,其作用贯穿整个购买过程,涉及财政资金预算和使用,同时政府负责对合作社养老服务的监管。因此,政府作为评价主体之一,对预算资金使用是否实现项目目的、养老合作社的服务质量满足社内老年人需要的程度等有评价监督的权利。

养老合作社作为承接主体,也是服务的提供者,在服务提供过程中,直接参与预算资金的使用,直接面对作为消费者的老年人,对其需求以及需求的满足程度有直观的了解,能够反馈信息,对评价结果的形成有参与和发表意见的权责,配合绩效评估的开展。符合条件的社内老年人是服务的直接接受者,对服务质量最有发言权,也实际参与过程监督,因此也是当然的评价主体。

特别值得强调的是,为保证评价的独立性、专业性和权威性,根据财政部要求,评价中应引进具备条件的研究机构、高校、中介机构等第三方机构。由于第三方机构独立于政府及其部门,与政府无隶属关系和利益关系,长期从事养老服务研究并了解养老服务规律,具有评估的专业力量,能够通过需求评估推动养老服务供需匹配、通过过程评估促进对养老服务过程和流程的管理,通过专业性强的养老服务效果评估指标体系和评估模型的建立来优化养老服务效果评估,[①]等等。在此意义上,第三方评价是政府购买养老服务制度体系的重要组成部分。

目前,从制度层面为第三方参与评价提供保障,是完善评价主体制度的重要方面。虽然我国多地第三方评价已经介入政府购买养老服务,[②]但是,强制性、独立性、专业性和公信力不足恰是目前第三方评价中存在的主要问题。[③] 一是强制性问题。尽管政府部门的规范性文件肯定了政

---

① 参见李春、王千:《政府购买养老服务过程中的第三方评估制度探讨》,载《中国行政管理》2014 年第 12 期。

② 安徽合肥市老龄办引入“现代居家养老咨询评估服务中心”对购买服务项目进行第三方评估,主要从老年人满意率、服务时间准确率、服务项目完成率、有效投诉结案率、服务档案的完善等方面进行评价。参见汪国梁、黄大伟:《政府买服务 纾解养老难》,载新浪网,http://news. sina. com. cn/o/2013-11-07/032828641726. shtml。

③ 参见李春、王千:《政府购买养老服务过程中的第三方评估制度探讨》,载《中国行政管理》2014 年第 12 期。

府购买服务的第三方评价是制度体系的重要组成部分，财政部《关于推进政府购买服务第三方绩效评价工作的指导意见》（财综〔2018〕42 号）规定各级财政部门“必要时”可直接组织第三方机构开展绩效评价工作，财政部《政府采购评审专家管理办法》（财库〔2016〕198 号）也规定了如何遴选确定参与评价的第三方专家，①但是，法律中没有对第三方评价的具体规定，导致评估中第三方引入的非强制性和随意性。二是独立性问题。独立性本应是第三方评估的最大优势之一，但是由于长期以来我国科研机构、高校等隶属政府部门，二者之间存在利益关联，很难完全独立于政府而保持客观中立。三是专业性问题。由于养老服务评价本身的复杂性，一方面，养老服务需求是多维度的，供需匹配度量化难度大；另一方面，服务过程的数据采集需要专业技术支持，评估指标和模型更是具有很强的专业性，因此对评估机构和人员的专业水平和素质的要求较其他类型的政府购买服务对评价机构的要求更高。而目前处于发展初期的第三方评价市场，评价机构的水平普遍较低，人员素质参差不齐，抽样方法不尽科学，指标体系更是不完善，这些都影响了评价的专业性。四是公信力不够。由于前述几个方面的问题，评估结果的公信力自然会打折扣。上述问题的解决之道，根本还在于相关制度的建立完善。其中最为核心的是评价指标体系的建立。

（二）绩效评价指标

评价指标是量化绩效的重要手段，也是评价服务质量和资金使用效率的对标依据。政府购买养老合作社服务的绩效评价指标体系的建构是在国家相关规范性文件确定的指标体系框架下，结合养老服务的特点确定共性指标外的个性化指标。

指标体系的构建应围绕相关主体展开，针对政府、服务提供者（承接主体）、服务对象（老年人）都应有相应指标。

就政府购买服务行为而言，评价指标应该涵盖资金预算、投入使用情

---

① 根据财政部《政府采购评审专家管理办法》（财库〔2016〕198 号），要随机抽取确认专家，如果相关专家不能满足验收工作的需要，采购人需同财政部门协商，在财政、审计、农业（农经）等工作岗位持证专家中邀请，共同组成验收小组。

况等方面，财政部《关于推进政府购买服务第三方绩效评价工作的指导意见》（财综〔2018〕42号）将“经济性、规范性、效率性、公平性”作为政府购买服务第三方评价中的核心评价指标。对购买养老服务的评价，也应当在这一框架下建构评价指标体系，涵盖对政府政策目标实现程度和提供服务者服务效率的评价。

在养老这一公共服务领域，政府运用市场机制提供服务，就应遵循市场法则，强调经济性，强调成本控制和资金使用效率，以尽可能低的投入或成本，维持既定数量和质量的公共产品或服务。在经济性指标方面，购买总量和定价是两个关键因素。购买总量即购买的总金额越大、购买服务的范围越广泛，越能吸引社会力量参与到公共服务供给中，但政府购买养老服务需要政府财政支持，因此购买总量是否与当地的财政水平、养老服务的需求相适应需要通过评估和分析评价来判断。购买养老服务的定价关系到财政支持项目绩效，也关系到服务提供主体的培育，如何在政府合理支出并充分发挥财政资金的效用与鼓励服务提供者之间达致平衡，是经济性指标需要考量的又一因素。①

规范性强调通过法律制度对行政权力进行约束和引导，政府购买行为应具有规范性。一方面，对政府购买服务的责任和目标有清晰规定；另一方面，对购买服务的程序要进行具体规范，从实体和程序界定政府在购买养老服务过程中的权责。其中，购买服务的目标也是政府购买服务效果评价的参照系。

效率性是评价的核心指标之一。效率是指投入和产出之间的比例关系，效率性指标主要是针对服务提供者设计的。在相同外部条件下，作为服务提供者的社会组织的内部管理水平和绩效影响公共服务绩效。因此，效率性指标应围绕服务提供方的能力、服务的投入产出比来设计。服务提供者的能力包括人力资源水平（人员专业化程度和数量等）、内部制度建设水平（包括内部管理、人事、财务等内部制度）以及对项目的组织管理能力。服务的投入产出比是指所投入资金、设备和其他资源与产出

---

① 参见徐家良、许源：《合法性理论下政府购买社会组织服务的绩效评估研究》，载《经济社会体制比较》2015年第6期。

的服务质量和数量间的比例关系。投入少而产出质优量多,是理想的比例关系。

公平性评价主要缘于养老服务的准公共产品属性。与其他政府采购活动不同,政府购买养老服务关涉社会公众的利益,政府将本应自己承担的公共服务生产职能委托给社会力量,而后者也分享了部分公权力,成为准公共产品的提供者,某种意义上承担起了政治性职能,因此应"秉持现代性的政治核心价值",[①]如公平公正,确保政府购买养老服务在实现经济效率的基础上,保持政治上的正确价值取向,使养老服务对于公众而言公平可及。因此,围绕公平性也应有具体指标。

就接受服务的老年人而言,"服务对象满意度"是评价政府购买养老服务效果、衡量服务质量的重要指标之一。由于服务对象是最终的受益主体,其主观感受可以说是最重要的评价因素,应当单独设置。

围绕以上评价考量因素,国内学者提出了名称虽不相同但实质相近的评价指标体系。例如,以政府成本、效率、社会公正度和公共满意度四个变量构成的评价纬度,[②]或围绕服务机构、政府参与和客户感知三个维度构建指标体系,[③]不仅注重对服务提供者服务提供的绩效评价,而且把政府参与作为评价的重要指向,考察购买服务的公共性(政府政策支持以及服务覆盖率和均等化程度等),并结合典型案例进行了实证分析。概括而言,评价指标的共性设计是针对政府、服务机构、服务对象三类主体,围绕政府购买服务的经济性、规范性、效率性、公平性、服务对象满意度来展开,这些指标也从实证研究中得到了合理性验证。笔者分析归纳以上因素并将之具体化,将针对政府购买养老合作社服务的绩效评价核心指标体系设计如表5-2所示。

---

① 参见季璐、范炜烽、刘红光:《政府向社会力量购买养老服务的绩效评估研究——基于长三角地区的调查》,载《阅江学刊》2020年第4期。

② 参见王春婷、李帆、林志刚:《政府购买公共服务绩效结构模型建构与实证检测——基于深圳市与南京市的问卷调查与分析》,载《江苏师范大学学报(哲学社会科学版)》2013年第1期。

③ 参见王成、丁社教:《政府购买居家养老服务质量评价——多维内涵、指标构建与实例应用》,载《人口与经济》2018年第4期。

表 5－2　政府购买合作社养老服务绩效评价指标体系

评价对象	评价纬度	
	一级指标	二级指标
政府	经济性	政府购买养老合作社服务支出占养老服务总支出的比例
		政府购买养老合作社服务支出的年增长率
		政府购买养老合作社服务是否列入财政专项资金目录
		福利公益彩票公益金支出情况
		购买服务定价
	公平性	服务覆盖率
		服务均等化程度
		购买养老服务的实体和程序的公平公正
		服务体现公益性程度
	规范性	政府是否出台购买养老合作社服务政策及执行细则
		政府购买养老服务涉及第三方评价
		购买服务信息公开和互动机制
		监管制度
		问责制度
	影响力	养老合作社发展壮大情况
		社会效益
养老合作社	服务能力	持有专业资格证书工作人员(专业护工)占比
		培训情况
		服务流程标准化
		组织规范程度
		财务制度健全程度
		资金来源是否多元化
	效率性	投入产出比例
	服务质量	购买养老服务项目的覆盖率
		合同按期完成情况
		服务投诉的结案率

续表

评价对象	评价纬度	
	一级指标	二级指标
服务对象（老年人）	服务对象对养老服务质量的满意度	服务可靠性
		服务及时度
		服务专业度
		对服务人员信任度
		日常沟通
		专业心理慰藉
		个性化服务
	服务对象对政府购买养老服务的满意度	资金投入数量
		服务覆盖面
		制度保障

围绕以上核心指标，采用十分制或百分制评分标准，确定各指标的权重，对服务效果进行全面评价。

（三）评估结果的运用

根据财政部的要求，政府购买服务第三方评价结果应得到具体运用，主要是作为未来对承接主体的选择以及年度预算资金安排的依据。具体而言，评价结果主要是影响政府对承接主体的评价、决定是否开展后续合作、是否需要整改以及之后的预算安排，能作为以后年度选择承接主体的重要参考。

第五节　养老合作社人才培养和培训的政府扶持

由于养老服务的专业性和特殊性，服务人才的素质和质量至关重要，充足高质量的养老服务人才资源是有效解决养老问题的前提和支撑。因此，加快养老服务人才培养成为社会化养老服务体系建设中的重要一环。目前，我国有一系列针对养老服务人员培训的政府扶持措施，如符合条件的养老服务人员参加养老服务职业技能培训的,可按照规定享受培训补贴。《苏州市居家养老服务条例》规定,政府相关职能部门组织养老职业技能培训的,对参加培训的从业人员给予培训费用减免。此外,符合条件的从业人员,可享受相应的就业、再就业等扶持政策。《铜陵市居家养老服务促进条例》规定,养老服务、康复护理与管理等专业的大中专毕业生,从事养老护理工作的,按照规定享受政府补贴。赡养人、扶养人或者其雇用人员长期在家照顾失能老年人的,可以申请享受免费护理知识培训。《河北省居家养老服务条例》与中央政策文件保持高度一致,要求县级以上人民政府应当将养老服务人才队伍建设纳入人才教育培训规划,推进养老服务人才队伍的职业化、专业化建设。

专业化程度高的人才同样是养老合作社发展赖以持续的"软实力",养老合作社中的服务人才作为养老服务队伍中的一部分,其专业素质和服务水平的提升同样离不开培养和培训,而养老服务人才的培养和培训是政府的重要职责,也是政府扶持养老合作社发展的重要手段。因此,在养老合作社立法中,有必要界定政府和养老合作社在人才培养、培训方面的职责,为其人才培养提供制度保障。

一、我国养老服务人才培养(培训)的现行立法与政策

(一)现行立法与政策概况

目前,除《老年人权益保障法》中关于建立健全养老服务人才培养、使用、评价和激励制度的框架性规定之外,涉及养老服务从业人员队伍建设方面的政策和规范性文件为数众多,尤其是地方层面的法律规范已经初具规模,呈现体系化的特点。

在中央层面,21 世纪初老龄化加快的背景下即开始重视制定加强养老服务人才培养培训的政策措施。2000 年 2 月,国务院办公厅转发民政部等部门下发的《关于加快实现社会福利社会化的意见》(国办发〔2000〕19 号),该意见明确规定要逐步提高社会福利服务队伍的专业化水平,强调标准化服务和规范化作业。2001 年,国务院发布《中国老龄事业发展"十五"计划纲要(2001—2005 年)》,要求加强社区老年管理与服务人员

的培训，对培训率提出了具体要求，重点提到发展社区志愿服务组织，主张建立专、兼职和志愿者相结合的为老服务队伍。2006 年 4 月，国务院发布《关于加强和改进社区服务工作的意见》（国发〔2006〕14 号），着重强调在社区内开展志愿养老服务活动，推行志愿者注册制度。2008 年 1 月，全国老龄工作委员会办公室等 10 部门发布《关于全面推进居家养老服务工作的意见》（全国老龄办发〔2008〕4 号），突出居家养老服务队伍建设是专业化与志愿者相结合，允许职业培训机构承接职业技能培训项目，并对这些服务人员给予物质帮扶和就业政策扶持。2011 年 7 月，国务院印发《中国妇女发展纲要（2011—2020 年）》，特别从保障老年妇女享有基本养老服务的角度，对养老服务队伍的专业化、社区的养老照护能力和服务水平等建设提出了要求。随后国办发〔2011〕60 号文指出要探索建立在养老服务中引入专业社会工作人才的机制。2013 年，国务院发布《关于加快发展养老服务业的若干意见》（国发〔2013〕35 号），其中完善人才培养和就业政策作为重要的政策措施被加以细化，涉及学校增设养老服务相关专业和课程，建立实训基地，开设公益性岗位吸收就业困难人员从事养老服务以充实服务人员队伍力量。2014 年教育部等 9 部门《关于加快推进养老服务业人才培养的意见》（教职成〔2014〕5 号）将养老服务人才培养培训体系建设的目标确定为“学历教育和职业培训并重的养老服务人才培养培训体系”，①并提出加强养老服务从业人员继续教育和信息化远程教育。国务院办公厅《关于全面放开养老服务市场　提升养老服务质量的若干意见》（国办发〔2016〕91 号）将养老护理员培训作为职业培训和促进就业的重要内容，在培训补贴、职校和普通高校养老服务课程资源的可及性、薪酬待遇以及养老护理员积分入户等方面提供优惠。而 2019 年有更多相关规范性文件出台。2019 年 4 月，国务院办公厅发布《关于推进养老服务发展的意见》（国办发〔2019〕5 号），对养老护理员的岗前培训、政策扶持、技能标准化做了规定。2019 年 10 月，国家卫生健

---

① 民政部等《关于鼓励民间资本参与养老服务业发展的实施意见》（民发〔2015〕33 号）也有类似规定。

康委员会等12部门联合发布《关于深入推进医养结合发展的若干意见》(国卫老龄发〔2019〕60号),提出将医养结合人才队伍建设分别纳入卫生健康和养老服务发展规划,表明国家高度重视拥有医学和养老服务相关专业双重背景人才建设,他们在实现各类老年群体医疗服务的全覆盖上发挥了重要作用。国家卫生健康委员会等8部门随之发布的《关于建立完善老年健康服务体系的指导意见》(国卫老龄发〔2019〕61号)进一步明确工作任务:扩大老年护理服务队伍,基本满足老年人护理服务需求。

在地方层面,30余部关于养老服务的地方性法规对养老人才培养作出明确规范,有些省市还结合地方实际进行了进一步细化。例如,《北京市居家养老服务条例》和《河北省居家养老服务条例》要求县级以上人民政府应当在人才教育培训规划设置养老服务人才队伍建设内容,推进养老服务人才队伍的职业化和专业化。长沙市、芜湖市、南昌市、沈阳市等地的《居家养老服务条例》鼓励高等学校和职业技术学校设置培养养老服务人才的课程并建设实训基地。在提高待遇方面,长沙市和杭州市等地的《居家养老服务条例》规定,执业医师、注册护士和医技人员等专业技术人员到居家养老服务组织设立的医疗机构执业的,在执业资格、注册考核、职称评定等方面享受与其他医疗机构内执业的同类专业技术人员同等待遇;同时建立养老护理人员岗位补贴制度,入职奖励和补贴,以及培训补贴。

此外,还有大量地方政策性文件也明确了养老服务人才培养的方向。例如,2011年11月30日,中共杭州市委员会办公厅等印发《关于加快推进养老服务事业发展的实施细则》(市委办〔2011〕15号),从就业扶持政策引导就业困难人群加入进养老服务中来,从专业化的角度对养老护理员和助老员提出了更高的要求。从2017年开始,多地发布关于全面放开养老服务市场提升养老服务质量的实施意见。例如,大连市人民政府办公厅《关于全面放开养老服务市场提升养老服务质量的实施意见》(大政办发〔2018〕113号)进一步强调,在提升养老服务人才素质和职业素养的基础上,提倡积极开发老年人力资源,倡导"互助养老"。2019年1月,绍兴市人民政府办公室发布《关于深化养老服务综合改革提升养老服务质量的实施意见》（绍政办发〔2019〕6 号），首次提出政校社三方合作机制，培养养老护理人才，并且对达到一定服务年限同时护理技能强的人员给予租房补贴等优惠。2019 年 11 月，广东省人民政府办公厅印发《广东省加快推进养老服务发展若干措施》（粤府办〔2019〕23 号），突出规定了完善人才培养激励机制，在落户、住房、子女就学等方面给予优秀人才照顾和优惠政策。特别值得注意的是，2020 年 11 月，北京市民政局等 5 部门印发《北京市养老服务人才培养培训实施办法》，专门规定了在民政部门备案的各类养老服务机构的养老服务人才培养培训的具体措施，包括政府的培养培训责任和主管部门，对进入养老服务机构专门从事养老服务的高校、高职毕业生的入职奖励制度，对养老护理员的岗位奖励津贴制度，以及市、区、养老服务机构三级人才培训机制，包括各类职业院校和其他具备资质的培训机构培养和培训养老服务人员的方式等，克服了现行规定分布零散化、内容缺乏系统化的局限，为各地总结制定出针对养老服务人才培养培训的专门规范提供了借鉴。

（二）现行立法与政策对养老合作社人才培养培训制度的意义与局限

值得肯定的是，现有立法和政策尤其是国家层面的制度为养老合作社人才培养培训制度提供了宏观指导和参照，为进一步规范养老合作社的人才培养培训、明确相关的政府扶持措施提供了制度框架。但由于上述政策是从宏观层面作的指导性和方针性规定，宣示性有余而操作性不足；而现行立法则是仅从一般意义上规定政府和养老服务组织的人才培养责任，且层级较低，有待进一步在中央层面制定高位阶的法律法规。就养老合作社的人才培养培训而言，应在上述制度基础上，结合养老合作社服务人员的特殊构成和培养培训需求进行更为具体和更具可操作性的规定，如此才能真正规范和推进养老合作社人才培养和培训。为达到以上目的，需要梳理养老合作社人才培养（培训）涉及的主体，明确各自的权利义务，以及培训的内容等，建构起较为完善的养老合作社人才培养（培训）制度。

二、养老合作社人才培养(培训)主体:责任主体与实施主体

(一)责任主体

在养老合作社人才培养培训中心,责任主体首先是政府。目前,我国养老服务人才短缺的情况较为严重,尤其是专业化的优秀人才,而老年人口占比在扩大,远达不到国际上通行的标准,即护理员与失能老年人 1∶3 的配置比例。面对养老服务人才供需不匹配的现状,政府应制定专门针对养老护理服务人才培养的发展规划,从顶层设计上给予人才培养政策支持。在现行地方立法中,养老服务人才队伍建设纳入政府人才教育培训规划已经成为通识,大都强调由政府相关部门组织开展对养老护理人员职业技能培训。由此可见,对养老服务人员进行培训的责任者首先是政府,这是政府公共责任的一部分,包含对养老合作社人才培养和培训所负的责任。

基于养老合作社的社区性特点,各级政府除在预算中安排专项资金,用于养老合作社的人才培养和培训外,还应成立专门的机构,负责在乡镇社区建立图书室和实训基地,定期开办培训班,提供养老服务专业知识传授和培训。

合作社人才培养和培训中,在政府应发挥人才培养主渠道作用的同时,合作社也须做好内训。合作社聘请专家到社内进行人员培训,同时可以在政府支持下与医学院等联网,进行网络学习和远程教育。政府和合作社共同承担起人才培养和培训的责任。

(二)实施主体

具体承担对合作社服务人员培训的主体是否具备资质和培训能力,关乎服务人员技能能否提高,以及老年人接受服务后的满意度,最终关系到养老合作社能否获得可持续发展的人力资源。

目前,对养老服务人员进行培训主要有三种方式:一是委托社会上的职业培训机构对从事养老服务的人员进行培训;二是由专门的高等职业学校培养养老服务人才,建立培训基地;三是社区组织专家通过开展一些免费的养老服务相关课程为相关人员进行简单培训。在这三种培养培训

方式中,高等职业学校的培养培训是专业性最强的,职业培训机构次之。对于养老合作社而言,三种人才培养方式可结合起来,可以从高等职业学校引进人才,委托他们进行人才培养,同时结合养老合作社的特点,通过职业培训机构的培养培训和专家开设的培训课程,进行常规培训,实现学校专业培养和常规培训相结合。

有数据表明,2016 年,全国有 143 所高等职业学校开始开设老年服务与管理专业,年招生 4023 人。全国有 257 所高校开设本科护理学专业,年招生 5.1 万人;有 143 所高校开设本科康复治疗学专业,年招生 9200 人;有 300 余所高校开设本科心理学或应用心理学专业,年招生 1.9 万人;有 300 余所高校开设本科社会工作专业,年招生 1.4 万人。全国建成养老护理员职业技能鉴定站 31 个,培训基地 68 家,有 134 所院校开设护理专业。[①] 这说明高等职业学校在养老服务人员培养方面扮演着重要角色,为我国养老服务事业发展输送源源不断的人才。例如,北京市劲松职业高中于 2015 年开办老年服务与管理专业以来,目前累计为社会培养技术技能型养老服务人才百余名。除此之外,我国现行的规范性文件中也肯定了社会职业培训机构的地位。例如,《北京市居家养老服务条例》明确指出相关组织应当吸纳专业人才,并对从事养老服务的员工进行培训。全国老龄工作委员会办公室等《关于全面推进居家养老服务工作的意见》(全国老龄办发〔2008〕4 号)中提到鼓励各类职业培训机构对居家养老服务人员开展职业技能培训,考试合格发给相应的职业资格证书。

总体来说,对合作社服务人员的培训也应借助高等职业学校和社会职业培训机构的力量进行,力求培训趋向专业化和职业化,使养老服务人员赢得尊重、获得成就感。养老合作社可以申请成为养老服务培训基地,由政府组织师资对服务人员进行培训,提高包括低龄老年人和志愿者在内的服务人员的素质和能力。也可借鉴北京市的办法,各区民政局应确定一处区级养老服务人才培训基地,可承接本区养老服务培训任务,包括

---

① 参见民政部《关于加强养老护理人员培训的提案答复的函》(民函〔2017〕836 号),2017 年 9 月 11 日。

养老合作社委托的培训任务。

就养老合作社服务人员的培养培训而言，侧重点在于对相关人员的继续教育和职业培训。除了鼓励养老服务专业的大学生到合作社从事志愿服务，提高服务水平，还要依托职校、高校开展学历和非学历继续教育，同时利用信息技术发展远程教育。此外，积极开展养老服务人员和社区工作者培训，提高从业人员专业能力和服务水平。

三、养老合作社人才培养(培训)的对象

在老年人的养老需求日益多元化的背景下，养老服务人才应能满足老年人的需求。概括而言，养老合作社提供的养老服务能满足以下养老需求：一是基础需求，即日常生活照料需要；二是康复需求，即身体恢复、心理康复等需要；三是精神需求，即日常陪伴、受到尊重认可等。根据老年人的需求层次，可将养老服务人员大体分为四类：管理层服务人员、康复服务人员、护理服务人员、志愿者服务团队。①

养老合作社建立在社员之间互助合作的基础上，社内低龄老年人是服务人员的重要组成部分，在此基础上通过志愿服务和社会合作弥补互助合作力量的不足。因此，以上四类服务人员的来源既有社内老年人，又有志愿者和社会合作方的人员。管理层服务人员主要负责养老合作社的日常运营，包含人员管理、资金管理和使用、内部治理等。老年人需求得到满足的前提是养老合作社良好运营，具备优秀的管理人员。作为管理者，应具备良好的管理能力、沟通协调及适应市场变化的能力等。为保证管理者制定的服务策略行之有效，管理层还应掌握与老年人相关的专业知识并且熟悉老年人的日常生活。康复服务人员主要负责老年人的精神状况，保障他们的心理健康。由于老年人缺乏家庭成员的陪伴，亲情缺失以及与社会发展脱节等原因，很多老年人在心理、精神等方面可能存在问题，所以康复服务人员在掌握基础护理知识的基础上，还应具备心理学、

① 参见和丽芬、迟昕美：《供给侧结构性改革背景下养老服务人员队伍建设研究》，载《中国经贸导刊(中)》2019 年第 11 期。

营养学、社交沟通等方面的专业知识。护理服务人员主要是照顾老年人日常生活，涵盖餐食、清洁卫生、安全照料等方方面面。这都需要护理服务人员具有耐心、爱心和责任心，提供人性化护理。志愿者服务团队主要由学生以及社会爱心人士构成，他们抽出时间来陪伴老年人，弥补老年人的亲情空白，给予他们精神上的安慰。志愿者服务团队与老年人的接触，既增进他们对老年生活的理解，又弘扬了尊老爱老的优良传统。养老合作社的人才培养培训主要就是针对以上四类人员展开。

四、养老合作社人才培养（培训）的内容及形式

无论是由高等职业学校进行职业培养和培训，还是依靠职业培训机构和专家进行课程培训，培训的内容和形式主要是以下方面。

（一）培养（培训）内容

依据《养老护理员国家职业技能标准》（2019 年版），结合城市养老合作社和农村养老合作社养老服务的不同特点，构建不同的培训内容。

目前，养老合作社服务人员因城乡发展情况不同在具体类型上存在差异。培训也有侧重点。在农村养老合作社中，养老服务人员应由管理层服务人员、基本生活照料的服务人员以及少部分的志愿者构成。农村养老合作社所提供的养老服务限于基本生活照料及简单的医疗服务，与专业的养老机构相比，专业化服务水平低。而城市养老合作社利用社区周边为老资源，注重搭建平台建设，形成了较为充实的养老服务人员队伍。对于城市养老合作社，养老服务人员类型更加广泛，包括合作社管理层服务人员、社会公益组织服务人员、为老服务机构服务人员、志愿者等。因此，现阶段养老服务人才的培养培训在城乡养老合作社中应有所区别。

1. 农村养老合作社服务人员的培养培训内容

第一，职业规范知识，包括和老年人相关的法律法规、礼仪规范、消防安全知识等。

第二，生活照料方面的知识，包括助餐进食、清洁卫生、睡眠看护、排泄照护等。

第三，人文关怀方面的知识，主要培训养老服务人员如何与老年人进

行沟通,如何把握老年人的心理、观察老年人的心理状态。

2. 城市养老合作社服务人员的培养培训内容

由于城市养老合作社服务人员来源渠道广泛,该培训内容应当在农村养老合作社服务人员培训内容的基础上有所增加,包括给药、消毒、急救护理、老年常见疾病护理、临终护理、康复护理以及加强常见老年病防治知识学习等。

当然,随着养老合作社的发展,城乡差距会缩小,人才培养培训的内容也应该趋同。

(二)培训形式

根据养老合作社分布的地理位置、所拥有的为老服务资源,坚持方便服务人员参与、保证培训效果的原则,培训应以多元化的形式进行。主要可以采取以下几种形式:(1)专业讲师定期走进养老合作社,以专题讲座形式进行现场教学。这样,合作社服务人员在不离开工作地点的前提下可以进行相应知识的学习。(2)与高等职业学校和职业培训机构合作,开发数字化教学资源,将养老服务相关课程录制成网课或者直接进行网络远程教育,方便合作社服务人员进行学习。(3)政府部门可定期邀请医疗机构工作者或者养老服务职业培训学校老师举行养老服务护理知识的培训,鼓励养老服务合作社的服务人员参与。(4)对城市养老合作社中不同层级的服务人员进行分层培训。对于有专业背景的人员侧重于康复护理、常见疾病护理、常用治疗知识的培训,而针对文化基础弱的人员则要用案例教学的方法进行授课。

五、养老合作社人才培养(培训)的政府扶持措施

(一)强化制度保障

《"十三五"国家老龄事业发展和养老体系建设规划》(国发〔2017〕13号)提出"人才培养工程",制定了"十三五"时期力争使全国养老机构护理人员都得到至少一次专业培训的目标。教育部等9部门《关于加快推进养老服务业人才培养的意见》(教职成〔2014〕5号)从养老服务相关专

业教育体系建设、提高养老服务相关专业教育教学质量、加强养老服务从业人员继续教育、积极引导学生从事养老服务业等方面制定了加强养老护理服务人才培养的措施；从加强组织领导、拓宽投入渠道、制定配套政策以及健全监督机制等角度为养老服务人才的培养提供保障。合作社服务人员作为养老服务事业发展主力军的一部分，理应将其纳入“人才培养工程”计划的范围，强化服务人员培训的制度保障机制。

（二）加大财政投入

合作社的专业养老服务人员无论是由高校定向培养还是社会培训产生，这一切都离不开国家财政的投入。政府要对设置养老服务专业的高等职业院校提供经费支持，鼓励在学校内部建立养老服务技能培训，供学生实践以及养老服务人员培训。国家要加大对高等院校、职业院校开展养老服务专业的资源投入，财政补贴支持、鼓励学生报考养老服务专业。有学者提出对养老服务人员的社会培训要给予资金支持，政府鼓励成立养老服务培训行业协会，进行统一规范。①

（三）健全人才激励机制

目前，我国养老服务人员的薪酬待遇水平低，基于这一因素，很多院校的毕业生从事养老服务行业的意愿偏低，导致养老服务人员缺口巨大。为此，政府要建立人才激励机制，包括建立行业专项补贴、保障社会保险福利待遇、购房优惠及子女入学等优待措施，提高职业荣誉感。针对社会力量参与养老服务，建立时间银行储蓄机制，调动志愿者服务的积极性。②

在养老合作社人才培养培训方面，政府的财政投入和相关优惠政策，能够提高养老合作社中服务人员的服务能力和水平，源源不断地为养老合作社提供高质量人才，满足其对服务人才的需求。

---

① 参见陈相芬：《养老服务人才培养模式与培训市场化分析》，载《农村经济与科技》2018年第20期。

② 参见杨宏、韩孝雨、程欣：《补齐健康养老服务人才短板》，载《社会福利（理论版）》2019年第7期。

第六章　养老合作社法（立法建议稿）

第一章　总　　则

第一条　［立法目的］为了规范养老合作社的组织和行为，鼓励、支持、引导养老合作社的发展，保护养老合作社及其社员的合法权益，推进养老服务社会化，完善社会化养老服务体系，制定本法。

第二条　［养老合作社定义］在自愿联合、民主管理等合作社原则的基础上，社员缴纳一定的入社资金，社员间互助合作，并吸收社会服务主体，为社内老年人提供生活照料、康复护理、医疗保健、精神慰藉等养老服务的社会化养老组织。

第三条　［养老服务范围］养老合作社以其社员为主要服务对象，开展以下一种或者多种服务：

（一）生活照料；

（二）精神慰藉；

（三）医疗护理；

（四）文化娱乐；

（五）其他与老年人日常生活相关的养老服务。

第四条　［养老合作社的基本原则］养老合作社应当遵循下列原则：

(一)以服务社员为宗旨,谋求全体社员的共同利益;

(二)入社自愿、退社自由;

(三)社员地位平等,实行民主管理;

(四)依托社区;

(五)互助合作与社会合作相结合。

第五条　[养老合作社的法人资格和法人财产权] 养老合作社依照本法登记,取得法人资格。

养老合作社对由社员出资和服务储蓄、国家财政直接补助、他人捐赠以及合法取得的其他资产所形成的财产,享有占有、使用和处分的权利,并以上述财产对债务承担责任。

第六条　[社员有限责任] 养老合作社社员以其账户内记载的出资和时间货币为限对养老合作社承担责任。

第七条　[政府扶持] 国家通过财政支持、税收优惠和金融、科技、人才的扶持等措施,促进养老合作社的发展。

国家鼓励和支持公民、法人和其他组织为养老合作社提供帮助和服务。

对发展养老合作社事业做出突出贡献的单位和个人,按照国家有关规定予以表彰和奖励。

第八条　[养老合作社及社员的权益受法律保护] 国家保护养老合作社及社员的合法权益,任何单位和个人不得侵犯。

第九条　[养老合作社的管理部门] 县级以上人民政府民政部门、其他有关部门和组织应当依据各自职责,对养老合作社的建设和发展给予指导、扶持和服务。

第二章　养老合作社的设立

第十条　[养老合作社的设立条件] 设立养老合作社应当具备下列条件:

(一)有 10 名以上社员;

(二)有符合本法规定的章程;

(三)有符合本法规定的组织机构;

(四)有符合法律、行政法规规定的名称和章程确定的住所;

(五)有符合章程规定的社员出资。

第十一条 [出资形式] 养老合作社社员可以用货币、实物以及时间货币等形式出资。

第十二条 [发起人职责] 基层政府、社区、村民委员会或自然人可作为发起人。发起人的主要职责包括:

(一)要开展宣传、发动工作,吸引符合本法规定条件的社员加入合作社;

(二)确定社员范围、资格;

(三)拟定合作社章程;

(四)制定服务活动的方针;

(五)推进召开合作社发起人会议的其他必要事项。

第十三条 [设立大会] 设立养老合作社,应当召开由全体设立人参加的设立大会。设立时自愿成为该社成员的人为设立人。

设立大会行使下列职权:

(一)通过本社章程,章程应当由全体设立人一致通过;

(二)选举产生理事长、理事、执行监事或者监事会成员;

(三)审议其他重大事项。

第十四条 [章程记载事项] 养老合作社的章程应当载明下列事项:

(一)名称和住所;

(二)养老服务范围;

(三)社员的资格;

(四)社员入社、退社、除名的条件和程序;

(五)社员的权利和义务;

(六)社员的出资方式和出资额;

(七)组织机构及其产生办法、职权、任期、议事规则,对管理机构活动的监督;

(八)财务管理;

(九)章程的修改程序;

(十)解散事由;

(十一)其他需要载明的事项。

第十五条　[登记机关和登记提交文件] 养老合作社设立,应当向民政部门提交下列文件,申请设立登记:

(一)设立申请书;

(二)全体设立人签名的设立决议书;

(三)养老合作社章程;

(四)发起人和社员名单;

(五)选举产生的董事会和监事会成员名单;

(六)服务计划;

(七)法律、行政法规规定需要提交的其他文件。

第三章　养老合作社的社员

第十六条　[养老合作社的社员条件] 养老合作社的社员须满足下列条件:

(一)年满六十周岁的自然人;

(二)需要利用养老合作社的服务;

(三)承认并遵守养老合作社章程;

(四)具有养老合作社住所地的户籍并实际居住该地;

(五)缴纳一定的出资;

(六)履行章程规定的入社手续。

养老合作社应当置备成员名册,并报登记机关。

第十七条　[养老合作社社员的权利] 养老合作社社员享有下列权利:

(一)参加社员大会,并享有表决权、选举权和被选举权,按照章程规定对本社实行民主管理;

(二)查阅本社的章程、社员名册、社员大会或者社员代表大会记录、理事会会议决议、监事会会议决议、财务会计报告、会计账簿和财务审计报告；

(三)获得本社提供的养老服务；

(四)提供服务后在时间银行记载服务时间的权利；

(五)退社权；

(六)代理本社其他社员表决的权利；

(七)在合作社社员或者理事违反注意义务和忠实义务对社员和养老合作社的利益造成损害时提起诉讼的权利；

(八)章程规定的其他权利。

第十八条　[养老合作社社员的义务] 养老合作社社员应承担下列义务：

(一)执行成员大会、成员代表大会和理事会的决议；

(二)按照章程规定向本社出资；

(三)低龄老年人社员向其他高龄失能失智社员提供养老服务；

(四)按照章程规定接受合作社签约社会服务资源方的服务并在接受有偿服务时付费；

(五)章程规定的其他义务。

第十九条　[养老合作社社员资格的丧失] 养老合作社社员资格因下列原因丧失：

(一)自愿退社,社员自愿退出养老合作社的,应于会计年度届满前一定时间(由章程规定)提出书面申请；

(二)因死亡当然退社；

(三)强制退社,社员拒不履行义务或有侵害养老合作社利益等行为的,经社员大会决议,可以予以除名。

第四章　养老合作社的组织机构

第二十条　[养老合作社的社员大会和社员代表大会] 由全体社员组成的社员大会是养老合作社的权力机构,行使下列职权：

(一)修改章程；

(二)决定新成员入社；

(三)选举和罢免理事长、理事、监事会成员;

(四)决定重大财产处置、土地管理使用等生产经营过程中的重大事项;

(五)批准年度业务报告、亏损处理方案;

(六)对分立、合并、解散、清算作出决议;

(七)决定聘用专业技术人员的数量、资格;

(八)听取理事长或理事会关于成员变动情况的报告;

(九)章程规定的其他职权。

养老合作社社员数量较多,召开社员大会会议难度较大的情况下,可以按章程规定设立社员代表大会,行使社员大会的部分或全部职权。

第二十一条　[社员大会会议制度] 社员大会每年至少召开一次。

会议的召集由章程规定。有下列情形之一的,应当在二十日内召开临时社员大会:

(一)百分之三十以上的社员提议;

(二)执行监事或者监事会提议;

(三)章程规定的其他情形。

第二十二条　[社员大会表决] 出席人数达到社员总数的三分之二,社员大会方可召开。

社员大会选举或做出决议,应当由本社社员表决权过半数通过;做出合并、分立、解散或者修改章程等重大决议应当由本社社员表决权总数三分之二以上表决通过。

社员大会实行"一人一票"的表决制度。社员因故不能亲自参加社员大会,可以书面委托其他社员代理行使表决权。一个社员只能代理一个其他社员行使表决权。

第二十三条　[养老合作社的理事会] 养老合作社设理事会。理事会成员由社员大会从本社社员中选举产生。理事会由至少三名理事组成,每届任期三年,可以连选连任。理事会行使下列职权:

(一)组织定期召开社员大会并汇报工作,执行社员大会的决议;

(二)制定养老合作社的年度发展规划、内部管理制度,对收入或亏损制订对应方案；

(三)组织开展社员培训或为聘任人员管理制订方案；

(四)管理保障养老合作社的资产和财务安全；

(五)决定养老合作社社员入社、退社、奖励、处分、除名等事务；

(六)履行章程规定的其他职权。

第二十四条　[养老合作社的理事长] 养老合作社设理事长一名，理事长为本社的法定代表人。理事长行使下列职权：

(一)主持社员大会；

(二)召集并主持理事会会议；

(三)签署聘任养老合作社财务会计人员或专业技术人员的聘书；

(四)检查养老合作社对社员大会和理事会决议的实施情况；

(五)代表养老合作社对外签订合同；

(六)履行章程规定的其他职权。

第二十五条　[养老合作社理事会的民主决策] 理事会实行民主决策，重大事项由理事会成员民主讨论决定。

理事会决议实行一人一票，理事会会议应有二分之一以上的理事出席方可举行，理事会作出决议须经全体出席会议的理事过半数通过，但当决议结果出现同意和反对同数时，理事长的投票可以决定本次投票结果。

第二十六条　[养老合作社经理和其他专业管理人员的聘任] 理事会或理事长可以根据社员大会的决议，从养老合作社内部或者外部聘任经理和其他专业管理人员，在理事会的监督下，负责养老合作社的日常管理工作。

第二十七条　[养老合作社的执行监事或监事会] 养老合作社设执行监事或监事会，执行监事或监事会是养老合作社的监督机构，设有执行监事的养老合作社不再设监事会。

执行监事或监事会的职权由养老合作社的章程具体规定。

理事长、理事等管理人员以及财务会计人员不得担任监事。

监事可以由社员大会从本社社员中选举产生，也可以根据社员大会决议从外部聘任监事。

第二十八条　[执行监事或监事会职权] 执行监事或监事会具有以下职权:

(一)监督理事会对社员大会决议和养老合作社章程的履行情况;

(二)监督理事会对养老合作社资产的管理状况;

(三)监督理事会成员等养老合作社管理人员对职务的履行,发现侵犯合作社利益的行为,有权要求予以纠正,对本社利益造成严重侵害的,可以提请社员大会或理事会,追究相关人员的责任,做出相应的处罚;

(四)按年度向社员大会做工作汇报;

(五)履行章程规定的其他职权。

第二十九条　[养老合作社的养老合作小组] 养老合作小组是养老合作社业务的执行部门,组成人员包括合作社内的低龄且较为健康的老年人、志愿者、政府购买服务的部分人员等,每一小组三至五人,分工合作提供养老服务。

第五章　养老合作社的服务制度

第三十条　[养老合作社服务的类型] 养老合作社的服务分为内部服务和外部服务。

内部服务是指养老合作社社员之间以及志愿者提供的互助合作服务。内部服务主要为非专业性日常照料服务。

外部服务是指养老合作社引入的社会服务资源方为社员提供的社会合作服务。外部服务主要为专业化养老服务。

第三十一条　[时间银行服务储蓄] 鼓励养老合作社加入政府设立的时间银行,建立服务储蓄制度。通过时间银行服务储蓄制度鼓励社员和志愿者提供互助合作服务。

时间银行服务储蓄是指将作为服务提供者的社员和志愿者的服务时间按照一定的规则记录下来,并以时间货币的形式储入其时间银行个人账户,以便将来年老时提取积累的服务时间以兑换自己所需要的养老服务的互助养老创新模式。

第三十二条　[时间货币的记载与兑换] 一小时养老服务记载一个

时间货币。

时间货币以兑换等长时间的养老服务为原则,例外情况下可兑换金钱报酬和物质奖励,具体兑换规则可由各地时间银行规定。

时间货币在设立时间银行的地区可通存通兑。

第三十三条 [时间货币的转让和继承] 时间货币可无偿或低偿在不同主体之间转让,养老合作社社员转让时间货币的,同社的其他社员有优先受让权。

时间货币可纳入自然人遗产的范围,并依据关于遗产继承的法律规定继承。

第三十四条 [志愿者的奖励和惩戒] 人民政府民政行政主管部门负责对时间银行的设立运行进行监管,对时间银行机构和服务提供者行为进行监督。

对服务质量高的志愿者,可规定由民政部门直接予以物质奖励,或者奖励一定数量的服务时间(时间货币),计入个人时间银行账户。

对服务质量不高或怠于服务的志愿者,由时间银行减少或取消服务时间记录,并计入个人的诚信档案,作为获得后续承接服务并获取时间货币资格的依据。

第三十五条 [社会合作资源方的引入] 养老合作社可以签订服务协议委托社会合作资源方有偿或无偿为社员提供专业化养老服务。

社会合作资源方主要指医疗、专业维修、专业咨询、文化服务等提供养老服务的机构、企业或个人。

养老合作社应本着毗邻就近、低偿微利、服务基本的原则选择社会合作资源方。

第三十六条 [养老合作社与社会合作资源方的权利和义务] 养老合作社与社会合作资源方签订的服务协议应明确服务内容、双方的权利和义务、违约责任等事项;社会合作资源方应建立服务档案,公开服务项目、服务内容以及收费标准等,接受社会公众的监督。

社会合作资源方应执行养老服务的国家标准、行业标准和地方标准。

社会合作资源方应当加强对从业人员的服务技能培训和职业道德教

育,维护老年人尊严,提供优质服务,不得侵害老年人的合法权益。

第三十七条　[社员的利益第三人地位] 养老合作社与社会合作资源方签订的协议中应约定社员享有请求社会合作资源方直接向其提供服务的权利、请求社会合作资源方承担违约责任的权利以及合同变更、解除的抗辩权。

第六章　养老合作社的合并、分立和解散

第三十八条　[养老合作社的合并和分立] 养老合作社可以采取吸收合并或者新设合并。

养老合作社可以采取新设分立和派生分立。

第三十九条　[养老合作社合并和分立应办理登记] 发生吸收合并,被吸收的合作社应办理注销登记,吸收存续的合作社应办理变更登记。发生新设合并,原合作社办理注销登记,新合作社办理设立登记。合作社分立的,派生分立中分立出来的合作社需办理设立登记,原合作社办理变更登记;新设分立的,原合作社办理注销登记,新合作社办理设立登记。

第四十条　[养老合作社的解散] 养老合作社因下列原因解散:

(一)出现了章程规定的解散事由;

(二)经社员大会决议解散;

(三)因合并或分立解散;

(四)依法被吊销营业执照或者被撤销。

因前款第一项、第二项、第四项原因解散的,应当在解散事由出现之日起十五日内由社员大会推举成员组成清算组,开始解散清算。逾期不能组成清算组的,成员、债权人可以向人民法院申请指定成员组成清算组进行清算,人民法院应当受理该申请,并及时指定成员组成清算组进行清算。

第四十一条　[养老合作社的注销] 清算完毕后,向原登记机关办理注销登记,养老合作社法人资格消灭。

第七章　养老合作社的监管和政府扶持

第四十二条　[养老合作社的监管] 政府有关部门对养老合作社的

设立运行进行监督管理，保证养老服务符合国家有关标准。

登记管理机关对养老合作社进行检查和监督，并对发现的问题进行处置。

养老合作社实行内部审计、社会审计和政府审计相结合的审计制度。

第四十三条 ［**政府财政扶持**］县级以上人民政府应从专门设立的养老服务专项资金、各类养老服务补助资金或者养老服务业发展引导基金中安排用于养老合作社的资金，列入每年的财政预算，专款专用，保持与人口老龄化和本地经济社会发展水平相适应的投入规模，并随着经济发展水平的提高而逐步增加。

民政部本级和地方各级政府应安排一定比例的用于社会福利事业的彩票公益金支持养老合作社发展。

政府可通过购买养老服务、直接发放补贴等方式，支持养老合作社开展针对合作社管理层服务人员、低龄老年人和志愿者等管理人员和服务人员的培养培训和奖励，支持养老设施基础建设等。

第四十四条 ［**金融保险扶持**］国家开发性金融应为养老合作社提供全面优惠的信贷政策支持和综合金融服务，或者支持民政部推荐或认可的养老合作社项目。

政府应给予投保机构综合险(雇主责任险、养老责任险)的养老合作社保费补贴。

第四十五条 ［**税费减免**］养老合作社享受国家规定的养老服务业的税收优惠。

对养老合作社免征有关行政事业性收费。

第四十六条 ［**用地保障**］应采取划拨的方式保障养老合作社的用地。

第四十七条 ［**用水用电用气用热等价格优惠**］养老合作社的用水用电用气用热等价格按居民生活类价格执行。有线电视基本收视费、电话费、宽带网络使用费应当减半收取。

第八章 法律责任

第四十八条 ［**侵害养老合作社及其社员权利的法律责任**］侵占、挪用、截留、私分或者以其他方式侵犯养老合作社及其社员的合法财产,非法干预养老合作社及其社员的自主活动,侵害社员的人身安全和健康,造成养老合作社及其社员财产损失和社员人身损害的,依法追究法律责任。

第四十九条　[养老合作社虚假登记的法律责任] 养老合作社向登记机关提供虚假登记材料或者采取其他欺诈手段取得登记的,由登记机关责令改正;情节严重的,撤销登记。

第五十条　[养老合作社提供虚假材料的法律责任] 养老合作社在依法向有关主管部门提供的财务报告、社员情况等材料中,作虚假记载或者隐瞒重要事实的,依法追究法律责任。

第九章　附　　则

第五十一条　[本法的生效] 本法自××××年××月××日起施行。

参考文献

一、中文著作

[1]陈广胜:《走向善治》,浙江大学出版社 2007 年版。

[2]陈婉玲:《民国〈合作社法〉的孕育与影响》,法律出版社 2010 年版。

[3]陈雪萍、郑生勇、唐浥云等:《互助养老服务理论与实践》,上海交通大学出版社 2017 年版。

[4]管爱国、符纯华译著:《现代世界合作社经济》,中国农业出版社 2000 年版。

[5]金锦萍:《非营利法人治理结构研究》,北京大学出版社 2005 年版。

[6]江平主编:《法人制度论》,中国政法大学出版社 1994 年版。

[7]黄立:《民法总则》,中国政法大学出版社 2002 年版。

[8]刘灵芝:《中国公民养老权研究》,辽宁大学出版社 2010 年版。

[9]李彦芳:《我国住宅合作社立法研究》,吉林大

学出版社 2020 年版。

[10]刘妮娜:《互助型社会养老——乡土模式的理论与实践》,社会科学文献出版社 2020 年版。

[11]李冬梅:《中国新型农民专业合作社财税支持政策研究》,中国财经出版传媒集团、经济科学出版社 2017 年版。

[12]李锡勋:《合作社法论》(增订第 4 版),台北,三民书局 1992 年版。

[13]李适时主编:《中华人民共和国民法总则释义》,法律出版社 2017 年版。

[14]鲁迎春:《公私合作——上海养老服务供给的探索》,上海人民出版社 2019 年版。

[15]陆介雄、宓明君、李天霞等:《住宅合作社立法研究》,法律出版社 2006 年版。

[16]罗杰主编:《审计学》,清华大学出版社 2006 年版。

[17]梅慎实:《现代公司机关权力构造论》,中国政法大学出版社 2000 年版。

[18]米鸿才、邱文祥、陈乾梓:《合作社发展简史》,中共中央党校出版社 1988 年版。

[19]欧阳仁根、陈岷:《合作社主体法律制度研究》,人民出版社 2008 年版。

[20]屈茂辉等:《合作社法律制度研究》,中国工商出版社 2007 年版。

[21]沈宗灵主编:《法理学》(第 2 版),北京大学出版社 2000 年版。

[22]孙晓红:《合作社立法模式问题研究》,知识产权出版社 2012 年版。

[23]税兵:《非营利法人解释——民事主体理论的视角》,法律出版社 2010 年版。

[24]王艳林:《中国经济法理论问题——探求经济法走向成熟的思考与评论》,中国政法大学出版社 2001 年版。

［25］王卫平、黄鸿山：《中国古代传统社会保障与慈善事业——以明清时期为重点的考察》，群言出版社 2005 年版。

［26］王泽鉴：《民法总则》，中国政法大学出版社 2001 年版。

［27］王浦劬、［美］莱斯特·萨拉蒙：《政府向社会组织购买公共服务研究：中国与全球经验分析》，北京大学出版社 2010 年版。

［28］王阳亮：《责任与合作：政府购买养老服务研究》，中国社会科学出版社 2017 年版。

［29］俞可平：《治理与善治》，社会科学文献出版社 2000 年版。

［30］俞可平：《政治与政治学》，社会科学文献出版社 2003 年版。

［31］张新宝：《中华人民共和国民法总则释义》，中国人民大学出版社 2017 年版。

［32］朱力宇、叶传星主编：《立法学》（第 4 版），中国人民大学出版社 2015 年版。

［33］周林彬、任先行：《比较商法导论》，北京大学出版社 2000 年版。

［34］曾赛红、郭福春主编：《合作金融概论》，中国金融出版社 2007 年版。

［35］郑红：《互助养老与社区时间货币：应对人口老龄化的金融创新》，中国经济出版社 2019 年版。

［36］张岩松：《养老服务业发展与个案研究》，清华大学出版社 2015 年版。

［37］张占平、吕洁：《多元化养老方式背景下家庭养老的衰退与承续》，中国社会科学出版社 2020 年版。

［38］张文显主编：《法理学》（第 5 版），高等教育出版社 2018 年版。

［39］李春生主编，中华全国供销合作社总社国际合作部编写：《国际合作社联盟》，中国社会出版社 2009 年版。

［40］［法］埃米尔·涂尔干：《社会分工论》，渠敬东译，三联书店 2017 年版。

［41］［美］理查德·C. 博克斯：《公民治理：引领 21 世纪的美国社区》，孙柏瑛等译，中国人民大学出版社 2012 年版。

[42][法]卢梭:《社会契约论》,何兆武译,商务印书馆 1980 年版。

[43][美]罗纳德·哈里·科斯:《企业、市场与法律》,盛洪、陈郁译,格致出版社、上海三联书店、上海人民出版社 2009 年版。

[44][德]卡尔·拉伦茨:《德国民法通论》(上册),王晓晔等译,法律出版社 2003 年版。

[45][俄]克鲁泡特金:《互助论》,李平沤译,商务印书馆 1963 年版。

[46][英]威廉姆·贝弗里奇:《贝弗里奇报告——社会保险和相关服务》,华迎放、汤晓莉、耿树艳译,中国劳动社会保障出版社 2008 年版。

二、中文论文

[1]毕天云、刘梦阳:《中国传统宗族福利体系初探》,载《山东社会科学》2014 年第 4 期。

[2]陈芳、陈建兰:《我国"自我养老"模式研究述评》,载《学术论坛》2013 年第 1 期。

[3]陈际华:《"时间银行"互助养老模式发展难点及应对策略——基于积极老龄化的理论视角》,载《江苏社会科学》2020 年第 1 期。

[4]陈景善、郜俊辉:《利他合同之法定解除权行使规则研究》,载《社会科学研究》2020 年第 6 期。

[5]陈岷:《论合作社的立法模式》,载《乡镇经济》2008 年第 8 期。

[6]陈世海:《互助养老合作社:创新农村养老模式的一种探索》,载《宜宾学院学报》2014 年第 5 期。

[7]陈相芬:《养老服务人才培养模式与培训市场化分析》,载《农村经济与科技》2018 年第 20 期。

[8]陈晓华:《农村专业合作经济组织的建设》,载《北方牧业》2003 年第 6 期。

[9]陈雅丽:《社会企业的培育与发展:英国经验及其对中国的启示》,载《社会工作》2014 年第 3 期。

[10]陈友华、庞飞:《福利多元主义的主体构成及其职能关系研究》,载《江海学刊》2020 年第 1 期。

[11]陈云霞:《江苏省宜兴丰汇水芹专业合作社　互促互帮　以产业实现养老》,载《中国合作经济》2017 年第 4 期。

[12]崔馥娟、田书芹:《日本农业协同组织与中国农民专业合作社比较研究》,载《新疆农垦经济》2009 年第 4 期。

[13]戴建兵:《治理现代化视角下老年人参与政府购买养老服务研究》,载《兰州学刊》2020 年第 10 期。

[14]邓志锋:《关于我国助老服务"时间银行"建设的思考》,载《南京人口管理干部学院学报》2012 年第 4 期。

[15]董蕾红、李宝军:《社会企业的法律界定与监管——以社会企业参与养老产业为分析样本》,载《华东理工大学学报(社会科学版)》2015 年第 3 期。

[16]杜鹏、孙鹃娟等:《中国老年人的养老需求及家庭和社会养老资源现状——基于 2014 年中国老年社会追踪调查的分析》,载《人口研究》2016 年第 6 期。

[17]范金民:《清代苏州宗族义田的发展》,载《中国史研究》1995 年第 3 期。

[18]冯晶:《我国政府购买养老服务的资金管理体系研究》,中国海洋大学 2014 年硕士学位论文。

[19]高新宇、丁夏夏:《农村合作社的社会保障功能分析》,载《合作经济与科技》2012 年第 2 期。

[20]管洪彦、孔祥智:《农民专业合作社法人财产权:规范解释与修法思路》,载《农业经济问题》2017 年第 5 期。

[21]郭丹:《各国合作社立法模式比较及对中国立法的借鉴》,载《经济研究导刊》2007 年第 8 期。

[22]郭国庆:《德国〈合作社法〉评介》,载《河北法学》1999 年第 1 期。

[23]国鲁来:《德国合作社制度的主要特点》,载《中国农村经济》1995 年第 6 期。

[24]韩卫红、杨秋宇、于成杰:《美国公共图书馆协会〈2018－2022 年

战略规划〉解读与思考》,载《图书馆工作与研究》2020 年第 5 期。

[25]韩央迪:《从福利多元主义到福利治理:福利改革的路径演化》,载《国外社会科学》2012 年第 2 期。

[26]和丽芬、迟昕美:《供给侧结构性改革背景下养老服务人员队伍建设研究》,载《中国经贸导刊(中)》2019 年第 11 期。

[27]侯丽琴:《"时间银行"模式下互助养老服务合同法律关系研究》,天津商业大学 2014 年硕士学位论文。

[28]黄闯、李琳:《养老服务业发展的理想前景和实践困局——以我国人口老龄化背景为视角》,载《长白学刊》2015 年第 3 期。

[29]纪春艳:《新型城镇化视角下农村互助养老模式的发展困境及优化策略》,载《农村经济》2018 年第 1 期。

[30]季璐、范炜烽、刘红光:《政府向社会力量购买养老服务的绩效评估研究——基于长三角地区的调查》,载《阅江学刊》2020 年第 4 期。

[31]江钦辉:《政府购买居家养老服务合同若干问题思考》,载《温州大学学报(社会科学版)》2018 年第 6 期。

[32]蒋大兴:《〈民法总则〉的商法意义——以法人类型区分及规范构造为中心》,载《比较法研究》2017 年第 4 期。

[33]金华宝:《发达国家互助养老的典型模式与经验借鉴》,载《山东社会科学》2019 年第 2 期。

[34]金华宝:《农村社区互助养老的发展瓶颈与完善路径》,载《探索》2014 年第 6 期。

[35]金锦萍:《论非营利法人从事商事活动的现实及其特殊规制》,载《法律科学(西北政法学院学报)》2007 年第 5 期。

[36]李春、王千:《政府购买养老服务过程中的第三方评估制度探讨》,载《中国行政管理》2014 年第 12 期。

[37]李海舰、李文杰、李然:《中国未来养老模式研究——基于时间银行的拓展路径》,载《管理世界》2020 年第 3 期。

[38]李建伟:《集体所有制企业条例废止考——兼论集体企业法制的改革与完善》,载《南京社会科学》2014 年第 3 期。

[39]李磊、顾辰影等:《城市群公共服务供给如何创新?——善治视域下的协同路径探析》,载《江苏行政学院学报》2018 年第 6 期。

[40]李林:《关于立法权限划分的理论与实践》,载《法学研究》1998 年第 5 期。

[41]李明、曹海军:《老龄化背景下国外时间银行的发展及其对我国互助养老的启示》,载《国外社会科学》2019 年第 1 期。

[42]李俏、孙泽南:《合作社融入农村养老供给的逻辑、模式与效应》,载《西北农林科技大学学报(社会科学版)》2021 年第 1 期。

[43]李珊珊、黄忠:《〈民法典〉下虚拟财产的法律属性及其可继承性辨识》,载《上海政法学院学报(法治论丛)》2021 年第 1 期。

[44]李双全、张航空:《政府购买社会组织居家养老服务:典型模式、适用条件及潜在风险》,载《江淮论坛》2019 年第 6 期。

[45]李永军:《〈民法典〉涉他合同中第三人利益的实现途径》,载《苏州大学学报(法学版)》2021 年第 1 期。

[46]李永军:《以"社团法人与财团法人"的基本分类构建法人制度》,载《华东政法大学学报》2016 年第 5 期。

[47]李勇军、欧阳仁根:《合作社立法模式比较分析及我国的合理选择——基于我国目前民商事立法的背景》,载《安徽大学学报(哲学社会科学版)》2009 年第 9 期。

[48]梁慧星:《民法总则立法重大问题(中)》,载《中国律师》2016 年第 8 期。

[49]刘大洪、邱隽思:《我国合作经济组织的发展困境与立法反思》,载《现代法学》2019 年第 3 期。

[50]刘金山:《补充货币的实践与启示》,载《经济学动态》2007 年第 5 期。

[51]刘俊海:《网络虚拟财产可以依法流转与继承》,载《检察日报》2019 年 12 月 25 日,第 7 版。

[52]刘妮娜:《中国城市互助型社会养老——定位、模式与路径》,载《社会发展研究》2020 年第 3 期。

[53]刘水林、王波:《社会企业法的性质:社会法私法化的新路径——以英国社区利益公司条例为样本的分析》,载《上海财经大学学报》2012 年第 1 期。

[54]罗昆:《我国民法典法人基本类型模式选择》,载《法学研究》2016 年第 4 期。

[55]马岚:《新中国 70 年来我国社会养老服务的本土化实践》,载《兰州学刊》2019 年第 8 期。

[56]马跃进、孙晓红:《中国合作社立法——向着本来意义的合作社回归》,载《法学家》2008 年第 6 期。

[57]马跃进:《合作社的法律属性》,载《法学研究》2007 年第 6 期。

[58]马跃进:《台湾地区〈合作社法〉借鉴》,载《法治论丛(上海政法学院学报)》2007 年第 2 期。

[59]米新丽:《论农业合作社的法律性质》,载《法学论坛》2005 年第 1 期。

[60]穆光宗:《建立代际互助体系　走出传统养老困境》,载《市场与人口分析》1999 年第 6 期。

[61]潘天鹏、胡敏华:《人口老龄化背景下我国农村老年互助保障合作社发展构想研究》,载《江西农业大学学报(社会科学版)》2011 年第 1 期。

[62]彭希哲、胡湛:《当代中国家庭变迁与家庭政策重构》,载《中国社会科学》2015 年第 12 期。

[63]任大鹏:《法人分类应体现农民合作社法人的特殊性》,载《中国农民合作社》2016 年第 10 期。

[64]任素娟、张奇:《中美互助养老"时间银行"模式对比研究》,载《医学与哲学》2020 年第 1 期。

[65]邵军、伊延辉:《上海市黄浦区:创建社区养老服务合作社　打造"没有围墙的养老院"》,载《社会福利》2015 年第 3 期。

[66]史际春、胡丽文:《论法人》,载《法学家》2018 年第 3 期。

[67]孙晓红、师子祥:《合作社法人类型辨》,载《中北大学学报(社会

科学版)》2020 年第 2 期。

[68]孙晓红、王晨阳:《农村养老合作社立法保障研究》,载《山西农业大学学报(社会科学版)》2020 年第 1 期。

[69]覃李慧:《社会养老服务法制化及其体系构建》,载《河南社会科学》2021 年第 6 期。

[70]覃志红:《民生导向的文化养老服务发展:难题与破解》,载《经济论坛》2020 年第 9 期。

[71]谭启平、黄家镇:《民法总则中的法人分类》,载《法学家》2016 年第 5 期。

[72]谭启平、应建均:《"特别法人"问题追问——以〈民法总则(草案)〉(三次审议稿)为研究对象》,载《社会科学》2017 年第 3 期。

[73]谭启平:《论合作社的法律地位》,载《现代法学》2005 年第 4 期。

[74]陶威滨:《我国政府购买养老服务合同研究》,大连理工大学 2019 年硕士学位论文。

[75]王成、丁社教:《政府购买居家养老服务质量评价——多维内涵、指标构建与实例应用》,载《人口与经济》2018 年第 4 期。

[76]王春福:《多元治理模式与政府行为的公正性》,载《理论探讨》2012 年第 2 期。

[77]王春婷、李帆、林志刚:《政府购买公共服务绩效结构模型建构与实证检测》,载《江苏师范大学学报(哲学社会科学版)》2013 年第 1 期。

[78]王军:《合作社治理:文献综述》,载《中国农村观察》2010 年第 2 期。

[79]王雷:《农民集体决议与乡村治理体系的健全》,载《中国法学》2019 年第 2 期。

[80]王丽颖:《非典型服务合同法律适用研究》,吉林大学 2021 年博士学位论文。

[81]王名、朱晓红:《社会企业论纲》,载《中国非营利评论》2010 年

第2期。

[82]王文宇:《揭开法人的神秘面纱——兼论民事主体的法典化》,载《清华法学》2016年第5期。

[83]王小丽:《政府公共服务外包在养老服务中的应用研究》,湘潭大学2014年硕士学位论文。

[84]王笑寒、郑尚元:《"时间银行"公益互助养老服务机制之法律关系界定与构造》,载《山东大学学报(哲学社会科学版)》2020年第6期。

[85]王笑寒:《社会法视域下"时间银行"互助养老机制中服务合同性质定位分析》,载《法学论坛》2020年第5期。

[86]乌兰图雅:《政府购买居家养老服务合同相关法律问题研究》,载《内蒙古财经大学学报》2016年第1期。

[87]吴才毓:《民法典中宗教组织的法人化类型》,载《政治与法律》2015年第10期。

[88]吴文嫔:《论利他契约对契约相对性原则的突破》,载《国家检察官学院学报》2000年第4期。

[89]吴云:《充分发挥合作社作用 推进城乡养老体系建设》,载《中华合作时报》2013年2月5日,第6版。

[90]武萍、付颖光:《对我国居家养老服务法律保障的思考》,载《贵州社会科学》2016年第11期。

[91]夏力苗:《新时期图书馆助力"文化养老"的优势、基本逻辑与创新实践思考》,载《赤峰学院学报》2019年第3期。

[92]夏辛萍:《时间银行社区养老服务模式初探》,载《人民论坛》2012年第17期。

[93]夏英:《政府扶持农民合作社的理论依据与政策要点》,载《农村经营管理》2004年第6期。

[94]肖雪、苗美娟:《美国公共图书馆老年服务:历史与启示》,载《中国图书馆学报》2019年第1期。

[95]谢怀栻:《论民事权利体系》,载《法学研究》第18卷第2期。

[96]徐家良、许源:《合法性理论下政府购买社会组织服务的绩效评

估研究》,载《经济社会体制比较》2015 年第 6 期。

[97]徐进:《一个简明述评:福利多元主义与社会保障社会化》,载《西南石油大学学报(社会科学版)》2019 年第 3 期。

[98]徐旭初:《农民合作社发展中政府行为逻辑:基于赋权理论视角的讨论》,载《农业经济问题》2014 年第 1 期。

[99]杨宏、韩孝雨、程欣:《补齐健康养老服务人才短板》,载《社会福利(理论版)》2019 年第 7 期。

[100]杨晓宇:《社区养老服务合同法律问题研究》,西南政法大学 2019 年硕士学位论文。

[101]阴启峰、秦立建:《乡村振兴背景下完善合作社养老模式研究》,载《中国合作经济》2020 年第 9 期。

[102]余晓敏、张强、赖佐夫:《国际比较视野下的中国社会企业》,载《经济社会体制比较》2011 年第 1 期。

[103]苑鹏:《德国最新〈合作社法〉的修订变化及其对我国的启示》,载《学习与实践》2016 年第 7 期。

[104]臧传琴:《从“经济人”假设到“政府失灵”——评公共选择学派的“政府失灵”论》,载《江汉论坛》2007 年第 2 期。

[105]张彩华、熊春文:《美国农村社区互助养老“村庄”模式的发展及启示》,载《探索》2015 年第 6 期。

[106]张德峰:《合作社集体社员权论》,载《政法论坛》2014 年第 5 期。

[107]张德峰:《论合作社社员退社的法律限制与保护》,载《法商研究》2016 年第 3 期。

[108]张林:《上海黄浦区养老服务模式研究》,西北农林科技大学 2015 年硕士学位论文,第 12 页。

[109]张满林:《我国农民专业合作社治理问题研究》,北京林业大学 2009 年博士学位论文。

[110]张敏:《公共图书馆文化养老服务工作探究——以西平县图书馆为例》,载《河南图书馆学刊》2020 年第 5 期。

[111]张强:《农民专业合作社成员权属性、内容及其完善》,载《林业调查规划》2019 年第 1 期。

[112]张淑芳:《论行政法规与行政法律的界限》,载《比较法研究》2012 年第 2 期。

[113]张闱祺:《我国民法总则中的法人分类方式探析》,载《中州学刊》2017 年第 2 期。

[114]张文显:《法治与国家治理现代化》,载《中国法学》2014 年第 4 期。

[115]张新宝:《〈民法总则〉对法人分类的规定及其解读》,载《社会治理》2017 年第 7 期。

[116]张新宝:《从〈民法通则〉到〈民法总则〉:基于功能主义的法人分类》,载《比较法研究》2017 年第 4 期。

[117]张云英、张紫薇:《农村互助养老模式的历史嬗变与现实审思》,载《湘潭大学学报(哲学社会科学版)》2017 年第 4 期。

[118]章光圆:《论社员权的概念、性质与立法》,载《宁德师专学报(哲学社会科学版)》2005 年第 4 期。

[119]赵蕾:《"枫桥经验"的理论提升》,载《法律适用》2018 年第 17 期。

[120]赵秀玲:《"微自治"与中国基层民主治理》,载《政治学研究》2014 年第 5 期。

[121]曾文革、王热:《〈农民专业合作社法〉关于社员权相关规定的缺失及其完善》,载《法治研究》2010 年第 6 期。

[122]甄尽忠:《试论先秦时期的宗族和宗族社会救助》,载《青海民族研究》2006 年第 3 期。

[123]郑红、李英等:《引入社区货币对互助养老时间储蓄的作用机理——应对人口老龄化的金融创新》,载《财经研究》2019 年第 5 期。

[124]致远:《公平收支乃时间银行生命线》,载《广西日报》2020 年 3 月 26 日,第 10 版。

[125]周海旺、沈妍:《老龄化时代城市养老的时间储蓄与公益志

愿——以上海为例》,载《上海城市管理》2013 年第 1 期。

[126]周江洪:《服务合同在我国民法典中的定位及其制度构建》,载《法学》2008 年第 1 期。

[127]周连云:《城乡社会养老体系建设离不开合作社的参与》,载《中华合作时报》2014 年 5 月 6 日,第 6 版。

[128]周全德:《完善欠发达地区家庭养老及家庭照顾的社会政策》,载《社会治理》2020 年第 6 期。

[129]《河北省肃宁县益源种植专业合作社　寻找社会化养老与传统习俗的平衡点》,载《中国合作经济》2017 年第 4 期。

三、英文文献

[1] Bacchiega A., *Constitutional Design and Investment in Co-operatives and Investors-owned Enterprises*, Annals of Public and Co-operative Economics, Vol. 75:2, p. 265 – 293(2004).

[2] Cabo P. & Rebelo J., *Why Do Agricultural Credit Co-operatives Merge? —The Portuguese Experience*, Annals of Public and Co-operative Economics, Vol. 75:3, p. 491 – 516(2004).

[3] Chaddad R. F. & Cook L. M., *Understanding New Co-operative Models: An Ownership—Control Rights Typology*, Review of Agricultural Economics, Vol. 26:3, p. 348 – 360(2004).

[4] Cook L M. & Chaddad R. F., *Redesigning Cooperative Boundaries: The Emergency of New Models*, American Journal of Agricultural Economics, Vol. 86:5, p. 1249 – 1253(2004).

[5] Cornforth C., *The Governance of Co-operatives and Mutual Associations: A Paradox Perspective*, Annals of Public and Co-operative Economics, Vol. 75:1, p. 11 – 32(2004).

[6] Cutler, David M, James M, *An Aging Society: Opportunity or Challenge*, Brookings Paper On economic Activity, Vol. 1, p. 1 – 73 (1991).

[7] Gill Seyfang, *Working Outside the Box: Community Currencies, Time Banks and Social Inclusion*, Journal of Social Policy, Vol. 33, p. 49 – 71(2004).

[8] Henry Hansmann, *The Evolving Law of Nonprofit Organization: Do Current Trends Make Good Policy*, 39 Case W. Res. L. Rev., 1989.

[9] J. Wolfenden, *The Future of Voluntary Organizations*, Croom Helm, 1978.

[10] Leistritz, F. L. Sell & R. S., *Agricultural Processing Plants in North Dakota: Socioeconomic Impacts*, North Dakota State University, 2000.

[11] Lester M. Salamon, *The International Guide to Nonprofit Law*, John Wiley & Sons, 1997.

[12] Marianna Fotaki Alan Boyd, *From Plan to Market: A Comparison of Health and Old Age Care Policies in the UK and Sweden*, Public Money & Management, Vol. 25:4, p. 237 – 243(2005).

[13] McClintock L. & Sternquist B., *Group Identification: The Influence of Group Membership on Retail Hardware Co-operative Members' Perceptions*, Journal of Small Business Management, Vol. 42:2, p. 155 – 173(2004).

[14] Merlin G. Miller, *Increasing Low-Income Consumer Buying and Borrowing Power by Cooperative Action*, Ohio State Law Journal, Vol. 29, p. 709 – 725(1968).

[15] Nunez-Nickel M. & Moyano-Fuentes J., *Ownership Structure of Co-operatives as An Environmental Buffer*, Journal of Management Studies, Vol. 41:7, p. 1131 – 1152(2004).

[16] Paul A. Samuelson, *The Pure Theory of Public Expenditure*, The Review of Economics and Statistics, Vol. 36:4, p. 387 – 389(1954).

[17] S. Callison, *All You Need Is Love: Assessing Time Banks as a Tool for Sustainable Economic Deve-lopment*, Local Economy, Vol. 18, p.

264 - 267(2003).

[18] Salamon L. M. & Elliott O. V., *The Tools of Government: A Guide to the New Govermence*, Oxford University Press, 2002.

[19] Thomas Kelley, *Law and Choice of Entity on the Social Enterprise Frontier*, Tulane Law Review, Vol. 84, p. 337 - 377(2009).